北大社普通高等教育"十三五"数字化建设规划教材

线性代数

主　编　刘淳安　赵天绪　窦晓霞

本书资源使用说明

北京大学出版社
PEKING UNIVERSITY PRESS

内容简介

本书是根据工科类本科数学基础课程的教学基本要求编写而成的，同时借鉴了国内其他优秀教材. 在编写过程中，我们还增加了数字资源，包括对抽象内容几何意义的解释、知识难点的讲解视频，以及课件资源和自测题资源.

全书共六章，分别为行列式、矩阵、向量、相似矩阵、二次型、线性空间与线性变换等基本内容，线性方程组的相关理论被分开安排在第一、二、三章中. 本书每章均配有相当数量的习题，书末附有习题参考答案与提示，供读者使用.

本书可作为高等学校理工科非数学专业的“线性代数”课程的教材，也可为自学者、考研者和科技工作者学习线性代数部分提供参考.

前　言

科学技术发展日新月异，对创新型人才和创新团队的需求不断增加. 党的二十大报告指出，教育、科技、人才是全面建设社会主义现代化国家的基础性、战略性支撑. 必须坚持科技是第一生产力、人才是第一资源、创新是第一动力，深入实施科教兴国战略、人才强国战略、创新驱动发展战略，开辟发展新领域新赛道，不断塑造发展新动能新优势. 高等学校作为培养人才的重要阵地，要加强基础学科、新兴学科、交叉学科建设，要坚持为党育人、为国育才，提高人才培养质量，造就拔尖创新人才，努力培养一流科技领军人才和创新团队、青年科技人才、高技能人才. 在这样的背景下，数学自然就发展成为终身学习的基础学科.

数学作为一门重要的基础学科，具有悠久的历史和丰富的内容，被广泛地应用于各种领域. 作为数学的一个分支，线性代数是离散化和数值计算的理论基础，包括矩阵、线性方程组、向量空间、行列式、二次型、线性空间与线性变换等内容，为解决实际问题提供了强有力的数学工具，在量子力学、机器学习、工程技术、经济管理等众多领域得到了深入的应用. 当下，科学技术进入高速发展时期，作为电子学、密码学、通信工程等学科的理论和算法基础，线性代数的作用不容小觑. 虚拟现实融合仿真技术、计算机图形学、传感技术等，通过计算机模拟虚拟环境，生成实时动态的三维立体图像，给人以环境沉浸感，在医疗手术模拟、军事模拟、应急推演、飞行模拟等方面有重要作用. 近两年出现的自然语言处理工具——ChatGPT借助人工智能技术处理序列数据模型，能够理解语言、生成文本，做到与真正人类几乎无异的聊天交流，还能撰写文章、工作文案、视频脚本、代码及翻译等. 这些技术的实现都建立在大规模矩阵及线性方程组的快速求解上.

"线性代数"课程具有较强的抽象性和严密的逻辑性，知识点之间联系紧密、环环相扣，且相互渗透. 矩阵和向量作为重要的研究手段，始终贯穿全课程. 线性方程组作为一个重要的知识板块，连接了矩阵、行列式和向量的许多内容. 在课程的学习过程中，读者不仅要勤动手，熟悉基本的代数计算方法和技巧，还要勤思考、多动脑，从不同角度进行归纳和总结. 这样才能把握知识之间的逻辑联系，理清脉络，做到融会贯通，从而建立知识体系，学会用代数的思想方法分析和解决问题，有效提高计算能力、逻辑思维能力、数学知识应用能力. 这些正是创新型人才需要具备的基本数学素养.

本书专为普通高等学校本科非数学专业学生编写，包括行列式、矩阵、向量、相似矩阵、二次型、线性空间与线性变换等基本内容. 虽然线性方程组理论是"线性代数"课程的重要部分，但在章节安排上，考虑到行列式与矩阵作为不同工具处理不同类型的线性方程组，向量线性相关性的引入使线性方程组解与解之间的关系变得清晰，结构化明显，因此我们把线性方程组的理论分开安排在相关章节之中，目的是向读者展示数学工具的强大作用. 为了方便学生理解课程内容与知识体系，同时考虑到学生的考研需求，本书理论证明较多，但在实际教学过程中，授课教师可以根据教学学时和专业需求酌情删减.

本书由刘淳安、赵天绪、窦晓霞主编. 在编写过程中参考了国内许多优秀教材及其他资料，在此谨向相关作者表示衷心的感谢. 付小军、邓之豪、陈平、苏文峰提供了版式和装帧设计方案，在此一并表示感谢.

另外，本书在出版过程中得到了宝鸡文理学院教材建设经费和数学与应用数学国家级一流专业建设经费联合资助.

由于作者水平有限，本书存在的不足之处，敬请广大专家、同行和读者批评指正，使其在教学实践中不断完善.

编　者

2024 年 7 月

目　录

第一章

行 列 式

在线性代数的研究中，行列式具有重要的地位，是一个有力的工具，它贯穿线性代数学习的始终. 本章主要介绍了 n 阶行列式的定义、性质及展开公式，还介绍了利用 n 阶行列式求解 n 元线性方程组的克拉默(Cramer) 法则.

§1.1 n 元排列

为学习 n 阶行列式做准备，本节介绍 n 元排列的定义、逆序数的定义及其求法、对换的定义和性质.

一、n 元排列及其逆序数

由 n 个元素 $1,2,\cdots,n$ 组成的有序数组称为一个 n **元排列**或 n **级排列**.

n 元排列的一般形式可以表示为 $i_1i_2\cdots i_n$，其中 $i_k(1\leqslant k\leqslant n)$ 为 $1,2,\cdots,n$ 中的某个元素，且 $k\neq l$ 时 $i_k\neq i_l$，i_k 的下标 k 表示 i_k 位于 n 元排列的第 k 个位置上. 例如，312 和 453162 分别是 3 元排列和 6 元排列，在 3 元排列 312 中，$i_1=3,i_2=1,i_3=2$.

n 元排列的总数一般用 P_n 表示，且 $P_n=n!$. 例如，3 个元素 1,2,3 可以组成 $P_3=3!=6$ 个 3 元排列.

定义 1 在排列 $i_1i_2\cdots i_k\cdots i_l\cdots i_n$ 中，如果 $i_k>i_l$，则称这两个元素在该排列中构成一个**逆序**. 排列 $i_1i_2\cdots i_n$ 中逆序的总个数称为该排列的**逆序数**，记为 $\tau(i_1i_2\cdots i_n)$.

例 1 计算逆序数 $\tau(312)$.

解 在 3 元排列 312 中，元素 3 与后面的元素 1 和 2 构成逆序 31 和 32，元素 1 与后面的元素 2 不构成逆序，故 $\tau(312)=2$.

可以发现，在排列 $i_1i_2\cdots i_n$ 中，位于元素 i_k 的右侧比 i_k 小的所有元素都与 i_k 构成逆序. 为了方便计算，把排列 $i_1i_2\cdots i_n$ 中位于元素 i_k 的右侧比 i_k 小的所有元素的总个数称为该排列中元素 i_k 的逆序数，记为 $\tau(i_k)$. 一般地，在计算一个排列的逆序数时，从左侧的第一个元素开始，依次计算每个元素的逆序数，再把它们相加即得该排列的逆序数.

例 2 计算下列逆序数：

(1) $\tau(n(n-1)\cdots 321)$；

(2) $\tau(135\cdots(2n-1)246\cdots(2n))$.

解 (1) $\tau(n(n-1)\cdots 321)=(n-1)+(n-2)+\cdots+2+1=\dfrac{n(n-1)}{2}$.

(2) 在排列 $135\cdots(2n-1)246\cdots(2n)$ 中：

考虑第一个元素 1，它是该排列中最小的元素，所以 $\tau(1)=0$；

考虑第二个元素 3，比 3 小的元素有 1 和 2，但只有 2 排在它的右侧，所以 $\tau(3)=1$；

考虑第三个元素 5，比 5 小的元素有 1,2,3,4，但只有 2,4 排在它的右侧，所以 $\tau(5)=2$；

……

考虑第 n 个元素 $2n-1$，比 $2n-1$ 小的元素有 $2n-2$ 个，但只有一半排在它的右侧，所

以 $\tau(2n-1)=n-1$；

从第 $n+1$ 个元素开始，每个元素的右侧都没有比它小的元素，所以它们的逆序数都等于 0.

综上可知，

$$\tau(135\cdots(2n-1)246\cdots(2n))=1+2+\cdots+(n-1)=\frac{n(n-1)}{2}.$$

排列 $12\cdots(n-1)n$ 是按元素从小到大的自然顺序排列，称为**自然排列**.

逆序数为奇数的排列叫作**奇排列**，逆序数为偶数的排列叫作**偶排列**. 例如，排列 312 是偶排列，排列 453162 是奇排列.

例 3 已知 7 元排列 $154i26j$ 是奇排列，问：i,j 分别为多少？

解 因为 i,j 只能为 3,7 或 7,3，分别计算排列 1543267 和 1547263 的逆序数，发现只有 1547263 为奇排列，所以 $i=7,j=3$.

二、对换

在排列 $i_1i_2\cdots i_k\cdots i_l\cdots i_n$ 中，如果将两个元素 i_k 和 i_l 对调，其余元素的位置保持不变，从而得到一个新排列 $i_1i_2\cdots i_l\cdots i_k\cdots i_n$，这样的变换叫作对原排列做了一个**对换**，记作 (i_k,i_l).

例如，对排列 53412 施以对换(5,1)后得到排列 13452. 如果所做对换的两个元素在排列中是相邻的，则称该对换为**相邻对换**.

定理 1 **对一个排列做一次对换，排列的奇偶性发生改变.**

证 先证明相邻对换的情形.

设排列为 $i_1\cdots i_s ijj_1\cdots j_t$，对换元素 i 和 j，排列就变成 $i_1\cdots i_s jij_1\cdots j_t$. 显然，在排列 $i_1\cdots i_s jij_1\cdots j_t$ 中，除了元素 i,j 的顺序发生变化外，其他任意两个元素的顺序及任意一个元素与 i 或 j 的顺序都没有改变. 因此，当 $i>j$ 时，经过对换后，逆序数减小 1；当 $i<j$ 时，经过对换后，逆序数增加 1. 所以，新排列与原排列的奇偶性不同.

再证明一般对换的情形.

设排列为 $i_1\cdots i_s ij_1\cdots j_t jk_1\cdots k_n$. 当对换排列中的元素 i,j 后，排列就变成 $i_1\cdots i_s jj_1\cdots j_t ik_1\cdots k_n$. 这个变换也可以由下列过程得到：先对原排列做 t 次相邻对换，变成排列 $i_1\cdots i_s j_1\cdots j_t ijk_1\cdots k_n$；再对新得到的排列做 $t+1$ 次相邻对换，就可以得到排列 $i_1\cdots i_s jj_1\cdots j_t ik_1\cdots k_n$. 这就是说，经过 $2t+1$ 次相邻对换，排列 $i_1\cdots i_s ij_1\cdots j_t jk_1\cdots k_n$ 就变成排列 $i_1\cdots i_s jj_1\cdots j_t ik_1\cdots k_n$. 结合相邻对换已经得到的结果可知，这两个排列的奇偶性不同.

定理 2 **全体 $n(n>1)$ 元排列组成的集合中，奇、偶排列各占一半.**

证 由 n 个元素 $1,2,\cdots,n$ 组成的全部排列总数为 $n!$，设其中奇排列有 p 个，偶排列有 q 个. 假设将每一个奇排列施以相同的对换，如对换(1,2)，由定理 1 可知，p 个奇排列全部变为偶排列，于是 $p\leqslant q$. 同理，如果将全部偶排列施以相同的对换，则 q 个偶排列全部变为奇

排列，于是 $q \leqslant p$. 所以，$p=q$，即

$$p=q=\frac{n!}{2}.$$

推论 1 任意一个排列都可以经过一定次数的对换变成自然排列，且奇排列变成自然排列所需的对换次数为奇数，偶排列变成自然排列所需的对换次数为偶数.

微课视频

§1.2 行列式的概念

为了更好地认识 n 阶行列式，下面先介绍二阶行列式和三阶行列式.

一、二阶行列式

用消元法求解二元线性方程组

$$\begin{cases} a_{11}x_1+a_{12}x_2=b_1, \\ a_{21}x_1+a_{22}x_2=b_2. \end{cases} \tag{1.1}$$

为了消去未知量 x_2，以 a_{22} 与 a_{12} 分别乘以两个方程的两端，然后两个方程相减，得

$$(a_{11}a_{22}-a_{12}a_{21})x_1=b_1a_{22}-a_{12}b_2.$$

类似地，消去未知量 x_1，得

$$(a_{11}a_{22}-a_{12}a_{21})x_2=a_{11}b_2-b_1a_{21}.$$

当 $a_{11}a_{22}-a_{12}a_{21}\neq 0$ 时，方程组(1.1) 的解为

$$x_1=\frac{b_1a_{22}-a_{12}b_2}{a_{11}a_{22}-a_{12}a_{21}}, \quad x_2=\frac{a_{11}b_2-b_1a_{21}}{a_{11}a_{22}-a_{12}a_{21}}. \tag{1.2}$$

式(1.2) 中的分子、分母都是 4 个数分两对相乘再相减而得，其中分母 $a_{11}a_{22}-a_{12}a_{21}$ 是由方程组(1.1) 的 4 个系数确定的. 把这 4 个数按它们在方程组(1.1) 中的位置排成 2 行 2 列(横排称为**行**，竖排称为**列**) 的数表

$$\begin{matrix} a_{11} & a_{12} \\ a_{21} & a_{22} \end{matrix}, \tag{1.3}$$

称表达式 $a_{11}a_{22}-a_{12}a_{21}$ 为由数表(1.3) 所确定的**二阶行列式**或**二级行列式**，并记为

$$\begin{vmatrix} a_{11} & a_{12} \\ a_{21} & a_{22} \end{vmatrix},$$

即

$$\begin{vmatrix} a_{11} & a_{12} \\ a_{21} & a_{22} \end{vmatrix}=a_{11}a_{22}-a_{12}a_{21}. \tag{1.4}$$

数 $a_{ij}\,(i=1,2;j=1,2)$ 称为行列式(1.4) 的**元素**. 元素 a_{ij} 的第一个下标 i 称为**行标**，表明该元素位于第 i 行；第二个下标 j 称为**列标**，表明该元素位于第 j 列.

上述二阶行列式的定义，可以用对角线法则来记忆. 如图 1.1 所示，把 a_{11} 到 a_{22} 的实连

线称为**主对角线**，a_{12} 到 a_{21} 的虚连线称为**副对角线**，于是二阶行列式便是主对角线上的两个元素之积减去副对角线上的两个元素之积所得的差.

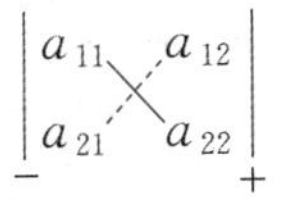

图 1.1

利用二阶行列式的定义，式(1.2)中 x_1，x_2 的分子也可以写成二阶行列式，即

$$b_1a_{22}-a_{12}b_2=\begin{vmatrix} b_1 & a_{12} \\ b_2 & a_{22} \end{vmatrix},$$

$$a_{11}b_2-b_1a_{21}=\begin{vmatrix} a_{11} & b_1 \\ a_{21} & b_2 \end{vmatrix}.$$

若记

$$D=\begin{vmatrix} a_{11} & a_{12} \\ a_{21} & a_{22} \end{vmatrix}, \quad D_1=\begin{vmatrix} b_1 & a_{12} \\ b_2 & a_{22} \end{vmatrix}, \quad D_2=\begin{vmatrix} a_{11} & b_1 \\ a_{21} & b_2 \end{vmatrix},$$

则式(1.2)中 x_1，x_2 可表示为

$$x_1=\frac{D_1}{D}=\frac{\begin{vmatrix} b_1 & a_{12} \\ b_2 & a_{22} \end{vmatrix}}{\begin{vmatrix} a_{11} & a_{12} \\ a_{21} & a_{22} \end{vmatrix}},$$

$$x_2=\frac{D_2}{D}=\frac{\begin{vmatrix} a_{11} & b_1 \\ a_{21} & b_2 \end{vmatrix}}{\begin{vmatrix} a_{11} & a_{12} \\ a_{21} & a_{22} \end{vmatrix}}.$$

例 1 求解二元线性方程组

$$\begin{cases} x_1\cos\theta-x_2\sin\theta=a, \\ x_1\sin\theta+x_2\cos\theta=b. \end{cases}$$

解 由于

$$D=\begin{vmatrix} \cos\theta & -\sin\theta \\ \sin\theta & \cos\theta \end{vmatrix}=1\neq 0,$$

$$D_1=\begin{vmatrix} a & -\sin\theta \\ b & \cos\theta \end{vmatrix}=a\cos\theta+b\sin\theta,$$

$$D_2=\begin{vmatrix} \cos\theta & a \\ \sin\theta & b \end{vmatrix}=b\cos\theta-a\sin\theta,$$

因此该方程组的解为

$$x_1=\frac{D_1}{D}=a\cos\theta+b\sin\theta,$$

$$x_2=\frac{D_2}{D}=b\cos\theta-a\sin\theta.$$

二、三阶行列式

用消元法求解三元线性方程组

$$\begin{cases}a_{11}x_1+a_{12}x_2+a_{13}x_3=b_1,\\a_{21}x_1+a_{22}x_2+a_{23}x_3=b_2,\\a_{31}x_1+a_{32}x_2+a_{33}x_3=b_3.\end{cases}\tag{1.5}$$

消去未知量 x_2,x_3，当

$$a_{11}a_{22}a_{33}+a_{12}a_{23}a_{31}+a_{13}a_{21}a_{32}-a_{13}a_{22}a_{31}-a_{12}a_{21}a_{33}-a_{11}a_{23}a_{32}\neq 0$$

时，得

$$x_1=\frac{b_1a_{22}a_{33}+a_{12}a_{23}b_3+a_{13}b_2a_{32}-a_{13}a_{22}b_3-a_{12}b_2a_{33}-b_1a_{23}a_{32}}{a_{11}a_{22}a_{33}+a_{12}a_{23}a_{31}+a_{13}a_{21}a_{32}-a_{13}a_{22}a_{31}-a_{12}a_{21}a_{33}-a_{11}a_{23}a_{32}}.$$

类似地，可得

$$x_2=\frac{a_{11}b_2a_{33}+b_1a_{23}a_{31}+a_{13}a_{21}b_3-a_{13}b_2a_{31}-b_1a_{21}a_{33}-a_{11}a_{23}b_3}{a_{11}a_{22}a_{33}+a_{12}a_{23}a_{31}+a_{13}a_{21}a_{32}-a_{13}a_{22}a_{31}-a_{12}a_{21}a_{33}-a_{11}a_{23}a_{32}},$$

$$x_3=\frac{a_{11}a_{22}b_3+a_{12}b_2a_{31}+b_1a_{21}a_{32}-b_1a_{22}a_{31}-a_{12}a_{21}b_3-a_{11}b_2a_{32}}{a_{11}a_{22}a_{33}+a_{12}a_{23}a_{31}+a_{13}a_{21}a_{32}-a_{13}a_{22}a_{31}-a_{12}a_{21}a_{33}-a_{11}a_{23}a_{32}}.$$

这就是三元线性方程组(1.5)的解的公式，此公式难以记忆. 为此，引进由3行3列元素构成的**三阶行列式(三级行列式)**

$$D=\begin{vmatrix}a_{11}&a_{12}&a_{13}\\a_{21}&a_{22}&a_{23}\\a_{31}&a_{32}&a_{33}\end{vmatrix},$$

并规定

$$D=a_{11}a_{22}a_{33}+a_{12}a_{23}a_{31}+a_{13}a_{21}a_{32}-a_{13}a_{22}a_{31}-a_{12}a_{21}a_{33}-a_{11}a_{23}a_{32}.\tag{1.6}$$

这个规则可按图1.2所示的对角线法则来记忆. 在图1.2中，三条实线看作平行于主对角线的连线，三条虚线看作平行于副对角线的连线，实线上三个元素的乘积取正号，虚线上三个元素的乘积取负号.

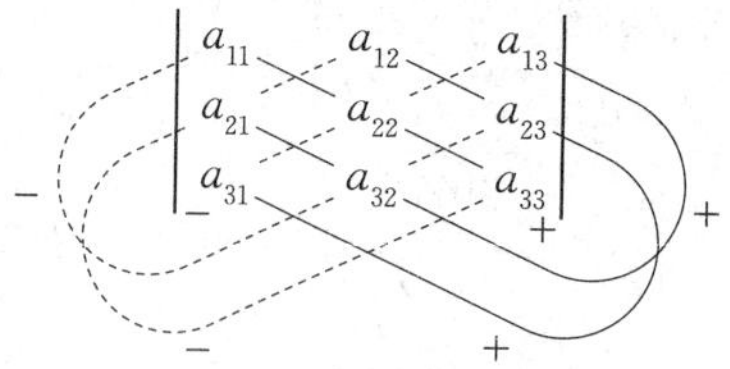

图 1.2

行列式 D 也称为方程组(1.5)的**系数行列式**. 将方程组(1.5)中的常数项 b_1,b_2,b_3 依次替换系数行列式 D 中的第一列(x_1 的系数)、第二列(x_2 的系数)及第三列(x_3 的系数)元素，所得的行列式分别记为

$$D_1=\begin{vmatrix} b_1 & a_{12} & a_{13} \\ b_2 & a_{22} & a_{23} \\ b_3 & a_{32} & a_{33} \end{vmatrix},\quad D_2=\begin{vmatrix} a_{11} & b_1 & a_{13} \\ a_{21} & b_2 & a_{23} \\ a_{31} & b_3 & a_{33} \end{vmatrix},\quad D_3=\begin{vmatrix} a_{11} & a_{12} & b_1 \\ a_{21} & a_{22} & b_2 \\ a_{31} & a_{32} & b_3 \end{vmatrix}.$$

按对角线法则计算上述三个行列式，不难发现 D_1，D_2 和 D_3 分别是方程组(1.5)的解的公式中的分子. 因此，当 $D\neq 0$ 时，方程组(1.5)有公式解

$$x_1=\frac{D_1}{D},\quad x_2=\frac{D_2}{D},\quad x_3=\frac{D_3}{D}.$$

三、n 阶行列式

比较式(1.4)和式(1.6)，可以发现它们有以下两个共同特征.

微课视频

(1) 二阶行列式是 $2!=2$ 项的代数和，其中每一项是取自不同行、不同列的两个元素的乘积. 三阶行列式是 $3!=6$ 项的代数和，其中每一项是取自不同行、不同列的三个元素的乘积.

(2) 代数和中每一项取正负号的规则为：当行标组成的排列为自然排列时，由列标组成的排列的奇偶性确定，偶排列者取正，奇排列者取负.

据此，我们可以将二阶行列式、三阶行列式分别定义为

$$\begin{vmatrix} a_{11} & a_{12} \\ a_{21} & a_{22} \end{vmatrix}=\sum_{j_1j_2}(-1)^{\tau(j_1j_2)}a_{1j_1}a_{2j_2},$$

$$\begin{vmatrix} a_{11} & a_{12} & a_{13} \\ a_{21} & a_{22} & a_{23} \\ a_{31} & a_{32} & a_{33} \end{vmatrix}=\sum_{j_1j_2j_3}(-1)^{\tau(j_1j_2j_3)}a_{1j_1}a_{2j_2}a_{3j_3},$$

其中 $\sum\limits_{j_1j_2}$ 表示对 1,2 这两个元素组成的所有排列 j_1j_2 取和，$\tau(j_1j_2)$ 表示排列 j_1j_2 的逆序数；$\sum\limits_{j_1j_2j_3}$ 表示对 1,2,3 这三个元素组成的所有排列 $j_1j_2j_3$ 取和，$\tau(j_1j_2j_3)$ 表示排列 $j_1j_2j_3$ 的逆序数.

将二阶行列式和三阶行列式的定义进行推广，可以给出 n 阶行列式的定义.

定义 1　由 n^2 个数 $a_{ij}(i,j=1,2,\cdots,n)$ 组成的记号

$$\begin{vmatrix} a_{11} & a_{12} & \cdots & a_{1n} \\ a_{21} & a_{22} & \cdots & a_{2n} \\ \vdots & \vdots & & \vdots \\ a_{n1} & a_{n2} & \cdots & a_{nn} \end{vmatrix}$$

称为 n **阶行列式**，其中 a_{ij} 称为 n 阶行列式的**元素**，横排和竖排分别称为**行**和**列**. 它表示所有取自不同行、不同列的 n 个元素乘积的代数和，且各项的符号确定规则为：当这一项中元素的行标按自然顺序排列后，如果对应的列标组成的排列是偶排列，则取正号；如果对应的列标组成的排列是奇排列，则取负号. 因此，n 阶行列式表示的数为

$$\sum_{j_1j_2\cdots j_n}(-1)^{\tau(j_1j_2\cdots j_n)}a_{1j_1}a_{2j_2}\cdots a_{nj_n},$$

其中$(-1)^{\tau(j_1j_2\cdots j_n)}a_{1j_1}a_{2j_2}\cdots a_{nj_n}$称为$n$阶行列式的**一般项**,共有$n!$项,$\sum\limits_{j_1j_2\cdots j_n}$表示对所有$n$元排列$j_1j_2\cdots j_n$求和,$\tau(j_1j_2\cdots j_n)$表示排列$j_1j_2\cdots j_n$的逆序数.

n阶行列式可简记为$\det(a_{ij})$或$|a_{ij}|$,其中从a_{11}到a_{nn}的连线称为**主对角线**,从a_{1n}到a_{n1}的连线称为**副对角线**,主对角线上的元素为$a_{11},a_{22},\cdots,a_{nn}$,副对角线上的元素为$a_{1n}$,$a_{2,n-1},\cdots,a_{n1}$.

特别地,当$n=1$时,一阶行列式$|a|=a$,此时注意不要与绝对值符号相混淆.

例 2 计算行列式

$$D=\begin{vmatrix} a_{11} & a_{12} & \cdots & a_{1n} \\ 0 & a_{22} & \cdots & a_{2n} \\ \vdots & \vdots & & \vdots \\ 0 & 0 & \cdots & a_{nn} \end{vmatrix},$$

其中$a_{ii}\neq 0(i=1,2,\cdots,n)$.

解 行列式D的一般项为

$$(-1)^{\tau(j_1j_2\cdots j_n)}a_{1j_1}a_{2j_2}\cdots a_{nj_n}.$$

先考虑一般项中最后一个元素a_{nj_n},它取自第n行,但第n行中除a_{nn}外其余元素均为0,从而行列式中除含a_{nn}的项外,其余项均为0.因此只考虑含a_{nn}的项.

再考虑一般项中倒数第二个元素$a_{n-1,j_{n-1}}$,它取自第$n-1$行,但第$n-1$行除$a_{n-1,n-1}$和$a_{n-1,n}$外其余元素均为0,在含a_{nn}的项中不能再取$a_{n-1,n}$,即行列式中除含$a_{n-1,n-1}$,a_{nn}的项外,其余项均为0.

类似讨论可知,行列式中除项$a_{11}a_{22}\cdots a_{nn}$外,其余项均为0,且$\tau(12\cdots n)=0$,这一项取正号,所以

$$D=\begin{vmatrix} a_{11} & a_{12} & \cdots & a_{1n} \\ 0 & a_{22} & \cdots & a_{2n} \\ \vdots & \vdots & & \vdots \\ 0 & 0 & \cdots & a_{nn} \end{vmatrix}=a_{11}a_{22}\cdots a_{nn}.$$

例 2 中的行列式称为**上三角形行列式**.同理可以给出**下三角形行列式**

$$D=\begin{vmatrix} a_{11} & 0 & \cdots & 0 \\ a_{21} & a_{22} & \cdots & 0 \\ \vdots & \vdots & & \vdots \\ a_{n1} & a_{n2} & \cdots & a_{nn} \end{vmatrix}=a_{11}a_{22}\cdots a_{nn}.$$

另外,特殊的上三角形行列式——**对角行列式**

$$D=\begin{vmatrix} a_{11} & 0 & \cdots & 0 \\ 0 & a_{22} & \cdots & 0 \\ \vdots & \vdots & & \vdots \\ 0 & 0 & \cdots & a_{nn} \end{vmatrix}=a_{11}a_{22}\cdots a_{nn}.$$

§1.3 行列式的性质

微课视频

利用行列式的定义计算行列式通常是比较烦琐的，仅从项数上来看，n 阶行列式共有 $n!$ 项，而每一项要做 $n-1$ 次乘法，计算一个 n 阶行列式需要做 $(n-1)n!$ 次乘法. 当 n 很大时，乘法次数将是一个惊人的数字. 本节主要讨论行列式的性质，利用这些性质可以简化行列式的计算.

一、行列式的性质

定义 1 设行列式

$$D=\begin{vmatrix} a_{11} & a_{12} & \cdots & a_{1n} \\ a_{21} & a_{22} & \cdots & a_{2n} \\ \vdots & \vdots & & \vdots \\ a_{n1} & a_{n2} & \cdots & a_{nn} \end{vmatrix},$$

把 D 的行与列互换，得到新的行列式，记为

$$D^{\mathrm{T}}=\begin{vmatrix} a_{11} & a_{21} & \cdots & a_{n1} \\ a_{12} & a_{22} & \cdots & a_{n2} \\ \vdots & \vdots & & \vdots \\ a_{1n} & a_{2n} & \cdots & a_{nn} \end{vmatrix},$$

称 D^{T} 为 D 的**转置行列式**.

显然，$(D^{\mathrm{T}})^{\mathrm{T}}=D$.

性质 1 行列式和它的转置行列式相等.

为了证明性质 1，给出下面的结论.

引理 1 n 阶行列式也可定义为

$$D=\sum_{i_1 i_2\cdots i_n}(-1)^{\tau(i_1 i_2\cdots i_n)}a_{i_1 1}a_{i_2 2}\cdots a_{i_n n}.$$

证 按 n 阶行列式的定义，有

$$D=\sum_{j_1 j_2\cdots j_n}(-1)^{\tau(j_1 j_2\cdots j_n)}a_{1j_1}a_{2j_2}\cdots a_{nj_n}.$$

记

$$D_1=\sum_{i_1 i_2\cdots i_n}(-1)^{\tau(i_1 i_2\cdots i_n)}a_{i_1 1}a_{i_2 2}\cdots a_{i_n n}.$$

可以证明，对于 D 中的任一项 $(-1)^{\tau(j_1 j_2\cdots j_n)}a_{1j_1}a_{2j_2}\cdots a_{nj_n}$，有且仅有 D_1 中的某一项 $(-1)^{\tau(i_1 i_2\cdots i_n)}a_{i_1 1}a_{i_2 2}\cdots a_{i_n n}$ 与之对应并相等；反之，对于 D_1 中的任一项

$(-1)^{\tau(i_1i_2\cdots i_n)}a_{i_11}a_{i_22}\cdots a_{i_nn}$，有且仅有 D 中的某一项 $(-1)^{\tau(j_1j_2\cdots j_n)}a_{1j_1}a_{2j_2}\cdots a_{nj_n}$ 与之对应并相等. 于是，D 与 D_1 中的项可以一一对应并相等，从而 $D=D_1$.

下面给出性质 1 的证明.

证 一方面，记 n 阶行列式 $D=\det(a_{ij})$ 的转置行列式为

$$D^{\mathrm{T}}=\begin{vmatrix} b_{11} & b_{12} & \cdots & b_{1n} \\ b_{21} & b_{22} & \cdots & b_{2n} \\ \vdots & \vdots & & \vdots \\ b_{n1} & b_{n2} & \cdots & b_{nn} \end{vmatrix},$$

其中 $b_{ij}=a_{ji}(i,j=1,2,\cdots,n)$. 按 n 阶行列式的定义，有

$$\begin{aligned} D^{\mathrm{T}} &= \sum_{j_1j_2\cdots j_n}(-1)^{\tau(j_1j_2\cdots j_n)}b_{1j_1}b_{2j_2}\cdots b_{nj_n} \\ &= \sum_{j_1j_2\cdots j_n}(-1)^{\tau(j_1j_2\cdots j_n)}a_{j_11}a_{j_22}\cdots a_{j_nn}. \end{aligned}$$

另一方面，由引理 1，有

$$D=\sum_{j_1j_2\cdots j_n}(-1)^{\tau(j_1j_2\cdots j_n)}a_{j_11}a_{j_22}\cdots a_{j_nn},$$

故 $D^{\mathrm{T}}=D$.

由性质 1 可知，行列式中行与列具有同等的地位. 因此，行列式的性质凡是对行成立的，对列也同样成立，反之亦然.

性质 2 互换行列式的两行(列)，行列式变号.

证 设行列式

$$D_1=\begin{vmatrix} a_{11} & a_{12} & \cdots & a_{1n} \\ \vdots & \vdots & & \vdots \\ a_{q1} & a_{q2} & \cdots & a_{qn} \\ \vdots & \vdots & & \vdots \\ a_{p1} & a_{p2} & \cdots & a_{pn} \\ \vdots & \vdots & & \vdots \\ a_{n1} & a_{n2} & \cdots & a_{nn} \end{vmatrix}=\begin{vmatrix} b_{11} & b_{12} & \cdots & b_{1n} \\ b_{21} & b_{22} & \cdots & b_{2n} \\ \vdots & \vdots & & \vdots \\ b_{n1} & b_{n2} & \cdots & b_{nn} \end{vmatrix},$$

其中 $1\cdots p\cdots q\cdots n$ 为自然排列，且当 $k\neq p,q$ 时，$b_{kj}=a_{kj}$；当 $k=p,q$ 时，$b_{pj}=a_{qj},b_{qj}=a_{pj}$，于是

$$\begin{aligned} D_1 &= \sum(-1)^{\tau(j_1\cdots j_p\cdots j_q\cdots j_n)}b_{1j_1}b_{2j_2}\cdots b_{pj_p}\cdots b_{qj_q}\cdots b_{nj_n} \\ &= \sum(-1)^{\tau(j_1\cdots j_p\cdots j_q\cdots j_n)}a_{1j_1}a_{2j_2}\cdots a_{qj_p}\cdots a_{pj_q}\cdots a_{nj_n} \\ &= \sum(-1)^{\tau(j_1\cdots j_p\cdots j_q\cdots j_n)}a_{1j_1}a_{2j_2}\cdots a_{pj_q}\cdots a_{qj_p}\cdots a_{nj_n} \\ &= -\sum(-1)^{\tau(j_1\cdots j_q\cdots j_p\cdots j_n)}a_{1j_1}a_{2j_2}\cdots a_{pj_q}\cdots a_{qj_p}\cdots a_{nj_n} \\ &= -D. \end{aligned}$$

推论 1 如果行列式有两行(列) 完全相同，则该行列式等于 0.

证　把行列式相同的两行互换，有 $D=-D$，故 $D=0$.

性质 3　行列式中某一行(列)的所有元素都乘以同一个数 k，等于用数 k 乘以此行列式.

推论 2　行列式的某一行(列)中所有元素的公因子可以提到行列式符号的外面.

性质 4　如果行列式有两行(列)元素成比例，则该行列式等于 0.

性质 5　如果行列式中某一行(列)元素都是两数之和，则该行列式等于两个行列式之和，如

$$\begin{vmatrix} a_{11} & a_{12} & \cdots & a_{1n} \\ \vdots & \vdots & & \vdots \\ a_{i1}+a'_{i1} & a_{i2}+a'_{i2} & \cdots & a_{in}+a'_{in} \\ \vdots & \vdots & & \vdots \\ a_{n1} & a_{n2} & \cdots & a_{nn} \end{vmatrix}$$

$$=\begin{vmatrix} a_{11} & a_{12} & \cdots & a_{1n} \\ \vdots & \vdots & & \vdots \\ a_{i1} & a_{i2} & \cdots & a_{in} \\ \vdots & \vdots & & \vdots \\ a_{n1} & a_{n2} & \cdots & a_{nn} \end{vmatrix}+\begin{vmatrix} a_{11} & a_{12} & \cdots & a_{1n} \\ \vdots & \vdots & & \vdots \\ a'_{i1} & a'_{i2} & \cdots & a'_{in} \\ \vdots & \vdots & & \vdots \\ a_{n1} & a_{n2} & \cdots & a_{nn} \end{vmatrix}.$$

性质 6　行列式的某一行(列)的各元素乘以同一个数后加到另一行(列)的对应元素上，行列式的值不变.

在行列式的计算中常采用以下记号：

以 r_i 表示行列式的第 i 行，以 c_i 表示行列式的第 i 列，$r_i \leftrightarrow r_j$ ($c_i \leftrightarrow c_j$) 表示互换第 i，j 两行(列)；$r_i \times k$ ($c_i \times k$) 表示第 i 行(列)乘以数 k；$r_i \div k$ ($c_i \div k$) 表示第 i 行(列)提出公因子 k；$r_i + kr_j$ ($c_i + kc_j$) 表示将第 j 行(列)的 k 倍加到第 i 行(列)上.

二、利用性质计算行列式

计算行列式时，常利用行列式的性质把它化为上三角形行列式或下三角形行列式来计算.

例 1　计算行列式

$$D=\begin{vmatrix} 1 & -5 & 2 & 2 \\ -1 & 7 & -3 & 4 \\ 2 & -9 & 5 & 7 \\ 1 & -6 & 4 & 2 \end{vmatrix}.$$

解　$$D \xlongequal[r_4-r_1]{\substack{r_2+r_1\\ r_3-2r_1}} \begin{vmatrix} 1 & -5 & 2 & 2 \\ 0 & 2 & -1 & 6 \\ 0 & 1 & 1 & 3 \\ 0 & -1 & 2 & 0 \end{vmatrix} \xlongequal{r_2 \leftrightarrow r_3} -\begin{vmatrix} 1 & -5 & 2 & 2 \\ 0 & 1 & 1 & 3 \\ 0 & 2 & -1 & 6 \\ 0 & -1 & 2 & 0 \end{vmatrix}$$

$$\xlongequal[r_4+r_2]{r_3-2r_2} -\begin{vmatrix} 1 & -5 & 2 & 2 \\ 0 & 1 & 1 & 3 \\ 0 & 0 & -3 & 0 \\ 0 & 0 & 3 & 3 \end{vmatrix} \xlongequal{r_4+r_3} -\begin{vmatrix} 1 & -5 & 2 & 2 \\ 0 & 1 & 1 & 3 \\ 0 & 0 & -3 & 0 \\ 0 & 0 & 0 & 3 \end{vmatrix}$$

$$=-1\times 1\times(-3)\times 3=9.$$

例 2 计算行列式

$$D=\begin{vmatrix} a & b & c & d \\ a & a+b & a+b+c & a+b+c+d \\ a & 2a+b & 3a+2b+c & 4a+3b+2c+d \\ a & 3a+b & 6a+3b+c & 10a+6b+3c+d \end{vmatrix}.$$

解 $D \xlongequal[r_2-r_1]{\substack{r_4-r_3\\ r_3-r_2}} \begin{vmatrix} a & b & c & d \\ 0 & a & a+b & a+b+c \\ 0 & a & 2a+b & 3a+2b+c \\ 0 & a & 3a+b & 6a+3b+c \end{vmatrix} \xlongequal[r_3-r_2]{r_4-r_3} \begin{vmatrix} a & b & c & d \\ 0 & a & a+b & a+b+c \\ 0 & 0 & a & 2a+b \\ 0 & 0 & a & 3a+b \end{vmatrix}$

$$\xlongequal{r_4-r_3} \begin{vmatrix} a & b & c & d \\ 0 & a & a+b & a+b+c \\ 0 & 0 & a & 2a+b \\ 0 & 0 & 0 & a \end{vmatrix}=a^4.$$

例 3 计算行列式

$$D=\begin{vmatrix} 1+a_1 & 1 & \cdots & 1 \\ 1 & 1+a_2 & \cdots & 1 \\ \vdots & \vdots & & \vdots \\ 1 & 1 & \cdots & 1+a_n \end{vmatrix},$$

其中 $a_1a_2\cdots a_n\neq 0$.

解 $D \xlongequal[(i=2,3,\cdots,n)]{r_i-r_1} \begin{vmatrix} 1+a_1 & 1 & \cdots & 1 \\ -a_1 & a_2 & \cdots & 0 \\ \vdots & \vdots & & \vdots \\ -a_1 & 0 & \cdots & a_n \end{vmatrix}$

$$\xlongequal[(i=2,3,\cdots,n)]{c_1+\frac{a_1}{a_i}c_i} \begin{vmatrix} 1+a_1+\sum\limits_{i=2}^{n}\dfrac{a_1}{a_i} & 1 & \cdots & 1 \\ 0 & a_2 & \cdots & 0 \\ \vdots & \vdots & & \vdots \\ 0 & 0 & \cdots & a_n \end{vmatrix}$$

$$=a_1a_2\cdots a_n\left(1+\sum_{i=1}^{n}\frac{1}{a_i}\right).$$

例 4 计算行列式

$$D_n=\begin{vmatrix} x & a & a & \cdots & a \\ a & x & a & \cdots & a \\ a & a & x & \cdots & a \\ \vdots & \vdots & \vdots & & \vdots \\ a & a & a & \cdots & x \end{vmatrix}.$$

解 行列式 D_n 的特点是每一列的 n 个元素之和均为 $x+(n-1)a$，因此将行列式 D_n 的第二行、第三行……第 n 行都加到第一行上，再从第一行中提取公因子 $x+(n-1)a$，则有

$$D_n=[x+(n-1)a]\begin{vmatrix} 1 & 1 & 1 & \cdots & 1 \\ a & x & a & \cdots & a \\ a & a & x & \cdots & a \\ \vdots & \vdots & \vdots & & \vdots \\ a & a & a & \cdots & x \end{vmatrix}$$

$$\xlongequal[(i=2,3,\cdots,n)]{r_i-ar_1}[x+(n-1)a]\begin{vmatrix} 1 & 1 & 1 & \cdots & 1 \\ 0 & x-a & 0 & \cdots & 0 \\ 0 & 0 & x-a & \cdots & 0 \\ \vdots & \vdots & \vdots & & \vdots \\ 0 & 0 & 0 & \cdots & x-a \end{vmatrix}$$

$$=[x+(n-1)a](x-a)^{n-1}.$$

上述例题都是利用运算 r_i+kr_j 把行列式化为上三角形行列式. 实际上，任何 n 阶行列式总能利用运算 r_i+kr_j 化为上(下) 三角形行列式. 类似地，利用运算 c_i+kc_j 也可把行列式化为上(下) 三角形行列式.

微课视频

例 5 设行列式

$$D=\begin{vmatrix} a_{11} & \cdots & a_{1m} & 0 & \cdots & 0 \\ \vdots & & \vdots & \vdots & & \vdots \\ a_{m1} & \cdots & a_{mm} & 0 & \cdots & 0 \\ c_{11} & \cdots & c_{1m} & b_{11} & \cdots & b_{1n} \\ \vdots & & \vdots & \vdots & & \vdots \\ c_{n1} & \cdots & c_{nm} & b_{n1} & \cdots & b_{nn} \end{vmatrix},$$

$$D_1=\det(a_{ij})=\begin{vmatrix} a_{11} & \cdots & a_{1m} \\ \vdots & & \vdots \\ a_{m1} & \cdots & a_{mm} \end{vmatrix},\quad D_2=\det(b_{ij})=\begin{vmatrix} b_{11} & \cdots & b_{1n} \\ \vdots & & \vdots \\ b_{n1} & \cdots & b_{nn} \end{vmatrix},$$

证明：$D=D_1D_2$.

证 对 D_1 做运算 r_i+kr_j，把 D_1 化为下三角形行列式，设为

$$D_1=\begin{vmatrix} p_{11} & \cdots & 0 \\ \vdots & & \vdots \\ p_{m1} & \cdots & p_{mm} \end{vmatrix}=p_{11}\cdots p_{mm};$$

再对 D_2 做运算 c_i+kc_j，把 D_2 化为下三角形行列式，设为

$$D_2=\begin{vmatrix} q_{11} & \cdots & 0 \\ \vdots & & \vdots \\ q_{n1} & \cdots & q_{nn} \end{vmatrix}=q_{11}\cdots q_{nn}.$$

于是，对 D 的前 m 行做与 D_1 相同的运算 r_i+kr_j，再对 D 的后 n 列做与 D_2 相同的运算 c_i+kc_j，则 D 化为下三角形行列式，即

$$D=\begin{vmatrix} p_{11} & \cdots & 0 & 0 & \cdots & 0 \\ \vdots & & \vdots & \vdots & & \vdots \\ p_{m1} & \cdots & p_{mm} & 0 & \cdots & 0 \\ c_{11} & \cdots & c_{1m} & q_{11} & \cdots & 0 \\ \vdots & & \vdots & \vdots & & \vdots \\ c_{n1} & \cdots & c_{nm} & q_{n1} & \cdots & q_{nn} \end{vmatrix},$$

故 $D=p_{11}\cdots p_{mm}q_{11}\cdots q_{nn}=D_1D_2$.

§1.4 行列式按行(列)展开

一般来说，低阶行列式的计算要比高阶行列式的计算简便，于是人们自然寻求用低阶行列式表示高阶行列式的方法. 行列式按一行(列)的展开是计算行列式的一种常用方法，它可以把计算 n 阶行列式转化为计算 $n-1$ 阶行列式.

一、余子式与代数余子式

定义 1 在 n 阶行列式中，把元素 a_{ij} 所在的第 i 行和第 j 列划去后，余下的 $n-1$ 阶行列式(按照原来的排法) 称为元素 a_{ij} 的**余子式**，记为 M_{ij}. 余子式前面冠以符号 $(-1)^{i+j}$，称之为元素 a_{ij} 的**代数余子式**，记为 A_{ij}，即

$$A_{ij}=(-1)^{i+j}M_{ij}.$$

例如，四阶行列式

$$D=\begin{vmatrix} a_{11} & a_{12} & a_{13} & a_{14} \\ a_{21} & a_{22} & a_{23} & a_{24} \\ a_{31} & a_{32} & a_{33} & a_{34} \\ a_{41} & a_{42} & a_{43} & a_{44} \end{vmatrix}$$

中，元素 a_{23} 的余子式和代数余子式分别为

$$M_{23}=\begin{vmatrix} a_{11} & a_{12} & a_{14} \\ a_{31} & a_{32} & a_{34} \\ a_{41} & a_{42} & a_{44} \end{vmatrix}, \quad A_{23}=(-1)^{2+3}M_{23}=-M_{23}.$$

引理 1 如果一个 n 阶行列式的第 i 行除 a_{ij} 外其余元素都为 0，那么该行列式等于 a_{ij} 与它的代数余子式 A_{ij} 的乘积，即

$$D=a_{ij}A_{ij}.$$

证 先证 a_{ij} 位于第一行、第一列的情形，此时

$$D=\begin{vmatrix} a_{11} & 0 & \cdots & 0 \\ a_{21} & a_{22} & \cdots & a_{2n} \\ \vdots & \vdots & & \vdots \\ a_{n1} & a_{n2} & \cdots & a_{nn} \end{vmatrix}.$$

这是 §1.3 的例 5 中 $m=1$ 时的特殊情形，按照其结论，有

$$D=a_{11}M_{11}.$$

又 $A_{11}=(-1)^{1+1}M_{11}=M_{11}$，从而 $D=a_{11}A_{11}$.

再证一般情形，此时

$$D=\begin{vmatrix} a_{11} & \cdots & a_{1,j-1} & a_{1j} & a_{1,j+1} & \cdots & a_{1n} \\ \vdots & & \vdots & \vdots & \vdots & & \vdots \\ a_{i-1,1} & \cdots & a_{i-1,j-1} & a_{i-1,j} & a_{i-1,j+1} & \cdots & a_{i-1,n} \\ 0 & \cdots & 0 & a_{ij} & 0 & \cdots & 0 \\ a_{i+1,1} & \cdots & a_{i+1,j-1} & a_{i+1,j} & a_{i+1,j+1} & \cdots & a_{i+1,n} \\ \vdots & & \vdots & \vdots & \vdots & & \vdots \\ a_{n1} & \cdots & a_{n,j-1} & a_{nj} & a_{n,j+1} & \cdots & a_{nn} \end{vmatrix}.$$

为了利用前面的结果，对 D 做如下对换：把 D 的第 i 行依次与第 $i-1$ 行、第 $i-2$ 行……第一行对换，这样 a_{ij} 就对换到第一行、第 j 列的位置上，对换的次数为 $i-1$. 再把第 j 列依次与第 $j-1$ 列、第 $j-2$ 列……第一列对换，这样 a_{ij} 就对换到第一行、第一列的位置上，对换的次数为 $j-1$. 总之，经过 $i+j-2$ 次对换，就把 a_{ij} 对换到第一行、第一列的位置上，所以

$$D=(-1)^{i+j-2}\begin{vmatrix} a_{ij} & 0 & \cdots & 0 & 0 & \cdots & 0 \\ a_{1j} & a_{11} & \cdots & a_{1,j-1} & a_{1,j+1} & \cdots & a_{1n} \\ \vdots & \vdots & & \vdots & \vdots & & \vdots \\ a_{i-1,j} & a_{i-1,1} & \cdots & a_{i-1,j-1} & a_{i-1,j+1} & \cdots & a_{i-1,n} \\ a_{i+1,j} & a_{i+1,1} & \cdots & a_{i+1,j-1} & a_{i+1,j+1} & \cdots & a_{i+1,n} \\ \vdots & \vdots & & \vdots & \vdots & & \vdots \\ a_{nj} & a_{n1} & \cdots & a_{n,j-1} & a_{n,j+1} & \cdots & a_{nn} \end{vmatrix}$$

$$=(-1)^{i+j}\begin{vmatrix} a_{ij} & 0 & \cdots & 0 & 0 & \cdots & 0 \\ a_{1j} & a_{11} & \cdots & a_{1,j-1} & a_{1,j+1} & \cdots & a_{1n} \\ \vdots & \vdots & & \vdots & \vdots & & \vdots \\ a_{i-1,j} & a_{i-1,1} & \cdots & a_{i-1,j-1} & a_{i-1,j+1} & \cdots & a_{i-1,n} \\ a_{i+1,j} & a_{i+1,1} & \cdots & a_{i+1,j-1} & a_{i+1,j+1} & \cdots & a_{i+1,n} \\ \vdots & \vdots & & \vdots & \vdots & & \vdots \\ a_{nj} & a_{n1} & \cdots & a_{n,j-1} & a_{n,j+1} & \cdots & a_{nn} \end{vmatrix}$$

$$=(-1)^{i+j}D_1.$$

元素 a_{ij} 在 D_1 中的余子式仍然是 a_{ij} 在 D 中的余子式 M_{ij}，于是

$$D=(-1)^{i+j}D_1=(-1)^{i+j}a_{ij}M_{ij}=a_{ij}A_{ij}.$$

二、行列式按行(列)展开法则

定理 1 **行列式等于它的任一行(列)的各元素与其对应的代数余子式的乘积之和，即**

微课视频

$$D=a_{i1}A_{i1}+a_{i2}A_{i2}+\cdots+a_{in}A_{in}\quad (i=1,2,\cdots,n)$$

或

$$D=a_{1j}A_{1j}+a_{2j}A_{2j}+\cdots+a_{nj}A_{nj}\quad (j=1,2,\cdots,n).$$

证 行列式 D 可以写成

$$D=\begin{vmatrix} a_{11} & a_{12} & \cdots & a_{1n} \\ \vdots & \vdots & & \vdots \\ a_{i1}+0+\cdots+0 & 0+a_{i2}+\cdots+0 & \cdots & 0+\cdots+0+a_{in} \\ \vdots & \vdots & & \vdots \\ a_{n1} & a_{n2} & \cdots & a_{nn} \end{vmatrix}$$

$$=\begin{vmatrix} a_{11} & a_{12} & \cdots & a_{1n} \\ \vdots & \vdots & & \vdots \\ a_{i1} & 0 & \cdots & 0 \\ \vdots & \vdots & & \vdots \\ a_{n1} & a_{n2} & \cdots & a_{nn} \end{vmatrix}+\begin{vmatrix} a_{11} & a_{12} & \cdots & a_{1n} \\ \vdots & \vdots & & \vdots \\ 0 & a_{i2} & \cdots & 0 \\ \vdots & \vdots & & \vdots \\ a_{n1} & a_{n2} & \cdots & a_{nn} \end{vmatrix}+\cdots+\begin{vmatrix} a_{11} & a_{12} & \cdots & a_{1n} \\ \vdots & \vdots & & \vdots \\ 0 & 0 & \cdots & a_{in} \\ \vdots & \vdots & & \vdots \\ a_{n1} & a_{n2} & \cdots & a_{nn} \end{vmatrix}.$$

根据引理 1,可得

$$D=a_{i1}A_{i1}+a_{i2}A_{i2}+\cdots+a_{in}A_{in}\quad (i=1,2,\cdots,n).$$

类似地,若按列证明,可得

$$D=a_{1j}A_{1j}+a_{2j}A_{2j}+\cdots+a_{nj}A_{nj}\quad (j=1,2,\cdots,n).$$

这个定理叫作**行列式按行(列)展开法则**. 利用这一法则并结合行列式的性质,可以简化行列式的计算.

例 1 计算行列式

$$D=\begin{vmatrix}7&0&1&4\\3&-1&-1&0\\1&0&1&2\\7&0&-2&-5\end{vmatrix}.$$

解 $D\xlongequal{\text{按第二列展开}}(-1)\times(-1)^{2+2}\begin{vmatrix}7&1&4\\1&1&2\\7&-2&-5\end{vmatrix}$

$$\xlongequal[r_3+2r_2]{r_1-r_2}-\begin{vmatrix}6&0&2\\1&1&2\\9&0&-1\end{vmatrix}$$

$$\xlongequal{\text{按第二列展开}}(-1)\times1\times(-1)^{2+2}\begin{vmatrix}6&2\\9&-1\end{vmatrix}$$

$$=-(-6-18)=24.$$

从例1可以看出,计算行列式时,可以把行列式的性质与行列式按行(列)展开法则一起使用,达到更好的计算效果.

例 2 计算行列式

$$D_5=\begin{vmatrix}1-a&a&0&0&0\\-1&1-a&a&0&0\\0&-1&1-a&a&0\\0&0&-1&1-a&a\\0&0&0&-1&1-a\end{vmatrix}.$$

解 $D_5\xlongequal[(i=2,3,4,5)]{r_1+r_i}\begin{vmatrix}-a&0&0&0&1\\-1&1-a&a&0&0\\0&-1&1-a&a&0\\0&0&-1&1-a&a\\0&0&0&-1&1-a\end{vmatrix}$

$$\xlongequal{\text{按第一行展开}}-a\times(-1)^{1+1}D_4+1\times(-1)^{1+5}\begin{vmatrix}-1&1-a&a&0\\0&-1&1-a&a\\0&0&-1&1-a\\0&0&0&-1\end{vmatrix}$$

$$=1-aD_4,$$

继续化简,可得

$$D_5=1-aD_4=1-a(1-aD_3)=1-a+a^2(1-aD_2)$$

$$=1-a+a^2-a^3\begin{vmatrix}1-a&a\\-1&1-a\end{vmatrix}=1-a+a^2-a^3+a^4-a^5.$$

例 3 计算 $n(n\geqslant 2)$ 阶行列式

$$D_n=\begin{vmatrix} x & -1 & 0 & \cdots & 0 & 0 \\ 0 & x & -1 & \cdots & 0 & 0 \\ 0 & 0 & x & \cdots & 0 & 0 \\ \vdots & \vdots & \vdots & & \vdots & \vdots \\ 0 & 0 & 0 & \cdots & x & -1 \\ a_n & a_{n-1} & a_{n-2} & \cdots & a_2 & x+a_1 \end{vmatrix}.$$

解 $$D_n \xlongequal{\text{按第一列展开}} x\cdot(-1)^{1+1}\begin{vmatrix} x & -1 & \cdots & 0 & 0 \\ 0 & x & \cdots & 0 & 0 \\ \vdots & \vdots & & \vdots & \vdots \\ 0 & 0 & \cdots & x & -1 \\ a_{n-1} & a_{n-2} & \cdots & a_2 & x+a_1 \end{vmatrix}$$

$$+a_n\cdot(-1)^{n+1}\begin{vmatrix} -1 & 0 & \cdots & 0 & 0 \\ x & -1 & \cdots & 0 & 0 \\ 0 & x & \cdots & 0 & 0 \\ \vdots & \vdots & & \vdots & \vdots \\ 0 & 0 & \cdots & x & -1 \end{vmatrix}=xD_{n-1}+a_n.$$

上式对任何 $n(n\geqslant 2)$ 都成立，故有

$$\begin{aligned} D_n&=xD_{n-1}+a_n=x(xD_{n-2}+a_{n-1})+a_n \\ &=x^2D_{n-2}+a_{n-1}x+a_n \\ &=\cdots \\ &=x^{n-1}D_1+a_2x^{n-2}+\cdots+a_{n-1}x+a_n. \end{aligned}$$

因为 $D_1=x+a_1$，所以

微课视频

$$D_n=x^n+a_1x^{n-1}+a_2x^{n-2}+\cdots+a_{n-1}x+a_n.$$

例 2 和例 3 是将行列式的计算归结为形式相同而阶数较低的行列式计算，此方法常称为**递推法**，其中的公式 $D_5=1-aD_4$ 和 $D_n=xD_{n-1}+a_n$ 称为**递推公式**.

例 4 证明：**范德蒙德**(Vandermonde) **行列式**

$$D_n=\begin{vmatrix} 1 & 1 & \cdots & 1 & 1 \\ a_1 & a_2 & \cdots & a_{n-1} & a_n \\ a_1^2 & a_2^2 & \cdots & a_{n-1}^2 & a_n^2 \\ \vdots & \vdots & & \vdots & \vdots \\ a_1^{n-1} & a_2^{n-1} & \cdots & a_{n-1}^{n-1} & a_n^{n-1} \end{vmatrix}=\prod_{n\geqslant i>j\geqslant 1}(a_i-a_j).$$

证

$$D_n \xlongequal[(i=n,n-1,\cdots,2)]{r_i-a_nr_{i-1}} \begin{vmatrix} 1 & 1 & \cdots & 1 & 1 \\ a_1-a_n & a_2-a_n & \cdots & a_{n-1}-a_n & 0 \\ a_1^2-a_1a_n & a_2^2-a_2a_n & \cdots & a_{n-1}^2-a_{n-1}a_n & 0 \\ \vdots & \vdots & & \vdots & \vdots \\ a_1^{n-1}-a_1^{n-2}a_n & a_2^{n-1}-a_2^{n-2}a_n & \cdots & a_{n-1}^{n-1}-a_{n-1}^{n-2}a_n & 0 \end{vmatrix}$$

$$\xlongequal[\substack{c_i\div(a_i-a_n)\\(i=1,2,\cdots,n-1)}]{\text{按第 } n \text{ 列展开}} (-1)^{1+n}(a_1-a_n)(a_2-a_n)\cdots(a_{n-1}-a_n)\begin{vmatrix} 1 & 1 & \cdots & 1 \\ a_1 & a_2 & \cdots & a_{n-1} \\ \vdots & \vdots & & \vdots \\ a_1^{n-2} & a_2^{n-2} & \cdots & a_{n-1}^{n-2} \end{vmatrix}$$

$$=(a_n-a_1)(a_n-a_2)\cdots(a_n-a_{n-1})D_{n-1},$$

其中 D_{n-1} 为 $n-1$ 阶范德蒙德行列式. 上式即为递推公式,于是有

$$D_{n-1}=(a_{n-1}-a_1)(a_{n-1}-a_2)\cdots(a_{n-1}-a_{n-2})D_{n-2}.$$

如此继续下去,可得

$$\begin{aligned} D_n &= (a_n-a_1)(a_n-a_2)\cdots(a_n-a_{n-1}) \\ &\quad \cdot (a_{n-1}-a_1)(a_{n-1}-a_2)\cdots(a_{n-1}-a_{n-2}) \\ &\quad \cdot \cdots \\ &\quad \cdot (a_2-a_1) \\ &= \prod_{n\geqslant i>j\geqslant 1}(a_i-a_j). \end{aligned}$$

从上式可以看出,n 阶范德蒙德行列式 $D_n\neq 0$ 的充要条件是当 $i\neq j$ 时,$a_i\neq a_j$($i,j=1,2,\cdots,n$).

由定理 1 还可以得到下述推论.

推论 1 行列式任一行(列)的各元素与另一行(列)的对应元素的代数余子式的乘积之和等于 0,即

$$a_{i1}A_{j1}+a_{i2}A_{j2}+\cdots+a_{in}A_{jn}=0 \quad (i\neq j)$$

或

$$a_{1i}A_{1j}+a_{2i}A_{2j}+\cdots+a_{ni}A_{nj}=0 \quad (i\neq j).$$

证 设行列式 $D=|a_{ij}|$,构造行列式

$$D_1=\begin{vmatrix} a_{11} & a_{12} & \cdots & a_{1n} \\ \vdots & \vdots & & \vdots \\ a_{i1} & a_{i2} & \cdots & a_{in} \\ \vdots & \vdots & & \vdots \\ a_{i1} & a_{i2} & \cdots & a_{in} \\ \vdots & \vdots & & \vdots \\ a_{n1} & a_{n2} & \cdots & a_{nn} \end{vmatrix} \begin{matrix} \\ \\ \leftarrow \text{第 } i \text{ 行} \\ \\ \leftarrow \text{第 } j \text{ 行} \\ \\ \\ \end{matrix},$$

其中 $i\neq j$. 实际上,除 D_1 的第 j 行各元素是 D 的第 i 行对应元素外,其余各行均与 D 的对应行相同,所以这两个行列式的第 j 行各元素的代数余子式完全相同. 将 D_1 按第 j 行展开,

便得

$$D_1 = a_{i1}A_{j1} + a_{i2}A_{j2} + \cdots + a_{in}A_{jn} \quad (i \neq j).$$

而构造的行列式 D_1 的第 i 行与第 j 行相同,行列式为 0,因此

$$a_{i1}A_{j1} + a_{i2}A_{j2} + \cdots + a_{in}A_{jn} = 0 \quad (i \neq j).$$

同理可证

$$a_{1i}A_{1j} + a_{2i}A_{2j} + \cdots + a_{ni}A_{nj} = 0 \quad (i \neq j).$$

将定理 1 和推论 1 结合起来,可得

$$\sum_{k=1}^{n} a_{ik}A_{jk} = \begin{cases} D, & i = j, \\ 0, & i \neq j \end{cases}$$

或

$$\sum_{k=1}^{n} a_{ki}A_{kj} = \begin{cases} D, & i = j, \\ 0, & i \neq j. \end{cases}$$

§1.5 行列式的应用——克拉默法则

在 §1.2 的学习中发现,利用二阶行列式可以给出含有两个方程、两个未知量,并且系数行列式不为 0 的线性方程组的解;利用三阶行列式可以给出含有三个方程、三个未知量,并且系数行列式不为 0 的线性方程组的解. 那么,利用 n 阶行列式是否可以给出含有 n 个方程、n 个未知量,并且系数行列式不为 0 的线性方程组的解呢? 答案是肯定的. 这就是本节要介绍的克拉默法则.

下面先介绍有关 n 元线性方程组的概念.

把含有 n 个未知量 $x_1, x_2, \cdots, x_n$ 及 m 个等式的线性方程组

$$\begin{cases} a_{11}x_1 + a_{12}x_2 + \cdots + a_{1n}x_n = b_1, \\ a_{21}x_1 + a_{22}x_2 + \cdots + a_{2n}x_n = b_2, \\ \qquad\cdots\cdots \\ a_{m1}x_1 + a_{m2}x_2 + \cdots + a_{mn}x_n = b_m \end{cases} \tag{1.7}$$

称为 **n 元 m 式线性方程组**,或者叫作 **n 元线性方程组**,其中 $x_1, x_2, \cdots, x_n$ 叫作**未知量**,$a_{ij}(i = 1, 2, \cdots, m; j = 1, 2, \cdots, n)$ 叫作**系数**,$b_1, b_2, \cdots, b_m$ 叫作**常数项**.

如果用一组数 $c_1, c_2, \cdots, c_n$ 分别去替换方程组(1.7)中每个方程的未知量 $x_1, x_2, \cdots, x_n$,等式都成立,则称这一组数 $c_1, c_2, \cdots, c_n$ 为**方程组(1.7)的解**,记为 $x_1 = c_1, x_2 = c_2, \cdots, x_n = c_n$.

当方程组(1.7)右端的常数项 $b_1, b_2, \cdots, b_m$ 不全为 0 时,方程组(1.7)称为 **n 元 m 式非齐次线性方程组**;当 $b_1, b_2, \cdots, b_m$ 全为 0 时,方程组(1.7)称为 **n 元 m 式齐次线性方程组**,即

$$\begin{cases} a_{11}x_1 + a_{12}x_2 + \cdots + a_{1n}x_n = 0, \\ a_{21}x_1 + a_{22}x_2 + \cdots + a_{2n}x_n = 0, \\ \cdots\cdots \\ a_{m1}x_1 + a_{m2}x_2 + \cdots + a_{mn}x_n = 0. \end{cases} \tag{1.8}$$

当 $m=n$ 时，方程组(1.7)成为

$$\begin{cases} a_{11}x_1 + a_{12}x_2 + \cdots + a_{1n}x_n = b_1, \\ a_{21}x_1 + a_{22}x_2 + \cdots + a_{2n}x_n = b_2, \\ \cdots\cdots \\ a_{n1}x_1 + a_{n2}x_2 + \cdots + a_{nn}x_n = b_n. \end{cases} \tag{1.9}$$

它的系数 a_{ij} 构成的行列式，称为方程组(1.9)的**系数行列式**，记为

$$D = \begin{vmatrix} a_{11} & a_{12} & \cdots & a_{1n} \\ a_{21} & a_{22} & \cdots & a_{2n} \\ \vdots & \vdots & & \vdots \\ a_{n1} & a_{n2} & \cdots & a_{nn} \end{vmatrix}.$$

这时，当系数行列式不为0时，方程组(1.9)的解由下列克拉默法则给出.

微课视频

定理1（克拉默法则） **若方程组(1.9)的系数行列式 $D \neq 0$，则方程组(1.9)有唯一解，且解为**

$$x_j = \frac{D_j}{D} \quad (j=1,2,\cdots,n), \tag{1.10}$$

其中 D_j 是把 D 中第 j 列元素 $a_{1j}, a_{2j}, \cdots, a_{nj}$ 对应地换成常数项 $b_1, b_2, \cdots, b_n$ 而其余各列元素保持不变所得到的行列式.

证 首先证明式(1.10)是方程组(1.9)的解. 将式(1.10)代入方程组(1.9)中第 i 个方程的左端并化简，得

$$\begin{aligned} & a_{i1}x_1 + a_{i2}x_2 + \cdots + a_{in}x_n \\ &= a_{i1}\frac{D_1}{D} + a_{i2}\frac{D_2}{D} + \cdots + a_{in}\frac{D_n}{D} \\ &= \frac{1}{D}[a_{i1}(b_1A_{11} + b_2A_{21} + \cdots + b_nA_{n1}) + a_{i2}(b_1A_{12} + b_2A_{22} + \cdots + b_nA_{n2}) \\ &\quad + \cdots + a_{in}(b_1A_{1n} + b_2A_{2n} + \cdots + b_nA_{nn})] \\ &= \frac{1}{D}[b_1(a_{i1}A_{11} + a_{i2}A_{12} + \cdots + a_{in}A_{1n}) + b_2(a_{i1}A_{21} + a_{i2}A_{22} + \cdots + a_{in}A_{2n}) \\ &\quad + \cdots + b_i(a_{i1}A_{i1} + a_{i2}A_{i2} + \cdots + a_{in}A_{in}) + \cdots + b_n(a_{i1}A_{n1} + a_{i2}A_{n2} + \cdots + a_{in}A_{nn})] \\ &= \frac{1}{D}(0 + 0 + \cdots + b_iD + \cdots + 0) = b_i. \end{aligned}$$

这说明式(1.10)是方程组(1.9)的解.

然后证明方程组(1.9)的解只能是式(1.10). 用 D 中第 j 列元素的代数余子式 A_{1j}，$A_{2j}, \cdots, A_{nj}$ 依次乘以方程组(1.9)的 n 个方程，再把它们相加，得

$$(\sum_{k=1}^{n}a_{k1}A_{kj})x_1+(\sum_{k=1}^{n}a_{k2}A_{kj})x_2+\cdots+(\sum_{k=1}^{n}a_{kj}A_{kj})x_j+\cdots+(\sum_{k=1}^{n}a_{kn}A_{kj})x_n=\sum_{k=1}^{n}b_kA_{kj}.$$

由 §1.4 定理 1 及其推论 1 可知，上式中 x_j 的系数等于 D，而其余 $x_i\,(i\neq j)$ 的系数均为 0，且上式右端恰好是 D_j，于是

$$Dx_j=D_j \quad (j=1,2,\cdots,n). \tag{1.11}$$

当 $D\neq 0$ 时，方程组(1.11) 有唯一解，即式(1.10).

由于方程组(1.11) 是方程组(1.9) 经数乘与相加两种运算而得，因此方程组(1.9) 的解一定是方程组(1.11) 的解. 但方程组(1.11) 仅有一个解[式(1.10)]，故方程组(1.9) 如果有解，就只能是式(1.10).

例 1 求解线性方程组

$$\begin{cases}x_1+x_2+2x_3+3x_4=1,\\3x_1-x_2-x_3-2x_4=-4,\\2x_1+3x_2-x_3-x_4=-6,\\x_1+2x_2+3x_3-x_4=-4.\end{cases}$$

解 因为

$$D=\begin{vmatrix}1&1&2&3\\3&-1&-1&-2\\2&3&-1&-1\\1&2&3&-1\end{vmatrix}=-153\neq 0,$$

$$D_1=\begin{vmatrix}1&1&2&3\\-4&-1&-1&-2\\-6&3&-1&-1\\-4&2&3&-1\end{vmatrix}=153,\quad D_2=\begin{vmatrix}1&1&2&3\\3&-4&-1&-2\\2&-6&-1&-1\\1&-4&3&-1\end{vmatrix}=153,$$

$$D_3=\begin{vmatrix}1&1&1&3\\3&-1&-4&-2\\2&3&-6&-1\\1&2&-4&-1\end{vmatrix}=0,\quad D_4=\begin{vmatrix}1&1&2&1\\3&-1&-1&-4\\2&3&-1&-6\\1&2&3&-4\end{vmatrix}=-153,$$

所以由克拉默法则得方程组的唯一解

$$x_1=\frac{D_1}{D}=-1,\quad x_2=\frac{D_2}{D}=-1,\quad x_3=\frac{D_3}{D}=0,\quad x_4=\frac{D_4}{D}=1.$$

一般来说，用克拉默法则求线性方程组的解时，计算量是比较大的. 然而，克拉默法则在一定条件下给出了线性方程组解的存在性、唯一性，与其在计算方面的作用相比，克拉默法则具有更重要的理论价值. 若忽略方程组的求解公式(1.10)，克拉默法则可叙述为下面的定理.

定理 2 **如果方程组(1.9) 的系数行列式 $D\neq 0$，则方程组(1.9) 一定有解，而且解是唯一的.**

对于齐次线性方程组

$$\begin{cases} a_{11}x_1+a_{12}x_2+\cdots+a_{1n}x_n=0, \\ a_{21}x_1+a_{22}x_2+\cdots+a_{2n}x_n=0, \\ \cdots\cdots \\ a_{n1}x_1+a_{n2}x_2+\cdots+a_{nn}x_n=0, \end{cases} \tag{1.12}$$

$x_1=x_2=\cdots=x_n=0$ 显然是方程组(1.12)的解，称此解为方程组(1.12)的**零解**. 把定理 2 应用于齐次线性方程组(1.12)，可得到下列结论.

定理 3　如果齐次线性方程组(1.12)的系数行列式 $D\neq 0$，则方程组(1.12)只有零解.

在解题或证明中，常用到定理 2 和定理 3 的逆否定理.

定理 2′　如果非齐次线性方程组(1.9)无解或解不是唯一的，则它的系数行列式必为 0.

定理 3′　如果齐次线性方程组(1.12)有非零解，则它的系数行列式 $D=0$.

例 2　问：λ 为何值时，齐次线性方程组

$$\begin{cases} \lambda x_1+x_2+x_3=0, \\ x_1+\lambda x_2+x_3=0, \\ x_1+x_2+\lambda x_3=0 \end{cases}$$

有非零解？

解　由定理 3′ 可知，若给定的齐次线性方程组有非零解，则其系数行列式 $D=0$，即

$$D=\begin{vmatrix} \lambda & 1 & 1 \\ 1 & \lambda & 1 \\ 1 & 1 & \lambda \end{vmatrix}=(\lambda+2)(\lambda-1)^2=0.$$

所以 $\lambda=1$ 或 $\lambda=-2$.

经过验证，发现当 λ 取 1 或 -2 时，该方程组都有非零解.

本章小结

本章先从 n 元排列出发，给出了 n 阶行列式的定义和性质，然后介绍了 n 阶行列式按行(列)展开公式，最后给出了克拉默法则.

一、n 元排列

由 $1,2,\cdots,n$ 组成的一个有序数组称为一个 n 元排列. n 元排列共有 $n!$ 个.

在一个 n 元排列 $i_1i_2\cdots i_k\cdots i_l\cdots i_n$ 中，如果 $i_k>i_l$，则称这两个元素构成该排列的一个逆序. 排列 $i_1i_2\cdots i_n$ 中逆序的总个数称为该排列的逆序数，记为 $\tau(i_1i_2\cdots i_n)$.

计算排列的逆序数时，可以从左向右，依次求出每个元素的逆序数，然后求和即可.

排列按照逆序数的奇偶性分为奇排列和偶排列两大类.

n 元排列有如下基本性质：

(1) 对换改变排列的奇偶性.

(2) 全体 $n(n>1)$ 元排列的集合中,奇、偶排列各占一半.

二、n 阶行列式的定义

n^2 个元素 $a_{ij}(i,j=1,2,\cdots,n)$ 组成的记号

$$\begin{vmatrix} a_{11} & a_{12} & \cdots & a_{1n} \\ a_{21} & a_{22} & \cdots & a_{2n} \\ \vdots & \vdots & & \vdots \\ a_{n1} & a_{n2} & \cdots & a_{nn} \end{vmatrix}$$

称为 n 阶行列式. 它表示所有取自不同行、不同列的 n 个元素乘积的代数和,把每一项中元素的行标按自然顺序排列后,各项的符号确定规则为:如果列标组成的排列是偶排列,则该项取正号；如果列标组成的排列是奇排列,则该项取负号，即

$$\begin{vmatrix} a_{11} & a_{12} & \cdots & a_{1n} \\ a_{21} & a_{22} & \cdots & a_{2n} \\ \vdots & \vdots & & \vdots \\ a_{n1} & a_{n2} & \cdots & a_{nn} \end{vmatrix} = \sum_{j_1 j_2 \cdots j_n} (-1)^{\tau(j_1 j_2 \cdots j_n)} a_{1j_1} a_{2j_2} \cdots a_{nj_n}.$$

三、n 阶行列式的性质

n 阶行列式共有如下 7 条性质：

(1) 行列式与其转置行列式相等.

(2) 互换行列式的两行(列),行列式变号.

(3) 如果行列式有两行(列) 对应相等,则该行列式等于 0.

(4) 行列式的某一行(列) 中所有元素都乘以同一个数 k,等于用数 k 乘以此行列式. 也可以说,行列式的某一行(列) 中所有元素的公因子可以提到行列式符号的外面.

(5) 如果行列式中有两行(列) 元素成比例,则该行列式等于 0.

(6) 若行列式的某一行(列) 的元素都是两数之和,则该行列式等于两个行列式之和.

(7) 把行列式的某一行(列) 的各元素乘以同一个数后加到另一行(列) 的对应元素上，行列式的值不变.

四、行列式按行(列) 展开

在 n 阶行列式中,把元素 a_{ij} 所在的第 i 行和第 j 列划去后,余下的 $n-1$ 阶行列式(按照原来的排法) 称为元素 a_{ij} 的余子式,记为 M_{ij}. 余子式前面冠以符号 $(-1)^{i+j}$,称之为元素 a_{ij} 的代数余子式,记为 A_{ij}.

关于行列式 $D=|a_{ij}|$,我们有如下公式：

$$a_{i1}A_{j1}+a_{i2}A_{j2}+\cdots+a_{in}A_{jn}=\begin{cases}D, & i=j,\\ 0, & i\neq j,\end{cases}$$

$$a_{1i}A_{1j}+a_{2i}A_{2j}+\cdots+a_{ni}A_{nj}=\begin{cases}D, & i=j,\\ 0, & i\neq j,\end{cases}$$

其中 $i,j=1,2,\cdots,n$.

五、克拉默法则

如果含 n 个方程、n 个未知量的线性方程组的系数行列式 $D\neq 0$,则该方程组有唯一解,且解为

$$x_1=\frac{D_1}{D},\quad x_2=\frac{D_2}{D},\quad \cdots,\quad x_n=\frac{D_n}{D},$$

其中 $D_j(j=1,2,\cdots,n)$ 是把 D 中第 j 列元素 $a_{1j},a_{2j},\cdots,a_{nj}$ 对应地换成该方程组的常数项 $b_1,b_2,\cdots,b_n$ 而其余各列元素保持不变所得到的行列式.

如果齐次线性方程组的系数行列式 $D\neq 0$,则该方程组只有零解.

本章的重点为行列式的计算,计算方法主要有化三角形法、降阶法、递推法等.

习题一

1. 用对角线法则计算下列行列式:

(1) $\begin{vmatrix} a & b\\ c & d\end{vmatrix}$; (2) $\begin{vmatrix} a & b & c\\ b & c & a\\ c & a & b\end{vmatrix}$;

(3) $\begin{vmatrix} 0 & 66 & 0\\ 77 & 0 & 88\\ 0 & 99 & 0\end{vmatrix}$; (4) $\begin{vmatrix} -1 & 1 & 1\\ 1 & -1 & 1\\ 1 & 1 & -1\end{vmatrix}$;

(5) $\begin{vmatrix} x & -y & x+y\\ y & x+y & x\\ x+y & -x & y\end{vmatrix}$.

2. 求下列排列的逆序数,并指出排列的奇偶性:

(1) 415362; (2) 56231874;

(3) $n123\cdots(n-1)$; (4) $(n-1)(n-2)\cdots21n$.

3. 写出四阶行列式中含 $a_{13}a_{32}$ 的项.

4. 计算下列行列式:

(1) $\begin{vmatrix} -ab & ac & ae\\ bd & -cd & de\\ bf & cf & -ef\end{vmatrix}$; (2) $\begin{vmatrix} ax+by & ay+bz & az+bx\\ ay+bz & az+bx & ax+by\\ az+bx & ax+by & ay+bz\end{vmatrix}$;

(3) $\begin{vmatrix} 1 & a & 0 & 0 \\ 0 & 1 & a & 0 \\ 0 & 0 & 1 & a \\ a & 0 & 0 & 1 \end{vmatrix}$；　　(4) $\begin{vmatrix} \lambda & -1 & 0 & 0 \\ 0 & \lambda & -1 & 0 \\ 0 & 0 & \lambda & -1 \\ 4 & 3 & 2 & \lambda+1 \end{vmatrix}$；

(5) $\begin{vmatrix} a & 0 & -1 & 1 \\ 0 & a & 1 & -1 \\ -1 & 1 & a & 0 \\ 1 & -1 & 0 & a \end{vmatrix}$；　　(6) $\begin{vmatrix} 0 & a & b & 0 \\ a & 0 & 0 & b \\ 0 & c & d & 0 \\ c & 0 & 0 & d \end{vmatrix}$；

(7) $\begin{vmatrix} x+y & y & 0 & \cdots & 0 & 0 \\ x & x+y & y & \cdots & 0 & 0 \\ 0 & x & x+y & \cdots & 0 & 0 \\ \vdots & \vdots & \vdots & & \vdots & \vdots \\ 0 & 0 & 0 & \cdots & x+y & y \\ 0 & 0 & 0 & \cdots & x & x+y \end{vmatrix}$；

(8) $\begin{vmatrix} 1 & 2 & 3 & \cdots & n-1 & n \\ -1 & 1 & 0 & \cdots & 0 & 0 \\ 0 & -1 & 1 & \cdots & 0 & 0 \\ \vdots & \vdots & \vdots & & \vdots & \vdots \\ 0 & 0 & 0 & \cdots & 1 & 0 \\ 0 & 0 & 0 & \cdots & -1 & 1 \end{vmatrix}$.

5. 证明：

(1) $\begin{vmatrix} a^2 & (a+1)^2 & (a+2)^2 & (a+3)^2 \\ b^2 & (b+1)^2 & (b+2)^2 & (b+3)^2 \\ c^2 & (c+1)^2 & (c+2)^2 & (c+3)^2 \\ d^2 & (d+1)^2 & (d+2)^2 & (d+3)^2 \end{vmatrix}=0$；

(2) $D_n=\begin{vmatrix} 2a & 1 & 0 & \cdots & 0 & 0 \\ a^2 & 2a & 1 & \cdots & 0 & 0 \\ 0 & a^2 & 2a & \cdots & 0 & 0 \\ \vdots & \vdots & \vdots & & \vdots & \vdots \\ 0 & 0 & 0 & \cdots & 2a & 1 \\ 0 & 0 & 0 & \cdots & a^2 & 2a \end{vmatrix}=(n+1)a^n$.

6. 求解方程

$$\begin{vmatrix} 1 & 1 & 1 & 1 \\ x & a & b & c \\ x^2 & a^2 & b^2 & c^2 \\ x^3 & a^3 & b^3 & c^3 \end{vmatrix}=0.$$

7. 计算下列行列式：

(1) $\begin{vmatrix} x & & & 1 \\ & x & & \\ & & \ddots & \\ 1 & & & x \end{vmatrix}$(其中未写出的元素均为 0,以下同);

(2) $\begin{vmatrix} a^n & (a-1)^n & (a-2)^n & \cdots & (a-n)^n \\ a^{n-1} & (a-1)^{n-1} & (a-2)^{n-1} & \cdots & (a-n)^{n-1} \\ \vdots & \vdots & \vdots & & \vdots \\ a & a-1 & a-2 & \cdots & a-n \\ 1 & 1 & 1 & \cdots & 1 \end{vmatrix}$.

8. 设行列式

$$D=\begin{vmatrix} a & b & c & d \\ c & b & d & a \\ d & b & c & a \\ a & b & d & c \end{vmatrix},$$

M_{ij} 和 A_{ij} 分别为元素 $a_{ij}(i,j=1,2,3,4)$ 的余子式和代数余子式,求:

(1) $aM_{31}+bM_{32}+cM_{33}+dM_{34}$;

(2) $A_{14}+A_{24}+A_{34}+A_{44}$.

9. 利用克拉默法则解下列方程组:

(1) $\begin{cases} x+2y+z=0, \\ 2x-y+z=1, \\ x-y+2z=3; \end{cases}$

(2) $\begin{cases} x_1+x_2+x_3+x_4=1, \\ a_1x_1+a_2x_2+a_3x_3+a_4x_4=a_1, \\ a_1^2x_1+a_2^2x_2+a_3^2x_3+a_4^2x_4=a_1^2, \\ a_1^3x_1+a_2^3x_2+a_3^3x_3+a_4^3x_4=a_1^3 \end{cases}$(其中 a_1,a_2,a_3,a_4 互不相同).

10. 问:λ 取何值时,方程组

$$\begin{cases} (1+\lambda)x_1+x_2+x_3=1, \\ x_1+(1+\lambda)x_2+x_3=\lambda, \\ x_1+x_2+(1+\lambda)x_3=\lambda^2 \end{cases}$$

有唯一解?并利用克拉默法则求这个解.

11. 问:a 取何值时,方程组

$$\begin{cases} x+y+(1-a)z=0, \\ x+az=0, \\ (a+1)x+y+(a+1)z=0 \end{cases}$$

有非零解?

第二章

矩　阵

矩阵是研究向量的线性相关性、线性方程组的解及线性变换等的有力且不可替代的工具，在线性代数中占有重要地位. 本章首先引入矩阵的概念和运算，并讨论矩阵运算的基本性质、矩阵的变换及矩阵的某些特征；然后以矩阵为工具，给出了线性方程组的有解判别定理和求解方法 —— 消元法.

§2.1 矩阵的概念

下面通过几个例子来展示如何将某个数学问题或实际问题与一张数表——矩阵联系起来.

一、引例

例 1 上海某大学工学门类(学术学位)2019—2023 年研究生复试分数线如表 2.1 所示.

表 2.1

单位:分

	政治	外语	专业课一	专业课二	总分
2019 年	50	55	75	85	325
2020 年	55	55	75	85	330
2021 年	55	55	80	85	330
2022 年	55	55	80	80	325
2023 年	50	55	75	75	315

数表

$$\begin{matrix} 50 & 55 & 75 & 85 & 325 \\ 55 & 55 & 75 & 85 & 330 \\ 55 & 55 & 80 & 85 & 330 \\ 55 & 55 & 80 & 80 & 325 \\ 50 & 55 & 75 & 75 & 315 \end{matrix}$$

具体描述了近五年复试分数线情况.

例 2 某航空公司在 A,B,C,D 四个城市之间开辟了若干航线. 图 2.1 表示了四个城市间的航班情况,若从城市 A 到城市 B 有航班,则用带箭头的线连接 A 与 B.

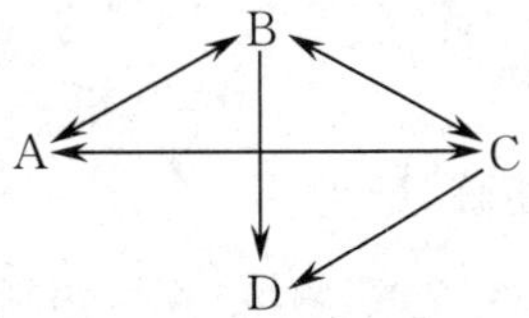

图 2.1

如果用"√"表示有航班,则这四个城市之间的航班信息可以列表表示为(其中第一列 A,B,C,D 表示航班起点,第一行 A,B,C,D 表示航班终点)

	A	B	C	D
A		√	√	
B	√		√	√
C	√	√		√
D				

如果用"1"表示有航班,用"0"表示无航班,则这四个城市之间的航班信息可以用数表表示为

$$\begin{matrix} 0 & 1 & 1 & 0 \\ 1 & 0 & 1 & 1 \\ 1 & 1 & 0 & 1 \\ 0 & 0 & 0 & 0 \end{matrix}.$$

例 3 线性方程组

$$\begin{cases} a_{11}x_1 + a_{12}x_2 + \cdots + a_{1n}x_n = b_1, \\ a_{21}x_1 + a_{22}x_2 + \cdots + a_{2n}x_n = b_2, \\ \cdots\cdots \\ a_{m1}x_1 + a_{m2}x_2 + \cdots + a_{mn}x_n = b_m \end{cases}$$

的系数 $a_{ij}(i=1,2,\cdots,m;j=1,2,\cdots,n)$ 和常数项 $b_i(i=1,2,\cdots,m)$ 按原位置可以构成一张数表

$$\begin{matrix} a_{11} & a_{12} & \cdots & a_{1n} & b_1 \\ a_{21} & a_{22} & \cdots & a_{2n} & b_2 \\ \vdots & \vdots & & \vdots & \vdots \\ a_{m1} & a_{m2} & \cdots & a_{mn} & b_m \end{matrix}.$$

反之,给出这样一张数表,令 $a_{ij}(i=1,2,\cdots,m;j=1,2,\cdots,n)$ 成为第 i 个方程第 j 个未知量的系数,令 $b_i(i=1,2,\cdots,m)$ 成为第 i 个方程的常数项(位于等号右端),这样就可以写出一个线性方程组.

二、矩阵的概念

定义 1 由 $m\times n$ 个数 $a_{ij}(i=1,2,\cdots,m;j=1,2,\cdots,n)$ 排成的 m 行 n 列的数表

$$\begin{matrix} a_{11} & a_{12} & \cdots & a_{1n} \\ a_{21} & a_{22} & \cdots & a_{2n} \\ \vdots & \vdots & & \vdots \\ a_{m1} & a_{m2} & \cdots & a_{mn} \end{matrix}$$

称为 m 行 n 列矩阵,简称 $m\times n$ 矩阵,记为

$$\boldsymbol{A}=\begin{pmatrix} a_{11} & a_{12} & \cdots & a_{1n} \\ a_{21} & a_{22} & \cdots & a_{2n} \\ \vdots & \vdots & & \vdots \\ a_{m1} & a_{m2} & \cdots & a_{mn} \end{pmatrix},$$

简记为 $\boldsymbol{A}_{m\times n}$ 或 $(a_{ij})_{m\times n}$. 这 $m\times n$ 个数称为矩阵 $\boldsymbol{A}$ 的**元素**，a_{ij} 为矩阵 $\boldsymbol{A}$ 的第 i 行、第 j 列元素. 如果不需要指出矩阵的行数和列数,也可记为 $\boldsymbol{A}$ 或 (a_{ij}).

元素为实数的矩阵称为**实矩阵**,元素为复数的矩阵称为**复矩阵**.

本书中除特别说明外,所有矩阵都指实矩阵.

在 $m\times n$ 矩阵中,当 $m=1$ 时,矩阵

$$\boldsymbol{A}=(a_1,a_2,\cdots,a_n)$$

称为**行矩阵**,又称为**行向量**. 当 $n=1$ 时,矩阵

$$\boldsymbol{B}=\begin{pmatrix} b_1 \\ b_2 \\ \vdots \\ b_m \end{pmatrix}$$

称为**列矩阵**,又称为**列向量**.

两个行数相等、列数也相等的矩阵,称为**同型矩阵**. 如果 $\boldsymbol{A}=(a_{ij})_{m\times n}$ 与 $\boldsymbol{B}=(b_{ij})_{m\times n}$ 是同型矩阵,并且它们的对应元素相等,即

$$a_{ij}=b_{ij}\quad (i=1,2,\cdots,m;j=1,2,\cdots,n),$$

那么就称矩阵 $\boldsymbol{A}$ 与 $\boldsymbol{B}$ **相等**,记为

$$\boldsymbol{A}=\boldsymbol{B}.$$

所有元素都是 0 的矩阵称为**零矩阵**,记为 $\boldsymbol{O}$.

行数和列数都等于 n 的矩阵称为 **n 阶矩阵**或 **n 阶方阵**,可记为 $\boldsymbol{A}_n$ 或 $\boldsymbol{A}$.

n 阶方阵

$$\begin{pmatrix} \lambda_1 & 0 & \cdots & 0 \\ 0 & \lambda_2 & \cdots & 0 \\ \vdots & \vdots & & \vdots \\ 0 & 0 & \cdots & \lambda_n \end{pmatrix}$$

称为 **n 阶对角矩阵**,也可记为

$$\boldsymbol{\Lambda}=\mathrm{diag}(\lambda_1,\lambda_2,\cdots,\lambda_n).$$

n 阶方阵

$$\begin{pmatrix} 1 & 0 & \cdots & 0 \\ 0 & 1 & \cdots & 0 \\ \vdots & \vdots & & \vdots \\ 0 & 0 & \cdots & 1 \end{pmatrix}$$

称为 **n 阶单位矩阵**,也可记为 $\boldsymbol{E}_n$ 或 $\boldsymbol{E}$.

当一个 n 阶对角矩阵 $\boldsymbol{\Lambda}$ 的主对角线上的元素全部相等且等于某个常数 a 时,称 $\boldsymbol{\Lambda}$ 为 **n 阶数量矩阵**,即

$$\boldsymbol{\Lambda}=\begin{pmatrix} a & 0 & \cdots & 0 \\ 0 & a & \cdots & 0 \\ \vdots & \vdots & & \vdots \\ 0 & 0 & \cdots & a \end{pmatrix}.$$

如果在一个 n 阶方阵 $\boldsymbol{A}$ 中，当 $i>j$ 时，所有 $a_{ij}=0$，即

$$\boldsymbol{A}=\begin{pmatrix} a_{11} & a_{12} & \cdots & a_{1n} \\ 0 & a_{22} & \cdots & a_{2n} \\ \vdots & \vdots & & \vdots \\ 0 & 0 & \cdots & a_{nn} \end{pmatrix},$$

则称 $\boldsymbol{A}$ 为**上三角形矩阵**.

如果在一个 n 阶方阵 $\boldsymbol{A}$ 中，当 $i<j$ 时，所有 $a_{ij}=0$，即

$$\boldsymbol{A}=\begin{pmatrix} a_{11} & 0 & \cdots & 0 \\ a_{21} & a_{22} & \cdots & 0 \\ \vdots & \vdots & & \vdots \\ a_{n1} & a_{n2} & \cdots & a_{nn} \end{pmatrix},$$

则称 $\boldsymbol{A}$ 为**下三角形矩阵**.

矩阵的实质就是一张矩形数表，如超市进货单、学生成绩表、工厂生产进度表、销售统计表、车站列车时刻表、价目表、科研领域中的数据分析表等，它们本质上都是矩阵. 因此，我们研究矩阵对认识这些生活、生产与科研等问题有重要的意义.

§2.2 矩阵的运算

矩阵作为线性代数的有力工具，它的运算起了不可忽视的作用. 本节介绍矩阵的几种基本运算.

一、矩阵的加法

定义 1 设 $\boldsymbol{A}=(a_{ij})$ 和 $\boldsymbol{B}=(b_{ij})$ 是两个 $m\times n$ 矩阵，称矩阵

$$\begin{pmatrix} a_{11}+b_{11} & a_{12}+b_{12} & \cdots & a_{1n}+b_{1n} \\ a_{21}+b_{21} & a_{22}+b_{22} & \cdots & a_{2n}+b_{2n} \\ \vdots & \vdots & & \vdots \\ a_{m1}+b_{m1} & a_{m2}+b_{m2} & \cdots & a_{mn}+b_{mn} \end{pmatrix}$$

为矩阵 $\boldsymbol{A}$ 与 $\boldsymbol{B}$ 的**和**，记为 $\boldsymbol{A}+\boldsymbol{B}=(a_{ij}+b_{ij})_{m\times n}$.

注 只有两个矩阵同型时，它们才能进行加法运算. 两个同型矩阵的和即为两个矩阵对应位置的元素相加所得到的矩阵.

设矩阵 $\boldsymbol{A}=(a_{ij})$，称$(-a_{ij})$为矩阵 $\boldsymbol{A}$ 的**负矩阵**，记为 $-\boldsymbol{A}$.

由此规定矩阵的减法运算为

$$\boldsymbol{A}-\boldsymbol{B}=\boldsymbol{A}+(-\boldsymbol{B})=(a_{ij}-b_{ij})_{m\times n}.$$

设 $\boldsymbol{A},\boldsymbol{B},\boldsymbol{C}$ 为同型矩阵，矩阵的加法运算满足下列运算律：

(1) $\boldsymbol{A}+\boldsymbol{B}=\boldsymbol{B}+\boldsymbol{A}$;

(2) $(\boldsymbol{A}+\boldsymbol{B})+\boldsymbol{C}=\boldsymbol{A}+(\boldsymbol{B}+\boldsymbol{C})$;

(3) $\boldsymbol{A}+\boldsymbol{O}=\boldsymbol{A}$;

(4) $\boldsymbol{A}+(-\boldsymbol{A})=\boldsymbol{O}$.

二、矩阵的数量乘法

定义 2 设 λ 是一个数,称矩阵

$$\begin{pmatrix} \lambda a_{11} & \lambda a_{12} & \cdots & \lambda a_{1n} \\ \lambda a_{21} & \lambda a_{22} & \cdots & \lambda a_{2n} \\ \vdots & \vdots & & \vdots \\ \lambda a_{m1} & \lambda a_{m2} & \cdots & \lambda a_{mn} \end{pmatrix}$$

为 λ 与矩阵 $\boldsymbol{A}=(a_{ij})_{m\times n}$ 的**数量乘法**,简称**数乘**,记为 $\lambda\boldsymbol{A}=(\lambda a_{ij})_{m\times n}$.

不难发现,

$$(-1)\boldsymbol{A}=(-a_{ij})_{m\times n}$$

就是矩阵 $\boldsymbol{A}$ 的负矩阵.

矩阵的加法与数量乘法两种运算统称为**矩阵的线性运算**.

设 $\boldsymbol{A},\boldsymbol{B},\boldsymbol{C}$ 为同型矩阵,k,l 为数,矩阵的线性运算满足下列运算律:

(1) $1\boldsymbol{A}=\boldsymbol{A}$;

(2) $k(l\boldsymbol{A})=(kl)\boldsymbol{A}$;

(3) $(k+l)\boldsymbol{A}=k\boldsymbol{A}+l\boldsymbol{A}$;

(4) $k(\boldsymbol{A}+\boldsymbol{B})=k\boldsymbol{A}+k\boldsymbol{B}$.

例 1 设矩阵

$$\boldsymbol{A}=\begin{pmatrix} 1 & 5 & 8 \\ 2 & -4 & 6 \end{pmatrix},\quad \boldsymbol{B}=\begin{pmatrix} 0 & -2 & -1 \\ -3 & 1 & -2 \end{pmatrix},$$

求 $\boldsymbol{A}-2\boldsymbol{B}$.

解
$$\begin{aligned} \boldsymbol{A}-2\boldsymbol{B} &= \begin{pmatrix} 1 & 5 & 8 \\ 2 & -4 & 6 \end{pmatrix}-2\begin{pmatrix} 0 & -2 & -1 \\ -3 & 1 & -2 \end{pmatrix} \\ &= \begin{pmatrix} 1 & 5 & 8 \\ 2 & -4 & 6 \end{pmatrix}+\begin{pmatrix} 0 & 4 & 2 \\ 6 & -2 & 4 \end{pmatrix} \\ &= \begin{pmatrix} 1+0 & 5+4 & 8+2 \\ 2+6 & -4-2 & 6+4 \end{pmatrix} \\ &= \begin{pmatrix} 1 & 9 & 10 \\ 8 & -6 & 10 \end{pmatrix}. \end{aligned}$$

例 2 设矩阵

$$A=\begin{pmatrix}-1&4&-3\\1&0&0\\-3&2&2\end{pmatrix},\quad B=\begin{pmatrix}-5&2&-1\\1&0&2\\-1&-2&2\end{pmatrix},$$

求矩阵 $\boldsymbol{Z}$,使得 $\boldsymbol{A}+2\boldsymbol{Z}=3\boldsymbol{B}$.

解

$$2\boldsymbol{Z}=3\boldsymbol{B}-\boldsymbol{A}=3\begin{pmatrix}-5&2&-1\\1&0&2\\-1&-2&2\end{pmatrix}-\begin{pmatrix}-1&4&-3\\1&0&0\\-3&2&2\end{pmatrix}$$

$$=\begin{pmatrix}-15&6&-3\\3&0&6\\-3&-6&6\end{pmatrix}-\begin{pmatrix}-1&4&-3\\1&0&0\\-3&2&2\end{pmatrix}$$

$$=\begin{pmatrix}-14&2&0\\2&0&6\\0&-8&4\end{pmatrix},$$

故

$$\boldsymbol{Z}=\begin{pmatrix}-7&1&0\\1&0&3\\0&-4&2\end{pmatrix}.$$

三、矩阵的乘法

在引入矩阵的乘法的定义之前,先考察一个数学问题.

设变量 $y_1,y_2,\cdots,y_m$ 能用变量 $x_1,x_2,\cdots,x_n$ 线性表示,即

微课视频

$$\begin{cases}y_1=a_{11}x_1+a_{12}x_2+\cdots+a_{1n}x_n,\\y_2=a_{21}x_1+a_{22}x_2+\cdots+a_{2n}x_n,\\\quad\cdots\cdots\\y_m=a_{m1}x_1+a_{m2}x_2+\cdots+a_{mn}x_n,\end{cases}\tag{2.1}$$

其中系数 $a_{ij}(i=1,2,\cdots,m;j=1,2,\cdots,n)$ 为常数,这种变换叫作**从变量 $x_1,x_2,\cdots,x_n$ 到变量 $y_1,y_2,\cdots,y_m$ 的线性变换**,此线性变换的系数构成 $m\times n$ 矩阵

$$\begin{pmatrix}a_{11}&a_{12}&\cdots&a_{1n}\\a_{21}&a_{22}&\cdots&a_{2n}\\\vdots&\vdots&&\vdots\\a_{m1}&a_{m2}&\cdots&a_{mn}\end{pmatrix},$$

称之为**线性变换的系数矩阵**.

设有两个线性变换

$$\begin{cases}y_1=a_{11}x_1+a_{12}x_2+a_{13}x_3,\\y_2=a_{21}x_1+a_{22}x_2+a_{23}x_3\end{cases}\tag{2.2}$$

和

$$\begin{cases} x_1 = b_{11}t_1 + b_{12}t_2, \\ x_2 = b_{21}t_1 + b_{22}t_2, \\ x_3 = b_{31}t_1 + b_{32}t_2. \end{cases} \tag{2.3}$$

为求出从 t_1, t_2 到 y_1, y_2 的线性变换,将线性变换(2.3)代入线性变换(2.2),得

$$\begin{cases} y_1 = (a_{11}b_{11} + a_{12}b_{21} + a_{13}b_{31})t_1 + (a_{11}b_{12} + a_{12}b_{22} + a_{13}b_{32})t_2, \\ y_2 = (a_{21}b_{11} + a_{22}b_{21} + a_{23}b_{31})t_1 + (a_{21}b_{12} + a_{22}b_{22} + a_{23}b_{32})t_2. \end{cases} \tag{2.4}$$

线性变换(2.4)可以看作线性变换(2.3)和线性变换(2.2)共同作用的结果. 我们把线性变换(2.4)叫作线性变换(2.2)与线性变换(2.3)的乘积,相应地,把线性变换(2.4)的系数矩阵定义为线性变换(2.2)与线性变换(2.3)的系数矩阵的乘积,即

$$\begin{pmatrix} a_{11} & a_{12} & a_{13} \\ a_{21} & a_{22} & a_{23} \end{pmatrix} \begin{pmatrix} b_{11} & b_{12} \\ b_{21} & b_{22} \\ b_{31} & b_{32} \end{pmatrix} = \begin{pmatrix} a_{11}b_{11} + a_{12}b_{21} + a_{13}b_{31} & a_{11}b_{12} + a_{12}b_{22} + a_{13}b_{32} \\ a_{21}b_{11} + a_{22}b_{21} + a_{23}b_{31} & a_{21}b_{12} + a_{22}b_{22} + a_{23}b_{32} \end{pmatrix}.$$

一般地,我们有下面的定义.

定义 3 设 $\boldsymbol{A} = (a_{ij})$ 是一个 $m \times s$ 矩阵,$\boldsymbol{B} = (b_{ij})$ 是一个 $s \times n$ 矩阵,规定矩阵 $\boldsymbol{A}$ 与 $\boldsymbol{B}$ 的乘积是一个 $m \times n$ 矩阵 $\boldsymbol{C} = (c_{ij})$,其中

$$c_{ij} = a_{i1}b_{1j} + a_{i2}b_{2j} + \cdots + a_{is}b_{sj} = \sum_{k=1}^{s} a_{ik}b_{kj} \quad (i = 1, 2, \cdots, m; j = 1, 2, \cdots, n),$$

矩阵 $\boldsymbol{C}$ 记为 $\boldsymbol{AB}$,即 $\boldsymbol{C} = \boldsymbol{AB}$.

注 在矩阵的乘法的定义中,只有当左端矩阵 $\boldsymbol{A}$ 的列数等于右端矩阵 $\boldsymbol{B}$ 的行数时,乘积才有意义. 这时,矩阵 $\boldsymbol{AB}$ 的行数等于矩阵 $\boldsymbol{A}$ 的行数,列数等于矩阵 $\boldsymbol{B}$ 的列数,且第 i 行、第 j 列的元素是矩阵 $\boldsymbol{A}$ 的第 i 行与矩阵 $\boldsymbol{B}$ 的第 j 列对应元素的乘积之和.

例 3 设在下列行矩阵和列矩阵中,只有第 i 个位置是 1,其余元素都是 0,计算下列矩阵的乘积:

(1) $(0, 0, \cdots, 1, \cdots, 0)_{1\times m} \begin{pmatrix} a_{11} & a_{12} & \cdots & a_{1n} \\ a_{21} & a_{22} & \cdots & a_{2n} \\ \vdots & \vdots & & \vdots \\ a_{m1} & a_{m2} & \cdots & a_{mn} \end{pmatrix}$;

(2) $\begin{pmatrix} a_{11} & a_{12} & \cdots & a_{1n} \\ a_{21} & a_{22} & \cdots & a_{2n} \\ \vdots & \vdots & & \vdots \\ a_{m1} & a_{m2} & \cdots & a_{mn} \end{pmatrix} \begin{pmatrix} 0 \\ 0 \\ \vdots \\ 1 \\ \vdots \\ 0 \end{pmatrix}_{n\times 1}$.

解 (1) $(0, 0, \cdots, 1, \cdots, 0)_{1\times m} \begin{pmatrix} a_{11} & a_{12} & \cdots & a_{1n} \\ a_{21} & a_{22} & \cdots & a_{2n} \\ \vdots & \vdots & & \vdots \\ a_{m1} & a_{m2} & \cdots & a_{mn} \end{pmatrix} = (a_{i1}, a_{i2}, \cdots, a_{in})$.

(2) $\begin{pmatrix} a_{11} & a_{12} & \cdots & a_{1n} \\ a_{21} & a_{22} & \cdots & a_{2n} \\ \vdots & \vdots & & \vdots \\ a_{m1} & a_{m2} & \cdots & a_{mn} \end{pmatrix} \begin{pmatrix} 0 \\ 0 \\ \vdots \\ 1 \\ \vdots \\ 0 \end{pmatrix}_{n\times 1} = \begin{pmatrix} a_{1i} \\ a_{2i} \\ \vdots \\ a_{mi} \end{pmatrix}$.

例 4 设矩阵

$$\boldsymbol{A}=\begin{pmatrix} 1 & 0 & -1 \\ 0 & 5 & 2 \end{pmatrix},\quad \boldsymbol{B}=\begin{pmatrix} 1 & 2 & 0 \\ 5 & 0 & 1 \\ -1 & 3 & 2 \end{pmatrix},$$

求 $\boldsymbol{AB}$.

解

$$\boldsymbol{AB}=\begin{pmatrix} 1 & 0 & -1 \\ 0 & 5 & 2 \end{pmatrix}\begin{pmatrix} 1 & 2 & 0 \\ 5 & 0 & 1 \\ -1 & 3 & 2 \end{pmatrix}$$

$$=\begin{pmatrix} 1\times1+0\times5+(-1)\times(-1) & 1\times2+0\times0+(-1)\times3 & 1\times0+0\times1+(-1)\times2 \\ 0\times1+5\times5+2\times(-1) & 0\times2+5\times0+2\times3 & 0\times0+5\times1+2\times2 \end{pmatrix}$$

$$=\begin{pmatrix} 2 & -1 & -2 \\ 23 & 6 & 9 \end{pmatrix}.$$

在例 4 中,矩阵 $\boldsymbol{B}$ 与 $\boldsymbol{A}$ 不能相乘,因为 $\boldsymbol{B}$ 的列数为 3,$\boldsymbol{A}$ 的行数为 2,$\boldsymbol{BA}$ 没有意义. 但是,即便 $\boldsymbol{AB}$ 与 $\boldsymbol{BA}$ 都有意义,如 $\boldsymbol{A}$ 是 $m\times n$ 矩阵,$\boldsymbol{B}$ 是 $n\times m$ 矩阵,那么 $\boldsymbol{AB}$ 是 m 阶方阵,$\boldsymbol{BA}$ 是 n 阶方阵,当 $m\neq n$ 时,$\boldsymbol{AB}\neq\boldsymbol{BA}$. 事实上,即使 $m=n$,$\boldsymbol{AB}$ 与 $\boldsymbol{BA}$ 也未必相等,如下面的例子.

例 5 设矩阵

$$\boldsymbol{A}=\begin{pmatrix} 1 & -4 \\ -1 & 4 \end{pmatrix},\quad \boldsymbol{B}=\begin{pmatrix} 1 & 1 \\ 3 & 3 \end{pmatrix},$$

求 $\boldsymbol{AB}$ 与 $\boldsymbol{BA}$.

解 $\boldsymbol{AB}=\begin{pmatrix} 1 & -4 \\ -1 & 4 \end{pmatrix}\begin{pmatrix} 1 & 1 \\ 3 & 3 \end{pmatrix}=\begin{pmatrix} -11 & -11 \\ 11 & 11 \end{pmatrix}$,

$\boldsymbol{BA}=\begin{pmatrix} 1 & 1 \\ 3 & 3 \end{pmatrix}\begin{pmatrix} 1 & -4 \\ -1 & 4 \end{pmatrix}=\begin{pmatrix} 0 & 0 \\ 0 & 0 \end{pmatrix}$.

例 4 和例 5 告诉我们,矩阵的乘法一般不满足交换律.

例 5 中矩阵 $\boldsymbol{A}\neq\boldsymbol{O}$,$\boldsymbol{B}\neq\boldsymbol{O}$,但却有 $\boldsymbol{BA}=\boldsymbol{O}$,这说明由两个矩阵 $\boldsymbol{A}$ 与 $\boldsymbol{B}$ 满足 $\boldsymbol{AB}=\boldsymbol{O}$ 不能推出 $\boldsymbol{A}=\boldsymbol{O}$ 或 $\boldsymbol{B}=\boldsymbol{O}$;当 $\boldsymbol{A}\neq\boldsymbol{O}$ 而 $\boldsymbol{AX}=\boldsymbol{AY}$ 时,也不能推出 $\boldsymbol{X}=\boldsymbol{Y}$ 的结论,即矩阵的乘法一般也不满足消去律.

设 $\boldsymbol{A}$,$\boldsymbol{B}$,$\boldsymbol{C}$ 均为矩阵,λ 为数,矩阵的乘法满足下列运算律(假设以下运算都是可行的):

(1) $(\boldsymbol{AB})\boldsymbol{C}=\boldsymbol{A}(\boldsymbol{BC})$;

(2) $\lambda(\boldsymbol{AB})=(\lambda\boldsymbol{A})\boldsymbol{B}=\boldsymbol{A}(\lambda\boldsymbol{B})$;

(3) $\boldsymbol{A}(\boldsymbol{B}+\boldsymbol{C})=\boldsymbol{AB}+\boldsymbol{AC}$；

(4) $(\boldsymbol{A}+\boldsymbol{B})\boldsymbol{C}=\boldsymbol{AC}+\boldsymbol{BC}$.

例 6 利用矩阵的乘法，线性方程组

$$\begin{cases} a_{11}x_1+a_{12}x_2+\cdots+a_{1n}x_n=b_1, \\ a_{21}x_1+a_{22}x_2+\cdots+a_{2n}x_n=b_2, \\ \cdots\cdots \\ a_{m1}x_1+a_{m2}x_2+\cdots+a_{mn}x_n=b_m \end{cases}$$

可简洁地表示成

$$\boldsymbol{Ax}=\boldsymbol{b},$$

其中

$$\boldsymbol{A}=\begin{pmatrix} a_{11} & a_{12} & \cdots & a_{1n} \\ a_{21} & a_{22} & \cdots & a_{2n} \\ \vdots & \vdots & & \vdots \\ a_{m1} & a_{m2} & \cdots & a_{mn} \end{pmatrix}, \quad \boldsymbol{x}=\begin{pmatrix} x_1 \\ x_2 \\ \vdots \\ x_n \end{pmatrix}, \quad \boldsymbol{b}=\begin{pmatrix} b_1 \\ b_2 \\ \vdots \\ b_m \end{pmatrix}.$$

例 7 利用矩阵的乘法，线性变换(2.1)

$$\begin{cases} y_1=a_{11}x_1+a_{12}x_2+\cdots+a_{1n}x_n, \\ y_2=a_{21}x_1+a_{22}x_2+\cdots+a_{2n}x_n, \\ \cdots\cdots \\ y_m=a_{m1}x_1+a_{m2}x_2+\cdots+a_{mn}x_n \end{cases}$$

可简洁地表示成

$$\boldsymbol{Y}=\boldsymbol{AX},$$

其中

$$\boldsymbol{A}=\begin{pmatrix} a_{11} & a_{12} & \cdots & a_{1n} \\ a_{21} & a_{22} & \cdots & a_{2n} \\ \vdots & \vdots & & \vdots \\ a_{m1} & a_{m2} & \cdots & a_{mn} \end{pmatrix}, \quad \boldsymbol{X}=\begin{pmatrix} x_1 \\ x_2 \\ \vdots \\ x_n \end{pmatrix}, \quad \boldsymbol{Y}=\begin{pmatrix} y_1 \\ y_2 \\ \vdots \\ y_m \end{pmatrix}.$$

容易验证，

$$\boldsymbol{O}_{s\times m}\boldsymbol{A}_{m\times n}=\boldsymbol{O}_{s\times n}, \quad \boldsymbol{A}_{m\times n}\boldsymbol{O}_{n\times t}=\boldsymbol{O}_{m\times t},$$

$$\boldsymbol{E}_m\boldsymbol{A}_{m\times n}=\boldsymbol{A}_{m\times n}, \quad \boldsymbol{A}_{m\times n}\boldsymbol{E}_n=\boldsymbol{A}_{m\times n}.$$

特别地，当 $\boldsymbol{A}$ 为 n 阶方阵时，有

$$\boldsymbol{EA}=\boldsymbol{AE}=\boldsymbol{A}.$$

可见，单位矩阵 $\boldsymbol{E}$ 在矩阵的乘法中的作用类似于数 1 在数的乘法中的作用.

对于两个 n 阶方阵 $\boldsymbol{A},\boldsymbol{B}$，若 $\boldsymbol{AB}=\boldsymbol{BA}$，则称 $\boldsymbol{A}$ 与 $\boldsymbol{B}$ 是**可交换**的.

例 8 设矩阵

$$\boldsymbol{A}=\begin{pmatrix} 1 & 2 \\ 0 & 1 \end{pmatrix}, \quad \boldsymbol{B}=\begin{pmatrix} 1 & -2 \\ 0 & 1 \end{pmatrix},$$

验证 $\boldsymbol{AB}=\boldsymbol{BA}$.

解 $\boldsymbol{AB}=\begin{pmatrix}1&2\\0&1\end{pmatrix}\begin{pmatrix}1&-2\\0&1\end{pmatrix}=\begin{pmatrix}1&0\\0&1\end{pmatrix}$,

$\boldsymbol{BA}=\begin{pmatrix}1&-2\\0&1\end{pmatrix}\begin{pmatrix}1&2\\0&1\end{pmatrix}=\begin{pmatrix}1&0\\0&1\end{pmatrix}$,

即 $\boldsymbol{AB}=\boldsymbol{BA}$,$\boldsymbol{A}$ 与 $\boldsymbol{B}$ 是可交换的.

对于矩阵

$$\lambda\boldsymbol{E}=\begin{pmatrix}\lambda&&&\\&\lambda&&\\&&\ddots&\\&&&\lambda\end{pmatrix},$$

有

$$(\lambda\boldsymbol{E}_m)\boldsymbol{A}_{m\times n}=\lambda\boldsymbol{A}_{m\times n},\quad \boldsymbol{A}_{m\times n}(\lambda\boldsymbol{E}_n)=\lambda\boldsymbol{A}_{m\times n},$$

可知数量矩阵 $\lambda\boldsymbol{E}$ 与矩阵 $\boldsymbol{A}$ 的乘积等于数 λ 与矩阵 $\boldsymbol{A}$ 的乘积. 当 $\boldsymbol{A}$ 为 n 阶方阵时,

$$(\lambda\boldsymbol{E}_n)\boldsymbol{A}=\boldsymbol{A}(\lambda\boldsymbol{E}_n)=\lambda\boldsymbol{A},$$

这表明数量矩阵 $\lambda\boldsymbol{E}$ 与任何同阶方阵都是可交换的.

对 n 阶方阵 $\boldsymbol{A}$ 而言,自乘 $\boldsymbol{AA}$ 有意义,故可给出**方阵 $\boldsymbol{A}$ 的 k 次幂**的概念. 规定

$$\boldsymbol{A}^k=\overbrace{\boldsymbol{AA}\cdots\boldsymbol{A}}^{k\text{个}},$$

同时约定 $\boldsymbol{A}^0=\boldsymbol{E}$.

注意到对于 n 阶方阵 $\boldsymbol{A}$,有

$$\boldsymbol{A}^k\boldsymbol{A}^l=\overbrace{\boldsymbol{AA}\cdots\boldsymbol{A}}^{k\text{个}}\overbrace{\boldsymbol{AA}\cdots\boldsymbol{A}}^{l\text{个}}=\boldsymbol{A}^{k+l},\quad (\boldsymbol{A}^k)^l=\boldsymbol{A}^{kl},$$

其中 k,l 为非负整数.

一般地,对于 n 阶方阵 $\boldsymbol{A}$ 和 $\boldsymbol{B}$,有

$$(\boldsymbol{AB})^m\neq\boldsymbol{A}^m\boldsymbol{B}^m\quad(m\text{ 为正整数}),\quad (\boldsymbol{A}+\boldsymbol{B})^2\neq\boldsymbol{A}^2+2\boldsymbol{AB}+\boldsymbol{B}^2.$$

但是,当 $\boldsymbol{A},\boldsymbol{B}$ 可交换,即 $\boldsymbol{AB}=\boldsymbol{BA}$ 时,有

$$(\boldsymbol{AB})^m=\boldsymbol{A}^m\boldsymbol{B}^m\quad(m\text{ 为正整数}),\quad (\boldsymbol{A}+\boldsymbol{B})^2=\boldsymbol{A}^2+2\boldsymbol{AB}+\boldsymbol{B}^2,$$

进而有

$$(\boldsymbol{A}+\boldsymbol{B})^m=\sum_{k=0}^{m}\mathrm{C}_m^k\boldsymbol{A}^k\boldsymbol{B}^{m-k}\quad(m\text{ 为正整数}).$$

四、矩阵的转置

定义 4 把 $m\times n$ 矩阵 $\boldsymbol{A}$ 的每一行换成同序数的列,得到的 $n\times m$ 矩阵叫作 $\boldsymbol{A}$ 的**转置矩阵**,记为 $\boldsymbol{A}^{\mathrm{T}}$(或 $\boldsymbol{A}'$).

例如,矩阵 $\boldsymbol{A}=\begin{pmatrix}1&-1&2\\0&5&7\end{pmatrix}$ 的转置矩阵为

$$A^{\mathrm{T}}=\begin{pmatrix}1&0\\-1&5\\2&7\end{pmatrix}.$$

矩阵的转置也是一种运算，且满足下列运算律(假设以下运算都是可行的，$\boldsymbol{A},\boldsymbol{B}$ 均为矩阵，λ 为数)：

(1) $(\boldsymbol{A}^{\mathrm{T}})^{\mathrm{T}}=\boldsymbol{A}$；

(2) $(\boldsymbol{A}+\boldsymbol{B})^{\mathrm{T}}=\boldsymbol{A}^{\mathrm{T}}+\boldsymbol{B}^{\mathrm{T}}$；

(3) $(\lambda\boldsymbol{A})^{\mathrm{T}}=\lambda\boldsymbol{A}^{\mathrm{T}}$；

(4) $(\boldsymbol{AB})^{\mathrm{T}}=\boldsymbol{B}^{\mathrm{T}}\boldsymbol{A}^{\mathrm{T}}$.

证 运算律(1),(2),(3)请读者自己证明. 下面仅证明运算律(4).

设矩阵 $\boldsymbol{A}=(a_{ij})_{m\times s}$，$\boldsymbol{B}=(b_{ij})_{s\times n}$，记 $\boldsymbol{AB}=\boldsymbol{C}=(c_{ij})_{m\times n}$.

首先，容易得出 $(\boldsymbol{AB})^{\mathrm{T}}$ 及 $\boldsymbol{B}^{\mathrm{T}}\boldsymbol{A}^{\mathrm{T}}$ 都是 $n\times m$ 矩阵.

其次，$(\boldsymbol{AB})^{\mathrm{T}}$ 的第 i 行、第 j 列的元素就是 $\boldsymbol{AB}$ 的第 j 行、第 i 列的元素，即

$$\sum_{k=1}^{s}a_{jk}b_{ki}\,;$$

$\boldsymbol{B}^{\mathrm{T}}\boldsymbol{A}^{\mathrm{T}}$ 的第 i 行、第 j 列的元素等于 $\boldsymbol{B}^{\mathrm{T}}$ 的第 i 行与 $\boldsymbol{A}^{\mathrm{T}}$ 的第 j 列对应元素的乘积和，即为 $\boldsymbol{B}$ 的第 i 列与 $\boldsymbol{A}$ 的第 j 行对应元素的乘积和 $\sum\limits_{k=1}^{s}b_{ki}a_{jk}$.

因为

$$\sum_{k=1}^{s}a_{jk}b_{ki}=\sum_{k=1}^{s}b_{ki}a_{jk},$$

所以

$$(\boldsymbol{AB})^{\mathrm{T}}=\boldsymbol{B}^{\mathrm{T}}\boldsymbol{A}^{\mathrm{T}}.$$

例 9 已知矩阵

$$\boldsymbol{A}=\begin{pmatrix}1&-1&0\\1&0&2\end{pmatrix},\quad \boldsymbol{B}=\begin{pmatrix}1&2&5\\1&3&1\\0&1&-2\end{pmatrix},$$

求 $(\boldsymbol{AB})^{\mathrm{T}}$.

解 **方法 1** 因为

$$\boldsymbol{AB}=\begin{pmatrix}1&-1&0\\1&0&2\end{pmatrix}\begin{pmatrix}1&2&5\\1&3&1\\0&1&-2\end{pmatrix}=\begin{pmatrix}0&-1&4\\1&4&1\end{pmatrix},$$

所以

$$(\boldsymbol{AB})^{\mathrm{T}}=\begin{pmatrix}0&1\\-1&4\\4&1\end{pmatrix}.$$

方法 2 因为

$$A^{\mathrm{T}}=\begin{pmatrix}1&1\\-1&0\\0&2\end{pmatrix},\quad B^{\mathrm{T}}=\begin{pmatrix}1&1&0\\2&3&1\\5&1&-2\end{pmatrix},$$

所以

$$(AB)^{\mathrm{T}}=B^{\mathrm{T}}A^{\mathrm{T}}=\begin{pmatrix}1&1&0\\2&3&1\\5&1&-2\end{pmatrix}\begin{pmatrix}1&1\\-1&0\\0&2\end{pmatrix}=\begin{pmatrix}0&1\\-1&4\\4&1\end{pmatrix}.$$

定义 5 设 $\boldsymbol{A}$ 为 n 阶方阵. 如果 $\boldsymbol{A}$ 满足 $\boldsymbol{A}^{\mathrm{T}}=\boldsymbol{A}$，即

$$a_{ij}=a_{ji}\quad(i,j=1,2,\cdots,n),$$

那么称 $\boldsymbol{A}$ 为**对称矩阵**. 如果 $\boldsymbol{A}$ 满足 $\boldsymbol{A}^{\mathrm{T}}=-\boldsymbol{A}$，即

$$a_{ij}=-a_{ji}\quad(i,j=1,2,\cdots,n),$$

那么称 $\boldsymbol{A}$ 为**反对称矩阵**.

例如，矩阵

$$\begin{pmatrix}2&0&6\\0&-1&-2\\6&-2&0\end{pmatrix},\quad\begin{pmatrix}0&-1&2\\1&0&3\\-2&-3&0\end{pmatrix}$$

分别是对称矩阵和反对称矩阵. 不难发现，反对称矩阵的主对角线上的元素都是 0.

五、方阵的行列式

定义 6 由 n 阶方阵 $\boldsymbol{A}$ 的元素所构成的行列式(各元素的位置不变)，称为**方阵 $\boldsymbol{A}$ 的行列式**，记为 $|\boldsymbol{A}|$ 或 $\det\boldsymbol{A}$.

应当注意，方阵与行列式是两个不同的概念，$n(n>1)$ 阶方阵是 n^2 个数按一定方式排成的数表，而 n 阶行列式则是这些数(数表中的数) 按一定运算法则所确定的一个数.

方阵的行列式有下列性质(设 $\boldsymbol{A},\boldsymbol{B}$ 均为 n 阶方阵，λ 为数)：

(1) $|\boldsymbol{A}^{\mathrm{T}}|=|\boldsymbol{A}|$；

(2) $|\lambda\boldsymbol{A}|=\lambda^n|\boldsymbol{A}|$；

(3) $|\boldsymbol{AB}|=|\boldsymbol{A}||\boldsymbol{B}|$.

由行列式的性质易知性质(1)，(2) 成立. 下面仅证性质(3).

证 设方阵 $\boldsymbol{A}=(a_{ij})_{n\times n}$，$\boldsymbol{B}=(b_{ij})_{n\times n}$，$2n$ 阶行列式

$$D=\begin{vmatrix}a_{11}&\cdots&a_{1n}&0&\cdots&0\\\vdots&&\vdots&\vdots&&\vdots\\a_{n1}&\cdots&a_{nn}&0&\cdots&0\\-1&&0&b_{11}&\cdots&b_{1n}\\&\ddots&&\vdots&&\vdots\\0&&-1&b_{n1}&\cdots&b_{nn}\end{vmatrix}=\begin{vmatrix}\boldsymbol{A}&\boldsymbol{O}\\-\boldsymbol{E}&\boldsymbol{B}\end{vmatrix}.$$

一方面，由 §1.3 例 5 可知，$D=|\boldsymbol{A}||\boldsymbol{B}|$. 另一方面，在 D 中以 $b_{1j}(j=1,2,\cdots,n)$ 乘以第一列，b_{2j} 乘以第二列 ……b_{nj} 乘以第 n 列，都加到第 $n+j$ 列上，有

$$D=\begin{vmatrix} \boldsymbol{A} & \boldsymbol{C} \\ -\boldsymbol{E} & \boldsymbol{O} \end{vmatrix},$$

其中 n 阶方阵 $\boldsymbol{C}=(c_{ij})$，$c_{ij}=b_{1j}a_{i1}+b_{2j}a_{i2}+\cdots+b_{nj}a_{in}$，故 $\boldsymbol{C}=\boldsymbol{AB}$. 再对 D 做 $r_j \leftrightarrow r_{n+j}$ $(j=1,2,\cdots,n)$，有

$$D=(-1)^n\begin{vmatrix} -\boldsymbol{E} & \boldsymbol{O} \\ \boldsymbol{A} & \boldsymbol{C} \end{vmatrix}=(-1)^n|-\boldsymbol{E}||\boldsymbol{C}|$$
$$=(-1)^n(-1)^n|\boldsymbol{C}|=|\boldsymbol{AB}|.$$

于是

$$|\boldsymbol{AB}|=|\boldsymbol{A}||\boldsymbol{B}|.$$

由方阵的行列式的性质(3)可知，对于 n 阶方阵 $\boldsymbol{A}$ 与 $\boldsymbol{B}$，一般来说，$\boldsymbol{AB}\neq\boldsymbol{BA}$，但总有 $|\boldsymbol{AB}|=|\boldsymbol{A}||\boldsymbol{B}|$.

§2.3 逆矩阵

微课视频

我们知道，对于非零数 a，一定存在数 a^{-1}，使得 $a^{-1}a=aa^{-1}=1$ 成立. 那么对于 n 阶方阵 $\boldsymbol{A}$，是否也有类似的结论呢？本节就讨论这个问题.

一、逆矩阵的概念

定义 1 对于 n 阶方阵 $\boldsymbol{A}$，如果存在 n 阶方阵 $\boldsymbol{B}$，使得

$$\boldsymbol{AB}=\boldsymbol{BA}=\boldsymbol{E},$$

那么称方阵 $\boldsymbol{A}$ 是**可逆的**，并称方阵 $\boldsymbol{B}$ 为 $\boldsymbol{A}$ 的**逆矩阵**；否则，称方阵 $\boldsymbol{A}$ 是**不可逆的**.

例如，§2.2 例 8 中的方阵 $\boldsymbol{A}$ 是可逆的，且 $\boldsymbol{B}$ 是 $\boldsymbol{A}$ 的逆矩阵. 不难发现，这时方阵 $\boldsymbol{B}$ 也是可逆的，且 $\boldsymbol{A}$ 是 $\boldsymbol{B}$ 的逆矩阵.

显然，单位矩阵的逆矩阵是单位矩阵. 零矩阵是不可逆矩阵. 可逆矩阵 $\boldsymbol{A}$ 的逆矩阵 $\boldsymbol{B}$ 也是可逆的，且 $\boldsymbol{A}$ 是 $\boldsymbol{B}$ 的逆矩阵.

如果方阵 $\boldsymbol{A}$ 是可逆的，可以证明 $\boldsymbol{A}$ 的逆矩阵是唯一的. 假设 $\boldsymbol{B}$ 和 $\boldsymbol{C}$ 均为 $\boldsymbol{A}$ 的逆矩阵，则由

$$\boldsymbol{AB}=\boldsymbol{BA}=\boldsymbol{E},\quad \boldsymbol{AC}=\boldsymbol{CA}=\boldsymbol{E},$$

可得

$$\boldsymbol{B}=\boldsymbol{BE}=\boldsymbol{B}(\boldsymbol{AC})=(\boldsymbol{BA})\boldsymbol{C}=\boldsymbol{EC}=\boldsymbol{C}.$$

因此，当方阵 $\boldsymbol{A}$ 可逆时，$\boldsymbol{A}$ 的逆矩阵通常记为 $\boldsymbol{A}^{-1}$.

利用矩阵的逆，可以简洁地表示某些线性方程组的解. 如果 $\boldsymbol{A}$ 为 n 阶可逆矩阵，对于线性方程组 $\boldsymbol{Ax}=\boldsymbol{b}$，两端同时左乘 $\boldsymbol{A}^{-1}$ 得 $\boldsymbol{x}=\boldsymbol{A}^{-1}\boldsymbol{b}$，这与克拉默法则求得的解是一致的.

例 1 设 n 阶方阵 $\boldsymbol{A}$ 满足 $\boldsymbol{A}^2+2\boldsymbol{A}-3\boldsymbol{E}=\boldsymbol{O}$，问：$\boldsymbol{A}$，$\boldsymbol{A}+2\boldsymbol{E}$，$\boldsymbol{A}+4\boldsymbol{E}$ 是否可逆？

若可逆,求其逆矩阵.

解 由 $\boldsymbol{A}^2+2\boldsymbol{A}-3\boldsymbol{E}=\boldsymbol{O}$ 可得

$$\boldsymbol{A}(\boldsymbol{A}+2\boldsymbol{E})=(\boldsymbol{A}+2\boldsymbol{E})\boldsymbol{A}=3\boldsymbol{E},$$

从而有

$$\boldsymbol{A}\left[\frac{1}{3}(\boldsymbol{A}+2\boldsymbol{E})\right]=\left[\frac{1}{3}(\boldsymbol{A}+2\boldsymbol{E})\right]\boldsymbol{A}=\boldsymbol{E}$$

和

$$\frac{1}{3}\boldsymbol{A}(\boldsymbol{A}+2\boldsymbol{E})=(\boldsymbol{A}+2\boldsymbol{E})\left(\frac{1}{3}\boldsymbol{A}\right)=\boldsymbol{E}.$$

故 $\boldsymbol{A}$ 和 $\boldsymbol{A}+2\boldsymbol{E}$ 均可逆,且

$$\boldsymbol{A}^{-1}=\frac{1}{3}(\boldsymbol{A}+2\boldsymbol{E}),\quad (\boldsymbol{A}+2\boldsymbol{E})^{-1}=\frac{1}{3}\boldsymbol{A}.$$

又由 $\boldsymbol{A}^2+2\boldsymbol{A}-3\boldsymbol{E}=\boldsymbol{O}$ 可得

$$(\boldsymbol{A}+4\boldsymbol{E})(\boldsymbol{A}-2\boldsymbol{E})=(\boldsymbol{A}-2\boldsymbol{E})(\boldsymbol{A}+4\boldsymbol{E})=-5\boldsymbol{E},$$

即

$$(\boldsymbol{A}+4\boldsymbol{E})\left[\frac{1}{5}(2\boldsymbol{E}-\boldsymbol{A})\right]=\left[\frac{1}{5}(2\boldsymbol{E}-\boldsymbol{A})\right](\boldsymbol{A}+4\boldsymbol{E})=\boldsymbol{E}.$$

故 $\boldsymbol{A}+4\boldsymbol{E}$ 也可逆,且

$$(\boldsymbol{A}+4\boldsymbol{E})^{-1}=\frac{1}{5}(2\boldsymbol{E}-\boldsymbol{A}).$$

二、逆矩阵的运算性质

方阵的逆矩阵具有以下运算性质:

(1) 若方阵 $\boldsymbol{A}$ 可逆,则 $\boldsymbol{A}^{-1}$ 也可逆,且 $(\boldsymbol{A}^{-1})^{-1}=\boldsymbol{A}$;

(2) 若方阵 $\boldsymbol{A}$ 可逆,数 $\lambda\neq 0$,则 $\lambda\boldsymbol{A}$ 也可逆,且 $(\lambda\boldsymbol{A})^{-1}=\frac{1}{\lambda}\boldsymbol{A}^{-1}$;

(3) 若 $\boldsymbol{A},\boldsymbol{B}$ 为同阶可逆矩阵,则 $\boldsymbol{AB}$ 也可逆,且 $(\boldsymbol{AB})^{-1}=\boldsymbol{B}^{-1}\boldsymbol{A}^{-1}$;

(4) 若方阵 $\boldsymbol{A}$ 可逆,则 $\boldsymbol{A}^{\mathrm{T}}$ 也可逆,且 $(\boldsymbol{A}^{\mathrm{T}})^{-1}=(\boldsymbol{A}^{-1})^{\mathrm{T}}$;

(5) 若方阵 $\boldsymbol{A}$ 可逆,则 $|\boldsymbol{A}^{-1}|=|\boldsymbol{A}|^{-1}$.

运算性质(3) 可以推广到多个同阶可逆矩阵乘积的情形,即若 n 阶方阵 $\boldsymbol{A}_1,\boldsymbol{A}_2,\cdots,\boldsymbol{A}_m$ 都可逆,则 $\boldsymbol{A}_1\boldsymbol{A}_2\cdots\boldsymbol{A}_m$ 也可逆,且

$$(\boldsymbol{A}_1\boldsymbol{A}_2\cdots\boldsymbol{A}_m)^{-1}=\boldsymbol{A}_m^{-1}\cdots\boldsymbol{A}_2^{-1}\boldsymbol{A}_1^{-1}.$$

以上运算性质利用可逆矩阵的定义即可证出.

三、伴随矩阵

定义 2 设 $n(n\geqslant 2)$ 阶方阵

$$\boldsymbol{A}=\begin{pmatrix} a_{11} & a_{12} & \cdots & a_{1n} \\ a_{21} & a_{22} & \cdots & a_{2n} \\ \vdots & \vdots & & \vdots \\ a_{n1} & a_{n2} & \cdots & a_{nn} \end{pmatrix},$$

$A_{ij}(i,j=1,2,\cdots,n)$ 表示 $|\boldsymbol{A}|$ 中元素 a_{ij} 的代数余子式，称 n 阶方阵

$$\begin{pmatrix} A_{11} & A_{21} & \cdots & A_{n1} \\ A_{12} & A_{22} & \cdots & A_{n2} \\ \vdots & \vdots & & \vdots \\ A_{1n} & A_{2n} & \cdots & A_{nn} \end{pmatrix}$$

为 $\boldsymbol{A}$ 的**伴随矩阵**，记为 $\boldsymbol{A}^*$.

例 2 设方阵

$$\boldsymbol{A}=\begin{pmatrix} a & b \\ c & d \end{pmatrix},$$

求 $\boldsymbol{A}^*$，$(\boldsymbol{A}^*)^*$.

解 对于方阵 $\boldsymbol{A}$，各元素的代数余子式分别为

$$A_{11}=d,\quad A_{12}=-c,\quad A_{21}=-b,\quad A_{22}=a,$$

所以

$$\boldsymbol{A}^*=\begin{pmatrix} d & -b \\ -c & a \end{pmatrix}.$$

对于方阵 $\boldsymbol{A}^*$，各元素的代数余子式分别为

$$A_{11}=a,\quad A_{12}=c,\quad A_{21}=b,\quad A_{22}=d,$$

所以

$$(\boldsymbol{A}^*)^*=\begin{pmatrix} a & b \\ c & d \end{pmatrix}=\boldsymbol{A}.$$

一般地，对于二阶方阵 $\boldsymbol{A}$，一定有 $(\boldsymbol{A}^*)^*=\boldsymbol{A}$. 但是对于三阶及以上的方阵，这个结果一般不成立.

定理 1 **设 $\boldsymbol{A}$ 是 n 阶方阵，则 $\boldsymbol{A}$ 可逆当且仅当 $|\boldsymbol{A}|\neq 0$，且当 $\boldsymbol{A}$ 可逆时，**

$$\boldsymbol{A}^{-1}=\frac{1}{|\boldsymbol{A}|}\boldsymbol{A}^*. \tag{2.5}$$

证 必要性. 由方阵 $\boldsymbol{A}$ 可逆知 $\boldsymbol{A}^{-1}$ 存在，且 $\boldsymbol{A}\boldsymbol{A}^{-1}=\boldsymbol{E}$，故

$$|\boldsymbol{A}||\boldsymbol{A}^{-1}|=|\boldsymbol{E}|=1,$$

从而 $|\boldsymbol{A}|\neq 0$.

充分性. 设方阵 $\boldsymbol{A}=(a_{ij})_n$，因为

$$\sum_{k=1}^{n} a_{ik}A_{jk}=\begin{cases} |\boldsymbol{A}|, & i=j, \\ 0, & i\neq j, \end{cases}$$

所以

$$\boldsymbol{A}\boldsymbol{A}^*=\begin{pmatrix} a_{11} & a_{12} & \cdots & a_{1n} \\ a_{21} & a_{22} & \cdots & a_{2n} \\ \vdots & \vdots & & \vdots \\ a_{n1} & a_{n2} & \cdots & a_{nn} \end{pmatrix}\begin{pmatrix} A_{11} & A_{21} & \cdots & A_{n1} \\ A_{12} & A_{22} & \cdots & A_{n2} \\ \vdots & \vdots & & \vdots \\ A_{1n} & A_{2n} & \cdots & A_{nn} \end{pmatrix}=|\boldsymbol{A}|\boldsymbol{E}.$$

同理可得

$$A^*A=|A|E.$$

于是,当 $|A|\neq 0$ 时,就有

$$A\left(\frac{1}{|A|}A^*\right)=\left(\frac{1}{|A|}A^*\right)A=E.$$

因此,按逆矩阵的定义知 A 可逆,且

$$A^{-1}=\frac{1}{|A|}A^*.$$

例 3 求二阶方阵 $A=\begin{pmatrix} a & b \\ c & d \end{pmatrix}$ 的逆矩阵.

解 由于

$$|A|=ad-bc, \quad A^*=\begin{pmatrix} d & -b \\ -c & a \end{pmatrix},$$

因此利用公式(2.5),当 $|A|=ad-bc\neq 0$ 时,A 可逆,并且有

$$A^{-1}=\frac{1}{ad-bc}\begin{pmatrix} d & -b \\ -c & a \end{pmatrix}.$$

用伴随矩阵计算逆矩阵,对二阶方阵而言是比较容易的,但是对于更高阶的方阵,计算量会比较大.

例 4 求三阶方阵 $A=\begin{pmatrix} 1 & 2 & 3 \\ 0 & 1 & 2 \\ 0 & 0 & 1 \end{pmatrix}$ 的逆矩阵.

解 由于

$$\begin{aligned} &|A|=1\neq 0, \\ &A_{11}=1, \quad A_{12}=0, \quad A_{13}=0, \\ &A_{21}=-2, \quad A_{22}=1, \quad A_{23}=0, \\ &A_{31}=1, \quad A_{32}=-2, \quad A_{33}=1, \end{aligned}$$

因此

$$A^{-1}=\frac{1}{|A|}A^*=\begin{pmatrix} 1 & -2 & 1 \\ 0 & 1 & -2 \\ 0 & 0 & 1 \end{pmatrix}.$$

从定理 1 的证明过程可以看出,对于任意一个 n 阶方阵 A,都有

$$AA^*=A^*A=|A|E. \tag{2.6}$$

式(2.6)是线性代数中一个十分重要的关系式.

推论 1 设 A,B 为同阶方阵. 如果

$$AB=E \quad (\text{或 } BA=E),$$

则 A,B 均可逆,且 $B=A^{-1}, A=B^{-1}$.

证 因为 $AB=E$,所以 $|A||B|=1$,从而 $|A|\neq 0$ 且 $|B|\neq 0$. 因此,A,B 均为可逆矩阵.

对于 $AB=E$,用 A^{-1} 左乘其两端,得

$$B=A^{-1};$$

用 $\boldsymbol{B}^{-1}$ 右乘其两端,得

$$\boldsymbol{A}=\boldsymbol{B}^{-1}.$$

推论 1 表明,检验 $\boldsymbol{B}$ 是 $\boldsymbol{A}$ 的逆矩阵,只须检验 $\boldsymbol{AB}=\boldsymbol{E}$ 或 $\boldsymbol{BA}=\boldsymbol{E}$ 即可,不需要验证两者都成立,这比按定义去检验方便. 由这一结论,例 1 的解题过程可以简化,如由 $\boldsymbol{A}^2+2\boldsymbol{A}-3\boldsymbol{E}=\boldsymbol{O}$ 得 $\boldsymbol{A}(\boldsymbol{A}+2\boldsymbol{E})=3\boldsymbol{E}$,从而

$$\boldsymbol{A}\left[\frac{1}{3}(\boldsymbol{A}+2\boldsymbol{E})\right]=\boldsymbol{E}.$$

故方阵 $\boldsymbol{A}$ 可逆,且

$$\boldsymbol{A}^{-1}=\frac{1}{3}(\boldsymbol{A}+2\boldsymbol{E}).$$

§2.4 矩阵的分块

对于行数和列数较高的矩阵,可以通过对矩阵进行适当的分块,把高阶矩阵的运算转化为低阶矩阵的运算,从而简化运算的复杂程度,同时也使原矩阵的结构显得简单而清晰.

一、矩阵的分块及运算

定义 1 将矩阵 $\boldsymbol{A}$ 用若干条横线和竖线分成许多个小块,每个小块称为矩阵 $\boldsymbol{A}$ 的**子块**,以子块为元素的形式上的矩阵称为**分块矩阵**.

矩阵的分块有多种方式,可以根据具体需要而定. 例如,矩阵

$$\boldsymbol{A}=\begin{pmatrix}1&0&0&2\\0&1&0&-1\\0&0&1&0\\0&0&0&1\end{pmatrix}$$

可以分为

$$\boldsymbol{A}=\left(\begin{array}{cc:cc}1&0&0&2\\0&1&0&-1\\ \hdashline 0&0&1&0\\0&0&0&1\end{array}\right)=\begin{pmatrix}\boldsymbol{E}_2&\boldsymbol{A}_1\\\boldsymbol{O}&\boldsymbol{E}_2\end{pmatrix},$$

其中 $\boldsymbol{A}_1=\begin{pmatrix}0&2\\0&-1\end{pmatrix}$;也可以分为

$$\boldsymbol{A}=\left(\begin{array}{ccc:c}1&0&0&2\\0&1&0&-1\\0&0&1&0\\ \hdashline 0&0&0&1\end{array}\right)=\begin{pmatrix}\boldsymbol{E}_3&\boldsymbol{A}_2\\\boldsymbol{O}&\boldsymbol{E}_1\end{pmatrix},$$

其中$\boldsymbol{A}_2=\begin{pmatrix}2\\-1\\0\end{pmatrix}$；还可以分为

$$\boldsymbol{A}=\left(\begin{array}{c:c:c:c}1&0&0&2\\0&1&0&-1\\0&0&1&0\\0&0&0&1\end{array}\right),\quad \boldsymbol{A}=\left(\begin{array}{cccc}1&0&0&2\\ \hdashline 0&1&0&-1\\ \hdashline 0&0&1&0\\ \hdashline 0&0&0&1\end{array}\right)$$

等.这些分块矩阵的结构简洁明了,在讨论某些问题时,有助于我们抓住所要研究问题的特征.

下面讨论分块矩阵的运算,这些运算对应的运算法则与普通矩阵的运算法则类似.

1. 分块矩阵的加法

设$\boldsymbol{A}$,$\boldsymbol{B}$均为$m\times n$矩阵,用相同的方法分别分块为

$$\boldsymbol{A}=\begin{pmatrix}\boldsymbol{A}_{11}&\boldsymbol{A}_{12}&\cdots&\boldsymbol{A}_{1r}\\\boldsymbol{A}_{21}&\boldsymbol{A}_{22}&\cdots&\boldsymbol{A}_{2r}\\\vdots&\vdots&&\vdots\\\boldsymbol{A}_{s1}&\boldsymbol{A}_{s2}&\cdots&\boldsymbol{A}_{sr}\end{pmatrix},\quad \boldsymbol{B}=\begin{pmatrix}\boldsymbol{B}_{11}&\boldsymbol{B}_{12}&\cdots&\boldsymbol{B}_{1r}\\\boldsymbol{B}_{21}&\boldsymbol{B}_{22}&\cdots&\boldsymbol{B}_{2r}\\\vdots&\vdots&&\vdots\\\boldsymbol{B}_{s1}&\boldsymbol{B}_{s2}&\cdots&\boldsymbol{B}_{sr}\end{pmatrix},$$

其中$\boldsymbol{A}_{ij}$与$\boldsymbol{B}_{ij}(i=1,2,\cdots,s;j=1,2,\cdots,r)$均为同型矩阵子块,则

$$\boldsymbol{A}+\boldsymbol{B}=\begin{pmatrix}\boldsymbol{A}_{11}+\boldsymbol{B}_{11}&\boldsymbol{A}_{12}+\boldsymbol{B}_{12}&\cdots&\boldsymbol{A}_{1r}+\boldsymbol{B}_{1r}\\\boldsymbol{A}_{21}+\boldsymbol{B}_{21}&\boldsymbol{A}_{22}+\boldsymbol{B}_{22}&\cdots&\boldsymbol{A}_{2r}+\boldsymbol{B}_{2r}\\\vdots&\vdots&&\vdots\\\boldsymbol{A}_{s1}+\boldsymbol{B}_{s1}&\boldsymbol{A}_{s2}+\boldsymbol{B}_{s2}&\cdots&\boldsymbol{A}_{sr}+\boldsymbol{B}_{sr}\end{pmatrix}.$$

2. 分块矩阵的数乘

设分块矩阵

$$\boldsymbol{A}=\begin{pmatrix}\boldsymbol{A}_{11}&\boldsymbol{A}_{12}&\cdots&\boldsymbol{A}_{1r}\\\boldsymbol{A}_{21}&\boldsymbol{A}_{22}&\cdots&\boldsymbol{A}_{2r}\\\vdots&\vdots&&\vdots\\\boldsymbol{A}_{s1}&\boldsymbol{A}_{s2}&\cdots&\boldsymbol{A}_{sr}\end{pmatrix},$$

λ是一个数,则

$$\lambda\boldsymbol{A}=\begin{pmatrix}\lambda\boldsymbol{A}_{11}&\lambda\boldsymbol{A}_{12}&\cdots&\lambda\boldsymbol{A}_{1r}\\\lambda\boldsymbol{A}_{21}&\lambda\boldsymbol{A}_{22}&\cdots&\lambda\boldsymbol{A}_{2r}\\\vdots&\vdots&&\vdots\\\lambda\boldsymbol{A}_{s1}&\lambda\boldsymbol{A}_{s2}&\cdots&\lambda\boldsymbol{A}_{sr}\end{pmatrix}.$$

3. 分块矩阵的乘法

设 $\boldsymbol{A}$ 为 $m\times l$ 矩阵，$\boldsymbol{B}$ 为 $l\times n$ 矩阵，且对 $\boldsymbol{A},\boldsymbol{B}$ 的分块为

$$\boldsymbol{A}=\begin{pmatrix}\boldsymbol{A}_{11} & \boldsymbol{A}_{12} & \cdots & \boldsymbol{A}_{1t}\\ \boldsymbol{A}_{21} & \boldsymbol{A}_{22} & \cdots & \boldsymbol{A}_{2t}\\ \vdots & \vdots & & \vdots\\ \boldsymbol{A}_{s1} & \boldsymbol{A}_{s2} & \cdots & \boldsymbol{A}_{st}\end{pmatrix},\quad \boldsymbol{B}=\begin{pmatrix}\boldsymbol{B}_{11} & \boldsymbol{B}_{12} & \cdots & \boldsymbol{B}_{1r}\\ \boldsymbol{B}_{21} & \boldsymbol{B}_{22} & \cdots & \boldsymbol{B}_{2r}\\ \vdots & \vdots & & \vdots\\ \boldsymbol{B}_{t1} & \boldsymbol{B}_{t2} & \cdots & \boldsymbol{B}_{tr}\end{pmatrix},$$

其中 $\boldsymbol{A}_{i1},\boldsymbol{A}_{i2},\cdots,\boldsymbol{A}_{it}(i=1,2,\cdots,s)$ 的列数分别等于 $\boldsymbol{B}_{1j},\boldsymbol{B}_{2j},\cdots,\boldsymbol{B}_{tj}(j=1,2,\cdots,r)$ 的行数，即 $\boldsymbol{A}$ 的列分法与 $\boldsymbol{B}$ 的行分法一致，那么

$$\boldsymbol{AB}=\begin{pmatrix}\boldsymbol{C}_{11} & \boldsymbol{C}_{12} & \cdots & \boldsymbol{C}_{1r}\\ \boldsymbol{C}_{21} & \boldsymbol{C}_{22} & \cdots & \boldsymbol{C}_{2r}\\ \vdots & \vdots & & \vdots\\ \boldsymbol{C}_{s1} & \boldsymbol{C}_{s2} & \cdots & \boldsymbol{C}_{sr}\end{pmatrix},$$

其中 $\boldsymbol{C}_{ij}=\sum\limits_{k=1}^{t}\boldsymbol{A}_{ik}\boldsymbol{B}_{kj}\,(i=1,2,\cdots,s;j=1,2,\cdots,r)$.

例 1 设矩阵

$$\boldsymbol{A}=\begin{pmatrix}1 & 0 & 0 & 0\\ 0 & 1 & 0 & 0\\ -1 & 0 & 1 & 0\\ 0 & -1 & 0 & 1\end{pmatrix},\quad \boldsymbol{B}=\begin{pmatrix}1 & 2 & 1 & 0\\ 3 & 4 & 0 & 1\\ 1 & 0 & -1 & 0\\ 0 & 1 & 0 & -1\end{pmatrix},$$

利用分块矩阵求 $\boldsymbol{AB}$.

解 把 $\boldsymbol{A},\boldsymbol{B}$ 分别分块为

$$\boldsymbol{A}=\left(\begin{array}{cc:cc}1 & 0 & 0 & 0\\ 0 & 1 & 0 & 0\\ \hdashline -1 & 0 & 1 & 0\\ 0 & -1 & 0 & 1\end{array}\right)=\begin{pmatrix}\boldsymbol{E} & \boldsymbol{O}\\ -\boldsymbol{E} & \boldsymbol{E}\end{pmatrix},$$

$$\boldsymbol{B}=\left(\begin{array}{cc:cc}1 & 2 & 1 & 0\\ 3 & 4 & 0 & 1\\ \hdashline 1 & 0 & -1 & 0\\ 0 & 1 & 0 & -1\end{array}\right)=\begin{pmatrix}\boldsymbol{B}_{11} & \boldsymbol{E}\\ \boldsymbol{E} & -\boldsymbol{E}\end{pmatrix},$$

则

$$\boldsymbol{AB}=\begin{pmatrix}\boldsymbol{E} & \boldsymbol{O}\\ -\boldsymbol{E} & \boldsymbol{E}\end{pmatrix}\begin{pmatrix}\boldsymbol{B}_{11} & \boldsymbol{E}\\ \boldsymbol{E} & -\boldsymbol{E}\end{pmatrix}=\begin{pmatrix}\boldsymbol{B}_{11} & \boldsymbol{E}\\ -\boldsymbol{B}_{11}+\boldsymbol{E} & -2\boldsymbol{E}\end{pmatrix}.$$

于是

$$\boldsymbol{AB}=\left(\begin{array}{cc:cc}1 & 2 & 1 & 0\\ 3 & 4 & 0 & 1\\ \hdashline 0 & -2 & -2 & 0\\ -3 & -3 & 0 & -2\end{array}\right).$$

例 2 如果将 n 阶方阵 $\boldsymbol{A}$ 和 $\boldsymbol{E}$ 分别按列分块为

$$\boldsymbol{A}=\left(\begin{array}{c:c:c:c} a_{11} & a_{12} & \cdots & a_{1n} \\ a_{21} & a_{22} & \cdots & a_{2n} \\ \vdots & \vdots & & \vdots \\ a_{n1} & a_{n2} & \cdots & a_{nn} \end{array}\right)=(\boldsymbol{A}_1,\boldsymbol{A}_2,\cdots,\boldsymbol{A}_n),$$

$$\boldsymbol{E}=\left(\begin{array}{c:c:c:c} 1 & 0 & \cdots & 0 \\ 0 & 1 & \cdots & 0 \\ \vdots & \vdots & & \vdots \\ 0 & 0 & \cdots & 1 \end{array}\right)=(\boldsymbol{\varepsilon}_1,\boldsymbol{\varepsilon}_2,\cdots,\boldsymbol{\varepsilon}_n),$$

则

$$\boldsymbol{AE}=\boldsymbol{A}(\boldsymbol{\varepsilon}_1,\boldsymbol{\varepsilon}_2,\cdots,\boldsymbol{\varepsilon}_n)=(\boldsymbol{A\varepsilon}_1,\boldsymbol{A\varepsilon}_2,\cdots,\boldsymbol{A\varepsilon}_n)=(\boldsymbol{A}_1,\boldsymbol{A}_2,\cdots,\boldsymbol{A}_n),$$

即有

$$\boldsymbol{A\varepsilon}_j=\boldsymbol{A}_j \quad (j=1,2,\cdots,n).$$

由例 2 可以看出,方阵 $\boldsymbol{A}$ 乘以列矩阵 $\boldsymbol{\varepsilon}_j$ $(j=1,2,\cdots,n)$ 就是 $\boldsymbol{A}$ 的第 j 列子块. 同理可知,行矩阵 $\boldsymbol{\varepsilon}_j^{\mathrm{T}}$ $(j=1,2,\cdots,n)$ 乘以方阵 $\boldsymbol{A}$ 就是 $\boldsymbol{A}$ 的第 j 行子块.

注 矩阵按行(列)分块是一种常见的分块方法.

4. 分块矩阵的转置

设分块矩阵

$$\boldsymbol{A}=\begin{pmatrix} \boldsymbol{A}_{11} & \boldsymbol{A}_{12} & \cdots & \boldsymbol{A}_{1r} \\ \boldsymbol{A}_{21} & \boldsymbol{A}_{22} & \cdots & \boldsymbol{A}_{2r} \\ \vdots & \vdots & & \vdots \\ \boldsymbol{A}_{s1} & \boldsymbol{A}_{s2} & \cdots & \boldsymbol{A}_{sr} \end{pmatrix},$$

则 $\boldsymbol{A}$ 的转置为

$$\boldsymbol{A}^{\mathrm{T}}=\begin{pmatrix} \boldsymbol{A}_{11}^{\mathrm{T}} & \boldsymbol{A}_{21}^{\mathrm{T}} & \cdots & \boldsymbol{A}_{s1}^{\mathrm{T}} \\ \boldsymbol{A}_{12}^{\mathrm{T}} & \boldsymbol{A}_{22}^{\mathrm{T}} & \cdots & \boldsymbol{A}_{s2}^{\mathrm{T}} \\ \vdots & \vdots & & \vdots \\ \boldsymbol{A}_{1r}^{\mathrm{T}} & \boldsymbol{A}_{2r}^{\mathrm{T}} & \cdots & \boldsymbol{A}_{sr}^{\mathrm{T}} \end{pmatrix}.$$

注 对分块矩阵 $\boldsymbol{A}$ 求转置时,要注意每一子块也必须转置. 例如,设矩阵

$$\boldsymbol{A}=\left(\begin{array}{cc:ccc} 1 & 0 & 1 & 2 & 3 \\ 0 & 1 & 4 & 5 & 6 \\ \hdashline 1 & 0 & 1 & 3 & 5 \end{array}\right)=\begin{pmatrix} \boldsymbol{E}_2 & \boldsymbol{A}_{12} \\ \boldsymbol{A}_{21} & \boldsymbol{A}_{22} \end{pmatrix},$$

则

$$\boldsymbol{A}^{\mathrm{T}}=\begin{pmatrix} \boldsymbol{E}_2 & \boldsymbol{A}_{21}^{\mathrm{T}} \\ \boldsymbol{A}_{12}^{\mathrm{T}} & \boldsymbol{A}_{22}^{\mathrm{T}} \end{pmatrix}=\left(\begin{array}{cc:c} 1 & 0 & 1 \\ 0 & 1 & 0 \\ \hdashline 1 & 4 & 1 \\ 2 & 5 & 3 \\ 3 & 6 & 5 \end{array}\right).$$

二、特殊分块矩阵的行列式和逆矩阵

1. 分块三角形矩阵

设 $\boldsymbol{A}_i\,(i=1,2,\cdots,s)$ 为 n_i 阶方阵. 令矩阵

$$\boldsymbol{A}=\begin{pmatrix}\boldsymbol{A}_1 & & & * \\ & \boldsymbol{A}_2 & & \\ & & \ddots & \\ \boldsymbol{O} & & & \boldsymbol{A}_s\end{pmatrix} \quad 或 \quad \boldsymbol{A}=\begin{pmatrix}\boldsymbol{A}_1 & & & \boldsymbol{O} \\ & \boldsymbol{A}_2 & & \\ & & \ddots & \\ * & & & \boldsymbol{A}_s\end{pmatrix},$$

其中 $\boldsymbol{A}$ 的主对角线上方阵 $\boldsymbol{A}_1,\boldsymbol{A}_2,\cdots,\boldsymbol{A}_s$ 以下(或以上)的子块均为零子块，$*$ 为任意矩阵，则称 $\boldsymbol{A}$ 为**分块上(或下)三角形矩阵**,统称为**分块三角形矩阵**.

推广 §1.3 例 5 的结论,我们有

$$\begin{vmatrix}\boldsymbol{A}_1 & & & * \\ & \boldsymbol{A}_2 & & \\ & & \ddots & \\ \boldsymbol{O} & & & \boldsymbol{A}_s\end{vmatrix}=|\boldsymbol{A}_1|\,|\boldsymbol{A}_2|\cdots|\boldsymbol{A}_s|$$

或

$$\begin{vmatrix}\boldsymbol{A}_1 & & & \boldsymbol{O} \\ & \boldsymbol{A}_2 & & \\ & & \ddots & \\ * & & & \boldsymbol{A}_s\end{vmatrix}=|\boldsymbol{A}_1|\,|\boldsymbol{A}_2|\cdots|\boldsymbol{A}_s|.$$

于是,分块三角形矩阵 $\boldsymbol{A}$ 可逆当且仅当每个子块 $\boldsymbol{A}_i$ 均为可逆矩阵.

特别地,设 $\boldsymbol{A},\boldsymbol{B}$ 均为可逆矩阵,则

$$\begin{pmatrix}\boldsymbol{A} & \boldsymbol{O} \\ \boldsymbol{C} & \boldsymbol{B}\end{pmatrix}^{-1}=\begin{pmatrix}\boldsymbol{A}^{-1} & \boldsymbol{O} \\ -\boldsymbol{B}^{-1}\boldsymbol{C}\boldsymbol{A}^{-1} & \boldsymbol{B}^{-1}\end{pmatrix},$$

$$\begin{pmatrix}\boldsymbol{A} & \boldsymbol{C} \\ \boldsymbol{O} & \boldsymbol{B}\end{pmatrix}^{-1}=\begin{pmatrix}\boldsymbol{A}^{-1} & -\boldsymbol{A}^{-1}\boldsymbol{C}\boldsymbol{B}^{-1} \\ \boldsymbol{O} & \boldsymbol{B}^{-1}\end{pmatrix}.$$

这是因为,如果设矩阵 $\boldsymbol{M}=\begin{pmatrix}\boldsymbol{A} & \boldsymbol{O} \\ \boldsymbol{C} & \boldsymbol{B}\end{pmatrix}$,则 $|\boldsymbol{M}|=|\boldsymbol{A}|\,|\boldsymbol{B}|$. 因为 $\boldsymbol{A},\boldsymbol{B}$ 均可逆,所以 $\boldsymbol{M}$ 也可逆. 令

$$\boldsymbol{M}^{-1}=\begin{pmatrix}\boldsymbol{X}_1 & \boldsymbol{X}_2 \\ \boldsymbol{X}_3 & \boldsymbol{X}_4\end{pmatrix},$$

则

$$\begin{pmatrix}\boldsymbol{A} & \boldsymbol{O} \\ \boldsymbol{C} & \boldsymbol{B}\end{pmatrix}\begin{pmatrix}\boldsymbol{X}_1 & \boldsymbol{X}_2 \\ \boldsymbol{X}_3 & \boldsymbol{X}_4\end{pmatrix}=\begin{pmatrix}\boldsymbol{E} & \boldsymbol{O} \\ \boldsymbol{O} & \boldsymbol{E}\end{pmatrix}.$$

比较等式两端,得

$$\begin{cases} AX_1 = E, \\ AX_2 = O, \\ CX_1 + BX_3 = O, \\ CX_2 + BX_4 = E, \end{cases}$$

解得

$$X_1 = A^{-1}, \quad X_2 = O, \quad X_3 = -B^{-1}CA^{-1}, \quad X_4 = B^{-1}.$$

因此

$$M^{-1} = \begin{pmatrix} A^{-1} & O \\ -B^{-1}CA^{-1} & B^{-1} \end{pmatrix}.$$

类似地,有

$$\begin{pmatrix} A & C \\ O & B \end{pmatrix}^{-1} = \begin{pmatrix} A^{-1} & -A^{-1}CB^{-1} \\ O & B^{-1} \end{pmatrix}.$$

这两个式子为二阶分块三角形矩阵求逆矩阵的公式.

2. 分块对角矩阵

设 $A_i(i=1,2,\cdots,s)$ 为 n_i 阶方阵. 令矩阵

$$A = \begin{pmatrix} A_1 & & & \\ & A_2 & & \\ & & \ddots & \\ & & & A_s \end{pmatrix},$$

其中除 A_i 外的其余子块均为零子块,则称 A 为**分块对角矩阵**(或**准对角矩阵**).

分块对角矩阵

$$A = \begin{pmatrix} A_1 & & & \\ & A_2 & & \\ & & \ddots & \\ & & & A_s \end{pmatrix}$$

的行列式

$$|A| = |A_1||A_2|\cdots|A_s|.$$

特别地,设 A,B 分别为 m,n 阶方阵,则

$$\begin{vmatrix} A & O \\ O & B \end{vmatrix} = |A||B|, \quad \begin{vmatrix} O & A \\ B & O \end{vmatrix} = (-1)^{mn}|A||B|.$$

对二阶分块三角形矩阵求逆矩阵的公式进行推广可得,分块对角矩阵 A 可逆当且仅当每个子块 A_i 均为可逆矩阵,且

$$\begin{pmatrix} A_1 & & & \\ & A_2 & & \\ & & \ddots & \\ & & & A_s \end{pmatrix}^{-1} = \begin{pmatrix} A_1^{-1} & & & \\ & A_2^{-1} & & \\ & & \ddots & \\ & & & A_s^{-1} \end{pmatrix}.$$

特别地，如果 $\boldsymbol{A},\boldsymbol{B}$ 均为可逆矩阵，则

$$\begin{pmatrix}\boldsymbol{A} & \boldsymbol{O}\\ \boldsymbol{O} & \boldsymbol{B}\end{pmatrix}^{-1}=\begin{pmatrix}\boldsymbol{A}^{-1} & \boldsymbol{O}\\ \boldsymbol{O} & \boldsymbol{B}^{-1}\end{pmatrix},\quad \begin{pmatrix}\boldsymbol{O} & \boldsymbol{A}\\ \boldsymbol{B} & \boldsymbol{O}\end{pmatrix}^{-1}=\begin{pmatrix}\boldsymbol{O} & \boldsymbol{B}^{-1}\\ \boldsymbol{A}^{-1} & \boldsymbol{O}\end{pmatrix}.$$

例 3 设方阵

$$\boldsymbol{A}=\begin{pmatrix}-1 & 0 & 0\\ 0 & 4 & 3\\ 0 & 3 & 2\end{pmatrix},$$

求 $\boldsymbol{A}^{-1}$.

解 对 $\boldsymbol{A}$ 分块为

$$\boldsymbol{A}=\left(\begin{array}{c:cc}-1 & 0 & 0\\ \hdashline 0 & 4 & 3\\ 0 & 3 & 2\end{array}\right)=\begin{pmatrix}\boldsymbol{A}_1 & \boldsymbol{O}\\ \boldsymbol{O} & \boldsymbol{A}_2\end{pmatrix},$$

其中子块

$$\boldsymbol{A}_1=(-1),\quad \boldsymbol{A}_2=\begin{pmatrix}4 & 3\\ 3 & 2\end{pmatrix},$$

它们的逆矩阵分别为

$$\boldsymbol{A}_1^{-1}=(-1),\quad \boldsymbol{A}_2^{-1}=\begin{pmatrix}-2 & 3\\ 3 & -4\end{pmatrix},$$

所以

$$\boldsymbol{A}^{-1}=\begin{pmatrix}\boldsymbol{A}_1^{-1} & \boldsymbol{O}\\ \boldsymbol{O} & \boldsymbol{A}_2^{-1}\end{pmatrix}=\begin{pmatrix}-1 & 0 & 0\\ 0 & -2 & 3\\ 0 & 3 & -4\end{pmatrix}.$$

例 4 设方阵

$$\boldsymbol{A}=\begin{pmatrix}0 & 2\\ 4 & 0\end{pmatrix},$$

利用分块矩阵求 $\boldsymbol{A}^{-1}$.

解 对 $\boldsymbol{A}$ 分块为

$$\boldsymbol{A}=\left(\begin{array}{c:c}0 & 2\\ \hdashline 4 & 0\end{array}\right)=\begin{pmatrix}\boldsymbol{O} & \boldsymbol{A}_1\\ \boldsymbol{A}_2 & \boldsymbol{O}\end{pmatrix},$$

其中子块

$$\boldsymbol{A}_1=(2),\quad \boldsymbol{A}_2=(4),$$

它们的逆矩阵分别为

$$\boldsymbol{A}_1^{-1}=\left(\frac{1}{2}\right),\quad \boldsymbol{A}_2^{-1}=\left(\frac{1}{4}\right),$$

所以

$$A^{-1}=\begin{pmatrix} O & A_2^{-1} \\ A_1^{-1} & O \end{pmatrix}=\begin{pmatrix} 0 & \frac{1}{4} \\ \frac{1}{2} & 0 \end{pmatrix}.$$

微课视频

§2.5 矩阵的初等变换与初等矩阵

矩阵的初等变换是矩阵理论中十分重要的运算方法，它在解线性方程组、求逆矩阵及判断线性相关性等问题的讨论中起着重要的作用.

一、矩阵的初等变换

课程思政

定义 1 矩阵的下列三种变换称为矩阵的**初等行变换**：

(1) 互换两行(互换 i,j 两行，记作 $r_i \leftrightarrow r_j$)；

(2) 以数$k \neq 0$乘以某一行中的所有元素(第i行乘以k，记作kr_i 或$r_i \times k$)；

(3) 把某一行所有元素的 k 倍加到另一行对应元素上(把第 j 行的k 倍加到第 i 行上，记作 $r_i + kr_j$).

把定义中的"行"换成"列"，即得矩阵的**初等列变换**的定义，所用记号分别为 $c_i \leftrightarrow c_j$，kc_i 或 $c_i \times k$，$c_i + kc_j$，即把"r"换成"c".

矩阵的初等行变换与初等列变换统称为矩阵的**初等变换**.

显然，矩阵的初等变换都是可逆的. 也就是说，如果矩阵 $\boldsymbol{A}$ 经过初等变换变成矩阵$\boldsymbol{B}$，那么矩阵 $\boldsymbol{B}$ 也可以经过初等变换变成矩阵$\boldsymbol{A}$. 事实上，初等变换的逆变换是同一类型的初等变换：初等变换 $r_i \leftrightarrow r_j$ 的逆变换为其本身；初等变换 $r_i \times k$ 的逆变换为$r_i \times \frac{1}{k}$；初等变换 $r_i + kr_j$ 的逆变换为$r_i - kr_j$.

定义 2 若矩阵$\boldsymbol{A}$ 可以经过有限次初等变换变成矩阵$\boldsymbol{B}$，则称矩阵$\boldsymbol{A}$ 与$\boldsymbol{B}$ **等价**，记作

$$\boldsymbol{A} \rightarrow \boldsymbol{B}.$$

矩阵之间的等价关系具有下列性质.

(1) 反身性：$\boldsymbol{A} \rightarrow \boldsymbol{A}$；

(2) 对称性：若 $\boldsymbol{A} \rightarrow \boldsymbol{B}$，则 $\boldsymbol{B} \rightarrow \boldsymbol{A}$；

(3) 传递性：若 $\boldsymbol{A} \rightarrow \boldsymbol{B}$，$\boldsymbol{B} \rightarrow \boldsymbol{C}$，则 $\boldsymbol{A} \rightarrow \boldsymbol{C}$.

例 1 已知矩阵

$$\boldsymbol{A}=\begin{pmatrix} 1 & 1 & -1 & 2 \\ 3 & 0 & 2 & 1 \\ -1 & -2 & 3 & 4 \end{pmatrix},$$

对其施行初等行变换：

$$A=\begin{pmatrix}1&1&-1&2\\3&0&2&1\\-1&-2&3&4\end{pmatrix}\xrightarrow[r_3+r_1]{r_2-3r_1}\begin{pmatrix}1&1&-1&2\\0&-3&5&-5\\0&-1&2&6\end{pmatrix}$$

$$\xrightarrow{r_2\leftrightarrow r_3}\begin{pmatrix}1&1&-1&2\\0&-1&2&6\\0&-3&5&-5\end{pmatrix}\xrightarrow{r_3-3r_2}\begin{pmatrix}1&1&-1&2\\0&-1&2&6\\0&0&-1&-23\end{pmatrix}=\boldsymbol{B}.$$

矩阵 $\boldsymbol{B}$ 依其形状特征称为行阶梯形矩阵.

一般地，**行阶梯形矩阵**满足下列条件：

(1) 零行(元素全为 0 的行) 位于矩阵的下方；

(2) 各非零行的非零首元(从左往右第一个不为 0 的元素) 的列标随着行标的增大而严格增大(或说其列标一定不小于行标).

对例 1 中的矩阵 $\boldsymbol{B}$ 再施行初等行变换：

$$\boldsymbol{B}=\begin{pmatrix}1&1&-1&2\\0&-1&2&6\\0&0&-1&-23\end{pmatrix}\xrightarrow[r_2+2r_3]{r_1-r_3}\begin{pmatrix}1&1&0&25\\0&-1&0&-40\\0&0&-1&-23\end{pmatrix}$$

$$\xrightarrow{r_1+r_2}\begin{pmatrix}1&0&0&-15\\0&-1&0&-40\\0&0&-1&-23\end{pmatrix}\xrightarrow[r_3\times(-1)]{r_2\times(-1)}\begin{pmatrix}1&0&0&-15\\0&1&0&40\\0&0&1&23\end{pmatrix}=\boldsymbol{C}.$$

矩阵 $\boldsymbol{C}$ 依其形状特征称为行最简形矩阵.

一般地，**行最简形矩阵**满足下列条件：

(1) 它是行阶梯形矩阵；

(2) 各非零行的非零首元都是 1；

(3) 每一个非零首元所在列的其余元素都是 0.

对上述矩阵 $\boldsymbol{C}$ 再施行初等列变换：

$$\boldsymbol{C}=\begin{pmatrix}1&0&0&-15\\0&1&0&40\\0&0&1&23\end{pmatrix}\xrightarrow[c_4-23c_3]{\substack{c_4+15c_1\\c_4-40c_2}}\begin{pmatrix}1&0&0&0\\0&1&0&0\\0&0&1&0\end{pmatrix}=\boldsymbol{D}.$$

矩阵 $\boldsymbol{D}$ 依其形状特征称为矩阵 $\boldsymbol{A}$ 的标准形.

一般地，矩阵的**标准形**的特点是：其左上角是一个单位矩阵，其余元素全为 0.

例 1 的结果具有一般性，我们不加证明地给出下列定理.

定理 1 **任何一个非零矩阵 $\boldsymbol{A}=(a_{ij})_{m\times n}$ 都可以经过有限次初等行变换化为行阶梯形矩阵，进而化为行最简形矩阵，还能继续经过有限次初等列变换化为如下标准形：**

课程思政

$$\begin{pmatrix} 1 & & & & & \\ & \ddots & & & & \\ & & 1 & & & \\ & & & 0 & & \\ & & & & \ddots & \\ & & & & & 0 \end{pmatrix} \begin{matrix} \left.\vphantom{\begin{matrix} 1 \\ \ddots \\ 1 \end{matrix}}\right\} r \\ \\ \\ \\ \end{matrix} = \begin{pmatrix} \boldsymbol{E}_r & \boldsymbol{O}_{r\times(n-r)} \\ \boldsymbol{O}_{(m-r)\times r} & \boldsymbol{O}_{(m-r)\times(n-r)} \end{pmatrix}.$$

例 2 将矩阵

$$\boldsymbol{A} = \begin{pmatrix} 2 & 1 & -2 & -3 \\ -4 & -2 & 3 & 5 \\ 2 & 1 & 1 & 0 \end{pmatrix}$$

化为标准形.

解

$$\boldsymbol{A} = \begin{pmatrix} 2 & 1 & -2 & -3 \\ -4 & -2 & 3 & 5 \\ 2 & 1 & 1 & 0 \end{pmatrix} \xrightarrow[r_3 - r_1]{r_2 + 2r_1} \begin{pmatrix} 2 & 1 & -2 & -3 \\ 0 & 0 & -1 & -1 \\ 0 & 0 & 3 & 3 \end{pmatrix}$$

$$\xrightarrow{r_3 + 3r_2} \begin{pmatrix} 2 & 1 & -2 & -3 \\ 0 & 0 & -1 & -1 \\ 0 & 0 & 0 & 0 \end{pmatrix} \xrightarrow[r_1 + r_2]{\substack{r_1 \times \frac{1}{2} \\ r_2 \times (-1)}} \begin{pmatrix} 1 & \frac{1}{2} & 0 & -\frac{1}{2} \\ 0 & 0 & 1 & 1 \\ 0 & 0 & 0 & 0 \end{pmatrix}$$

$$\xrightarrow[c_4 - c_3]{\substack{c_2 - \frac{1}{2}c_1 \\ c_4 + \frac{1}{2}c_1}} \begin{pmatrix} 1 & 0 & 0 & 0 \\ 0 & 0 & 1 & 0 \\ 0 & 0 & 0 & 0 \end{pmatrix} \xrightarrow{c_3 \leftrightarrow c_2} \begin{pmatrix} 1 & 0 & 0 & 0 \\ 0 & 1 & 0 & 0 \\ 0 & 0 & 0 & 0 \end{pmatrix}.$$

二、初等矩阵

定义 3 对单位矩阵 $\boldsymbol{E}$ 施行一次初等变换所得到的矩阵称为**初等矩阵**.

三种初等变换分别对应以下三种初等矩阵.

(1) 互换单位矩阵 $\boldsymbol{E}$ 的第 i,j 行(列),得到初等矩阵

$$\boldsymbol{E}(i,j) = \begin{pmatrix} 1 & & & & & & & & \\ & \ddots & & & & & & & \\ & & 1 & & & & & & \\ & & & 0 & & & 1 & & \\ & & & & 1 & & & & \\ & & & & & \ddots & & & \\ & & & & & & 1 & & \\ & & & 1 & & & 0 & & \\ & & & & & & & 1 & \\ & & & & & & & & \ddots \\ & & & & & & & & & 1 \end{pmatrix} \begin{matrix} \\ \\ \\ (i) \\ \\ \\ \\ (j) \\ \\ \\ \\ \end{matrix}.$$

(2) 将单位矩阵 $\boldsymbol{E}$ 的第 i 行(列) 乘以非零常数 k,得到初等矩阵

$$\boldsymbol{E}(i(k))=\begin{pmatrix}1 & & & & & & \\ & \ddots & & & & & \\ & & 1 & & & & \\ & & & k & & & \\ & & & & 1 & & \\ & & & & & \ddots & \\ & & & & & & 1\end{pmatrix}(i).$$

(3) 将单位矩阵 $\boldsymbol{E}$ 的第 j 行乘以数 k 后加到第 i 行上,或将单位矩阵 $\boldsymbol{E}$ 的第 i 列乘以数 k 后加到第 j 列上,得到初等矩阵

$$\boldsymbol{E}(i,j(k))=\begin{pmatrix}1 & & & & & & \\ & \ddots & & & & & \\ & & 1 & & k & & \\ & & & \ddots & & & \\ & & & & 1 & & \\ & & & & & \ddots & \\ & & & & & & 1\end{pmatrix}\begin{matrix}(i)\\ \\ (j)\end{matrix}.$$

不难证明,初等矩阵都是可逆的,且其逆矩阵是同一类型的初等矩阵. 实际上,

$$\boldsymbol{E}(i,j)^{-1}=\boldsymbol{E}(i,j),$$

$$\boldsymbol{E}(i(k))^{-1}=\boldsymbol{E}\left(i\left(\frac{1}{k}\right)\right),$$

$$\boldsymbol{E}(i,j(k))^{-1}=\boldsymbol{E}(i,j(-k)).$$

例 3 设矩阵

$$\boldsymbol{A}=\begin{pmatrix}3 & 0 & 1\\ 1 & -1 & 2\\ 0 & 1 & 1\end{pmatrix},\quad \boldsymbol{E}_3(1,2)=\begin{pmatrix}0 & 1 & 0\\ 1 & 0 & 0\\ 0 & 0 & 1\end{pmatrix},\quad \boldsymbol{E}_3(3,1(2))=\begin{pmatrix}1 & 0 & 0\\ 0 & 1 & 0\\ 2 & 0 & 1\end{pmatrix},$$

求 $\boldsymbol{E}_3(1,2)\boldsymbol{A}$, $\boldsymbol{A}\boldsymbol{E}_3(1,2)$, $\boldsymbol{E}_3(3,1(2))\boldsymbol{A}$, $\boldsymbol{A}\boldsymbol{E}_3(3,1(2))$.

解 用 $\boldsymbol{E}_3(1,2)$ 左乘 $\boldsymbol{A}$,得

$$\boldsymbol{E}_3(1,2)\boldsymbol{A}=\begin{pmatrix}0 & 1 & 0\\ 1 & 0 & 0\\ 0 & 0 & 1\end{pmatrix}\begin{pmatrix}3 & 0 & 1\\ 1 & -1 & 2\\ 0 & 1 & 1\end{pmatrix}=\begin{pmatrix}1 & -1 & 2\\ 3 & 0 & 1\\ 0 & 1 & 1\end{pmatrix},$$

相当于将矩阵 $\boldsymbol{A}$ 的第一行与第二行互换.

用 $\boldsymbol{E}_3(1,2)$ 右乘 $\boldsymbol{A}$,得

$$\boldsymbol{A}\boldsymbol{E}_3(1,2)=\begin{pmatrix}3 & 0 & 1\\ 1 & -1 & 2\\ 0 & 1 & 1\end{pmatrix}\begin{pmatrix}0 & 1 & 0\\ 1 & 0 & 0\\ 0 & 0 & 1\end{pmatrix}=\begin{pmatrix}0 & 3 & 1\\ -1 & 1 & 2\\ 1 & 0 & 1\end{pmatrix},$$

相当于将矩阵 $\boldsymbol{A}$ 的第一列与第二列互换.

用 $\boldsymbol{E}_3(3,1(2))$ 左乘 $\boldsymbol{A}$,得

$$\boldsymbol{E}_3(3,1(2))\boldsymbol{A}=\begin{pmatrix}1&0&0\\0&1&0\\2&0&1\end{pmatrix}\begin{pmatrix}3&0&1\\1&-1&2\\0&1&1\end{pmatrix}=\begin{pmatrix}3&0&1\\1&-1&2\\6&1&3\end{pmatrix},$$

相当于将矩阵 $\boldsymbol{A}$ 的第一行乘以 2 后加到第三行上.

用 $\boldsymbol{E}_3(3,1(2))$ 右乘 $\boldsymbol{A}$,得

$$\boldsymbol{A}\boldsymbol{E}_3(3,1(2))=\begin{pmatrix}3&0&1\\1&-1&2\\0&1&1\end{pmatrix}\begin{pmatrix}1&0&0\\0&1&0\\2&0&1\end{pmatrix}=\begin{pmatrix}5&0&1\\5&-1&2\\2&1&1\end{pmatrix},$$

相当于将矩阵 $\boldsymbol{A}$ 的第三列乘以 2 后加到第一列上.

一般地,我们有下列定理.

定理 2 **设 $\boldsymbol{A}$ 是 $m\times n$ 矩阵,对 $\boldsymbol{A}$ 施行一次初等行(列)变换,相当于用同种初等矩阵左(右)乘矩阵 $\boldsymbol{A}$.**

证 先证互换矩阵 $\boldsymbol{A}$ 的第 i 行与第 j 行等于用 $\boldsymbol{E}_m(i,j)$ 左乘 $\boldsymbol{A}$.

将 $\boldsymbol{A}$ 与 $\boldsymbol{E}$ 分别分块为

$$\boldsymbol{A}=\begin{pmatrix}\boldsymbol{A}_1\\\boldsymbol{A}_2\\\vdots\\\boldsymbol{A}_i\\\vdots\\\boldsymbol{A}_j\\\vdots\\\boldsymbol{A}_m\end{pmatrix},\quad \boldsymbol{E}=\begin{pmatrix}\boldsymbol{\varepsilon}_1\\\boldsymbol{\varepsilon}_2\\\vdots\\\boldsymbol{\varepsilon}_i\\\vdots\\\boldsymbol{\varepsilon}_j\\\vdots\\\boldsymbol{\varepsilon}_m\end{pmatrix},$$

其中 $\boldsymbol{A}_i=(a_{i1},a_{i2},\cdots,a_{in})$,$\boldsymbol{\varepsilon}_i=(0,0,\cdots,1,\cdots,0)$,$i=1,2,\cdots,m$,则

$$\boldsymbol{E}_m(i,j)\boldsymbol{A}=\begin{pmatrix}\boldsymbol{\varepsilon}_1\\\boldsymbol{\varepsilon}_2\\\vdots\\\boldsymbol{\varepsilon}_j\\\vdots\\\boldsymbol{\varepsilon}_i\\\vdots\\\boldsymbol{\varepsilon}_m\end{pmatrix}\boldsymbol{A}=\begin{pmatrix}\boldsymbol{\varepsilon}_1\boldsymbol{A}\\\boldsymbol{\varepsilon}_2\boldsymbol{A}\\\vdots\\\boldsymbol{\varepsilon}_j\boldsymbol{A}\\\vdots\\\boldsymbol{\varepsilon}_i\boldsymbol{A}\\\vdots\\\boldsymbol{\varepsilon}_m\boldsymbol{A}\end{pmatrix}=\begin{pmatrix}\boldsymbol{A}_1\\\boldsymbol{A}_2\\\vdots\\\boldsymbol{A}_j\\\vdots\\\boldsymbol{A}_i\\\vdots\\\boldsymbol{A}_m\end{pmatrix}.$$

同理可证其他两种类型以及初等列变换的情形.

根据定理 2,可以把矩阵的等价关系用矩阵的乘法表示出来,得到下面的推论.

推论 1 设 $\boldsymbol{A}$ 是 $m\times n$ 矩阵,则存在 m 阶初等矩阵 $\boldsymbol{P}_1,\boldsymbol{P}_2,\cdots,\boldsymbol{P}_s$ 及 n 阶初等矩阵 $\boldsymbol{Q}_1,\boldsymbol{Q}_2,\cdots,\boldsymbol{Q}_t$,使得

$$\boldsymbol{P}_s\cdots\boldsymbol{P}_2\boldsymbol{P}_1\boldsymbol{A}\boldsymbol{Q}_1\boldsymbol{Q}_2\cdots\boldsymbol{Q}_t=\begin{pmatrix}\boldsymbol{E}_r&\boldsymbol{O}\\\boldsymbol{O}&\boldsymbol{O}\end{pmatrix}.$$

推论 2 可逆矩阵 $\boldsymbol{A}$ 可以经过有限次初等变换化为单位矩阵，即存在初等矩阵 $\boldsymbol{P}_1$，$\boldsymbol{P}_2,\cdots,\boldsymbol{P}_s$ 及 $\boldsymbol{Q}_1,\boldsymbol{Q}_2,\cdots,\boldsymbol{Q}_t$，使得

$$\boldsymbol{P}_s\cdots\boldsymbol{P}_2\boldsymbol{P}_1\boldsymbol{A}\boldsymbol{Q}_1\boldsymbol{Q}_2\cdots\boldsymbol{Q}_t=\boldsymbol{E}. \tag{2.7}$$

证 设 $\boldsymbol{A}$ 为 n 阶可逆矩阵，由推论 1，有

$$\boldsymbol{P}_s\cdots\boldsymbol{P}_2\boldsymbol{P}_1\boldsymbol{A}\boldsymbol{Q}_1\boldsymbol{Q}_2\cdots\boldsymbol{Q}_t=\begin{pmatrix}\boldsymbol{E}_r & \boldsymbol{O}_{r\times(n-r)}\\ \boldsymbol{O}_{(n-r)\times r} & \boldsymbol{O}_{(n-r)\times(n-r)}\end{pmatrix}.$$

上式两端取行列式，由于初等矩阵及矩阵 $\boldsymbol{A}$ 均可逆，因此上式左端不等于 0，从而 $r=n$，即式(2.7) 成立.

由式(2.7) 及初等矩阵的可逆性可得

$$\boldsymbol{A}=\boldsymbol{P}_1^{-1}\boldsymbol{P}_2^{-1}\cdots\boldsymbol{P}_s^{-1}\boldsymbol{Q}_t^{-1}\cdots\boldsymbol{Q}_2^{-1}\boldsymbol{Q}_1^{-1}.$$

由于初等矩阵的逆矩阵仍为初等矩阵，因此有下面结论.

推论 3 n 阶方阵 $\boldsymbol{A}$ 可逆的充要条件是它能表示为有限个初等矩阵的乘积，即

$$\boldsymbol{A}=\boldsymbol{P}_1\boldsymbol{P}_2\cdots\boldsymbol{P}_s,$$

其中 $\boldsymbol{P}_1,\boldsymbol{P}_2,\cdots,\boldsymbol{P}_s$ 都是初等矩阵.

三、求逆矩阵的方法 —— 初等变换法

在 §2.3 中，给出矩阵可逆的充要条件的同时，也给出了用伴随矩阵求逆矩阵的方法 —— 伴随矩阵法，即

微课视频

$$\boldsymbol{A}^{-1}=\frac{1}{|\boldsymbol{A}|}\boldsymbol{A}^*.$$

对于较高阶的矩阵，用伴随矩阵求逆矩阵计算量太大. 下面介绍一种较为简单的方法 —— 初等变换法.

设矩阵 $\boldsymbol{A}$ 可逆，则 $\boldsymbol{A}^{-1}$ 可以表示成有限个初等矩阵的乘积，不妨设

$$\boldsymbol{A}^{-1}=\boldsymbol{P}_1\boldsymbol{P}_2\cdots\boldsymbol{P}_s,$$

则由 $\boldsymbol{A}^{-1}\boldsymbol{A}=\boldsymbol{E}$，可得

$$\boldsymbol{P}_1\boldsymbol{P}_2\cdots\boldsymbol{P}_s\boldsymbol{A}=\boldsymbol{E}$$

和

$$\boldsymbol{P}_1\boldsymbol{P}_2\cdots\boldsymbol{P}_s\boldsymbol{E}=\boldsymbol{A}^{-1}.$$

以上两式表明，若用一系列初等行变换把可逆矩阵 $\boldsymbol{A}$ 化成单位矩阵 $\boldsymbol{E}$，那么用同样的初等行变换，就可将 $\boldsymbol{E}$ 化为 $\boldsymbol{A}^{-1}$.

因此，求矩阵 $\boldsymbol{A}$ 的逆矩阵 $\boldsymbol{A}^{-1}$ 时，可构造一个 $n\times 2n$ 矩阵 $(\boldsymbol{A},\boldsymbol{E})$，然后对其施行初等行变换，把 $\boldsymbol{A}$ 化为单位矩阵 $\boldsymbol{E}$，则上述初等行变换就将其中的 $\boldsymbol{E}$ 化为 $\boldsymbol{A}^{-1}$，即

$$(\boldsymbol{A},\boldsymbol{E})\xrightarrow{\text{初等行变换}}(\boldsymbol{E},\boldsymbol{A}^{-1}).$$

这就是求逆矩阵的初等变换法. 同理可以推出

$$\begin{pmatrix}\boldsymbol{A}\\ \boldsymbol{E}\end{pmatrix}\xrightarrow{\text{初等列变换}}\begin{pmatrix}\boldsymbol{E}\\ \boldsymbol{A}^{-1}\end{pmatrix}.$$

例 4 设矩阵

$$A=\begin{pmatrix}1&2&3\\0&1&2\\0&0&1\end{pmatrix},$$

求 A^{-1}.

解 因

$$(A,E)=\begin{pmatrix}1&2&3&1&0&0\\0&1&2&0&1&0\\0&0&1&0&0&1\end{pmatrix}\xrightarrow[r_2-2r_3]{r_1-3r_3}\begin{pmatrix}1&2&0&1&0&-3\\0&1&0&0&1&-2\\0&0&1&0&0&1\end{pmatrix}$$

$$\xrightarrow{r_1-2r_2}\begin{pmatrix}1&0&0&1&-2&1\\0&1&0&0&1&-2\\0&0&1&0&0&1\end{pmatrix},$$

故

$$A^{-1}=\begin{pmatrix}1&-2&1\\0&1&-2\\0&0&1\end{pmatrix}.$$

当矩阵 A 可逆时,还可以用初等变换法求解矩阵方程 $AX=E$.

例 5 已知矩阵

$$A=\begin{pmatrix}4&0&1\\0&3&1\\-1&1&2\end{pmatrix},$$

且 $2X=AX-E$,求矩阵 X.

解 由 $2X=AX-E$,可得 $(A-2E)X=E$,则

$$X=(A-2E)^{-1},$$

其中

$$A-2E=\begin{pmatrix}2&0&1\\0&1&1\\-1&1&0\end{pmatrix}.$$

因

$$(A-2E,E)=\begin{pmatrix}2&0&1&1&0&0\\0&1&1&0&1&0\\-1&1&0&0&0&1\end{pmatrix}\xrightarrow{r_1\leftrightarrow r_3}\begin{pmatrix}-1&1&0&0&0&1\\0&1&1&0&1&0\\2&0&1&1&0&0\end{pmatrix}$$

$$\xrightarrow[r_3-2r_2]{r_3+2r_1}\begin{pmatrix}-1&1&0&0&0&1\\0&1&1&0&1&0\\0&0&-1&1&-2&2\end{pmatrix}\xrightarrow{r_2+r_3}\begin{pmatrix}-1&1&0&0&0&1\\0&1&0&1&-1&2\\0&0&-1&1&-2&2\end{pmatrix}$$

$$\xrightarrow{r_1-r_2}\begin{pmatrix}-1&0&0&-1&1&-1\\0&1&0&1&-1&2\\0&0&-1&1&-2&2\end{pmatrix}\xrightarrow[r_3\times(-1)]{r_1\times(-1)}\begin{pmatrix}1&0&0&1&-1&1\\0&1&0&1&-1&2\\0&0&1&-1&2&-2\end{pmatrix},$$

故

$$X=(A-2E)^{-1}=\begin{pmatrix}1&-1&1\\1&-1&2\\-1&2&-2\end{pmatrix}.$$

结合上面的讨论，设矩阵 A 可逆，那么矩阵方程 $AX=B$ 有唯一解 $X=A^{-1}B$. 按照常规方法，我们可以先求出 A^{-1}，再求出 $A^{-1}B$，但由于

$$A^{-1}(A,B)=(E,A^{-1}B)$$

和

$$A^{-1}=P_1P_2\cdots P_s,$$

这表明在施行若干初等行变换将 A 化成 E 时，用同样的初等行变换可将 B 化成 $A^{-1}B$，即

$$(A,B)\xrightarrow{\text{初等行变换}}(E,A^{-1}B).$$

这就得到求解矩阵方程 $AX=B$ 的简便方法.

同理，求解矩阵方程 $XA=B$，等价于计算矩阵 BA^{-1}，亦可用初等列变换求矩阵 BA^{-1}，即

$$\begin{pmatrix}A\\B\end{pmatrix}\xrightarrow{\text{初等列变换}}\begin{pmatrix}E\\BA^{-1}\end{pmatrix}.$$

例 6 用初等变换法求解矩阵方程 $AX=B$，其中矩阵

$$A=\begin{pmatrix}1&2&3\\2&2&1\\3&4&3\end{pmatrix},\quad B=\begin{pmatrix}2&5\\3&1\\4&3\end{pmatrix}.$$

解 由于 $|A|=2\neq0$，因此 A 可逆，从而 $X=A^{-1}B$.

下面用初等变换法求 X. 因

$$(A,B)=\begin{pmatrix}1&2&3&2&5\\2&2&1&3&1\\3&4&3&4&3\end{pmatrix}\xrightarrow[r_3-3r_1]{r_2-2r_1}\begin{pmatrix}1&2&3&2&5\\0&-2&-5&-1&-9\\0&-2&-6&-2&-12\end{pmatrix}$$

$$\xrightarrow[r_3-r_2]{r_1+r_2}\begin{pmatrix}1&0&-2&1&-4\\0&-2&-5&-1&-9\\0&0&-1&-1&-3\end{pmatrix}\xrightarrow[r_2-5r_3]{r_1-2r_3}\begin{pmatrix}1&0&0&3&2\\0&-2&0&4&6\\0&0&-1&-1&-3\end{pmatrix}$$

$$\xrightarrow[r_3\times(-1)]{r_2\times\left(-\frac{1}{2}\right)}\begin{pmatrix}1&0&0&3&2\\0&1&0&-2&-3\\0&0&1&1&3\end{pmatrix},$$

故

$$X=\begin{pmatrix}3&2\\-2&-3\\1&3\end{pmatrix}.$$

§2.6 矩阵的秩

§2.5已经指出,任意矩阵 $\boldsymbol{A}$ 都等价于它的标准形

$$\boldsymbol{D}=\begin{pmatrix}\boldsymbol{E}_r & \boldsymbol{O}\\ \boldsymbol{O} & \boldsymbol{O}\end{pmatrix},$$

其中 $\boldsymbol{E}_r$ 的阶数 r 是矩阵 $\boldsymbol{A}$ 的重要特征,在矩阵的理论与应用中都有重要意义.为了进一步讨论这个整数 r,下面先引入矩阵的秩的概念.

一、矩阵的秩的概念

定义 1 在 $m\times n$ 矩阵 $\boldsymbol{A}$ 中任取 k 行 k 列($1\leqslant k\leqslant m,1\leqslant k\leqslant n$),位于这些选定的行和列交叉处的 k^2 个元素按原有的顺序构成的 k 阶行列式,称为矩阵 $\boldsymbol{A}$ 的一个 k **阶子式**.

例如,设矩阵

$$\boldsymbol{A}=\begin{pmatrix}1 & 2 & 3 & 1\\ 2 & -1 & 3 & 1\\ 1 & 2 & 3 & 7\end{pmatrix},$$

若取第一、三行与第二、四列,交叉处的元素就构成二阶子式 $\begin{vmatrix}2 & 1\\ 2 & 7\end{vmatrix}$.

一般来说,矩阵的子式有很多种选法.事实上,$m\times n$ 矩阵 $\boldsymbol{A}$ 的所有 k 阶子式共有 $\mathrm{C}_m^k\mathrm{C}_n^k(k\leqslant\min\{m,n\})$ 个.

在矩阵 $\boldsymbol{A}$ 中,如果有一个 r 阶子式 D 不等于 0,同时所有 $r+1$ 阶子式全为 0,那么根据行列式按行(列)展开公式,每个阶数高于 r 的子式都为 0.这时,D 在非零子式中阶数是最高的.

定义 2 设矩阵 $\boldsymbol{A}=(a_{ij})_{m\times n}$.若在 $\boldsymbol{A}$ 中存在 r 阶子式 D 不等于 0,同时所有 $r+1$ 阶子式全为 0,则称 D 为 $\boldsymbol{A}$ 的**最高阶非零子式**,其中数 r 称为 $\boldsymbol{A}$ 的**秩**,记为 $R(\boldsymbol{A})$ 或秩($\boldsymbol{A}$).

规定零矩阵的秩为 0.也就是说,$R(\boldsymbol{A})$ 就等于矩阵 $\boldsymbol{A}$ 中非零子式的最高阶数.

二、矩阵的秩的性质

关于矩阵的秩,有下面的性质.

(1) 若 $\boldsymbol{A}$ 是 $m\times n$ 矩阵,则

$$0\leqslant R(\boldsymbol{A})\leqslant\min\{m,n\}.$$

(2) $R(\boldsymbol{A}^{\mathrm{T}})=R(\boldsymbol{A}),R(k\boldsymbol{A})=R(\boldsymbol{A})$,$k$ 为非零常数.

(3) 若 $\boldsymbol{A}$ 存在 r 阶子式不为 0,则

$$R(\boldsymbol{A})\geqslant r;$$

若 $\boldsymbol{A}$ 的所有 $r+1$ 阶子式全为 0，则

$$R(\boldsymbol{A}) \leqslant r.$$

(4) n 阶方阵 $\boldsymbol{A}$ 可逆当且仅当 $R(\boldsymbol{A})=n$.

(5) $R\begin{pmatrix}\boldsymbol{A} & \boldsymbol{O}\\ \boldsymbol{O} & \boldsymbol{B}\end{pmatrix}=R\begin{pmatrix}\boldsymbol{O} & \boldsymbol{A}\\ \boldsymbol{B} & \boldsymbol{O}\end{pmatrix}=R(\boldsymbol{A})+R(\boldsymbol{B})$.

例 1 求矩阵

$$\boldsymbol{A}=\begin{pmatrix}1 & 2 & 3\\ 2 & 3 & -5\\ 3 & 5 & -2\end{pmatrix}$$

的秩.

解 在矩阵 $\boldsymbol{A}$ 中存在一个二阶子式 $\begin{vmatrix}1 & 2\\ 2 & 3\end{vmatrix}=-1\neq 0$. 由于 $\boldsymbol{A}$ 的三阶子式只有 $|\boldsymbol{A}|$，且

$$|\boldsymbol{A}|=\begin{vmatrix}1 & 2 & 3\\ 2 & 3 & -5\\ 3 & 5 & -2\end{vmatrix}=0,$$

因此 $R(\boldsymbol{A})=2$.

例 2 求矩阵

$$\boldsymbol{B}=\begin{pmatrix}1 & -1 & 5 & 2 & -7\\ 0 & 2 & 1 & 0 & 5\\ 0 & 0 & 0 & 4 & 9\\ 0 & 0 & 0 & 0 & 0\end{pmatrix}$$

的秩.

解 由于行阶梯形矩阵 $\boldsymbol{B}$ 只有三个非零行，因此 $\boldsymbol{B}$ 的所有四阶子式全为 0. 又 $\boldsymbol{B}$ 存在一个三阶子式

$$\begin{vmatrix}1 & -1 & 2\\ 0 & 2 & 0\\ 0 & 0 & 4\end{vmatrix}=8\neq 0,$$

因此 $R(\boldsymbol{B})=3$.

通过例 2 不难发现，行阶梯形矩阵的秩就是其非零行的行数. 然而对于一般矩阵，当行数和列数较高时，用定义求秩是很麻烦的. 但是，我们知道任意一个矩阵都可以经过有限次初等行变换化为行阶梯形矩阵. 此时，如果变换前后的矩阵有相同的秩，我们就可以用初等变换来求矩阵的秩. 事实证明，这是可行的，我们有下面的定理.

定理 1 **有限次初等变换不改变矩阵的秩.**

证 先证若矩阵 $\boldsymbol{A}$ 经过一次初等行变换化为矩阵 $\boldsymbol{B}$，则 $R(\boldsymbol{A})\leqslant R(\boldsymbol{B})$.

设 $R(\boldsymbol{A})=r$，且 D 是矩阵 $\boldsymbol{A}$ 的 r 阶非零子式.

当 $\boldsymbol{A}\xrightarrow{r_i\leftrightarrow r_j}\boldsymbol{B}$ 或 $\boldsymbol{A}\xrightarrow[(k\neq 0)]{r_i\times k}\boldsymbol{B}$ 时，在矩阵 $\boldsymbol{B}$ 中总能找到相应的 r 阶子式 D_1，由于 $D_1=$

D,$D_1=-D$ 或 $D_1=kD$,因此 $D_1\neq 0$,从而 $R(\boldsymbol{B})\geqslant r$.

当 $\boldsymbol{A}\xrightarrow{r_i+kr_j}\boldsymbol{B}$ 时,因为对于 $r_i\leftrightarrow r_j$,结论已经成立,所以只须考虑 $\boldsymbol{A}\xrightarrow{r_1+kr_2}\boldsymbol{B}$ 这一特殊情形.分两种情况讨论:

(1) 矩阵 $\boldsymbol{A}$ 的 r 阶非零子式 D 不含 $\boldsymbol{A}$ 的第一行,这时 D 也是矩阵 $\boldsymbol{B}$ 的一个 r 阶非零子式,故 $R(\boldsymbol{B})\geqslant r$.

(2) 若 D 包含矩阵 $\boldsymbol{A}$ 的第一行,这时把矩阵 $\boldsymbol{B}$ 中与 D 对应的 r 阶子式 D_1 记作

$$D_1=\begin{vmatrix} r_1+kr_2 \\ r_p \\ \vdots \\ r_q \end{vmatrix}=\begin{vmatrix} r_1 \\ r_p \\ \vdots \\ r_q \end{vmatrix}+k\begin{vmatrix} r_2 \\ r_p \\ \vdots \\ r_q \end{vmatrix}=D+kD_2.$$

若 $p=2$,则 $D_1=D\neq 0$;若 $p\neq 2$,则 D_2 也是矩阵 $\boldsymbol{B}$ 的 r 阶子式.由 $D=D_1-kD_2\neq 0$ 知,D_1 与 D_2 不同时为 0.总之,矩阵 $\boldsymbol{B}$ 中存在 r 阶非零子式 D_1 或 D_2,故 $R(\boldsymbol{B})\geqslant r$.

以上证明了若矩阵 $\boldsymbol{A}$ 经过一次初等行变换化为矩阵 $\boldsymbol{B}$,则 $R(\boldsymbol{B})\geqslant R(\boldsymbol{A})$.由于矩阵 $\boldsymbol{B}$ 也可以经过一次初等行变换化为矩阵 $\boldsymbol{A}$,因此 $R(\boldsymbol{B})\leqslant R(\boldsymbol{A})$.

综上可得

$$R(\boldsymbol{A})=R(\boldsymbol{B}).$$

由于经过一次初等行变换后矩阵的秩不变,因此可知经过有限次初等行变换后矩阵的秩也不变.

显然,上述结论对初等列变换也成立,因而对矩阵 $\boldsymbol{A}$ 施行有限次初等变换不改变它的秩.

这样,在 §2.5 定理 1 中,标准形中的 r 就是矩阵 $\boldsymbol{A}$ 的秩.于是,如果两个矩阵等价,那么它们等秩;反之,如果两个同型矩阵的秩相等,它们就有相同的标准形,那么它们就是等价的.

综上所述,我们想要求矩阵的秩,就可以用初等行变换把该矩阵化为行阶梯形矩阵,那么行阶梯形矩阵中非零行的行数就是该矩阵的秩.

例 3 求矩阵

$$\boldsymbol{A}=\begin{pmatrix} 1 & -1 & 1 & 2 \\ 2 & 3 & 3 & 2 \\ 1 & 1 & 2 & 1 \end{pmatrix}$$

的秩.

解 对矩阵 $\boldsymbol{A}$ 施行初等行变换将其化为行阶梯形矩阵:

$$\boldsymbol{A}\xrightarrow[r_3-r_1]{r_2-2r_1}\begin{pmatrix} 1 & -1 & 1 & 2 \\ 0 & 5 & 1 & -2 \\ 0 & 2 & 1 & -1 \end{pmatrix}\xrightarrow{r_2-2r_3}\begin{pmatrix} 1 & -1 & 1 & 2 \\ 0 & 1 & -1 & 0 \\ 0 & 2 & 1 & -1 \end{pmatrix}$$

$$\xrightarrow{r_3-2r_2}\begin{pmatrix} 1 & -1 & 1 & 2 \\ 0 & 1 & -1 & 0 \\ 0 & 0 & 3 & -1 \end{pmatrix},$$

所以 $R(\boldsymbol{A})=3$.

例 4 设矩阵

$$\boldsymbol{A}=\begin{pmatrix}1 & 2 & -1 & 1\\ 3 & 2 & \lambda & -1\\ 5 & 6 & 3 & \mu\end{pmatrix},$$

已知 $R(\boldsymbol{A})=2$,求 λ 与 μ 的值.

解 对矩阵 $\boldsymbol{A}$ 施行初等行变换将其化为行阶梯形矩阵:

$$\boldsymbol{A}\xrightarrow[r_3-5r_1]{r_2-3r_1}\begin{pmatrix}1 & 2 & -1 & 1\\ 0 & -4 & \lambda+3 & -4\\ 0 & -4 & 8 & \mu-5\end{pmatrix}\xrightarrow{r_3-r_2}\begin{pmatrix}1 & 2 & -1 & 1\\ 0 & -4 & \lambda+3 & -4\\ 0 & 0 & 5-\lambda & \mu-1\end{pmatrix}.$$

由于 $R(\boldsymbol{A})=2$,而行阶梯形矩阵的前两行是非零行,因此只能是第三行为零行,从而

$$\begin{cases}5-\lambda=0,\\ \mu-1=0,\end{cases}\quad 即\quad \begin{cases}\lambda=5,\\ \mu=1.\end{cases}$$

例 5 设 $\boldsymbol{P}$ 为 m 阶可逆矩阵,$\boldsymbol{Q}$ 为 n 阶可逆矩阵,$\boldsymbol{A}$ 为 $m\times n$ 矩阵,证明:

$$R(\boldsymbol{PA})=R(\boldsymbol{A}),\quad R(\boldsymbol{AQ})=R(\boldsymbol{A}),\quad R(\boldsymbol{PAQ})=R(\boldsymbol{A}).$$

证 因为矩阵 $\boldsymbol{P}$ 可逆,所以令 $\boldsymbol{P}=\boldsymbol{P}_1\boldsymbol{P}_2\cdots\boldsymbol{P}_s$($\boldsymbol{P}_i$ 为初等矩阵,$i=1,2,\cdots,s$),则

$$\boldsymbol{PA}=\boldsymbol{P}_1\boldsymbol{P}_2\cdots\boldsymbol{P}_s\boldsymbol{A},$$

即对 $\boldsymbol{A}$ 施行 s 次初等行变换可得 $\boldsymbol{PA}$. 而有限次初等变换不改变矩阵的秩,故

$$R(\boldsymbol{PA})=R(\boldsymbol{A}).$$

同理可证 $R(\boldsymbol{AQ})=R(\boldsymbol{A})$.

结合上述两个结果可得 $R(\boldsymbol{PAQ})=R(\boldsymbol{A})$.

例 6 证明:若 $\boldsymbol{A}_{m\times n}\boldsymbol{B}_{n\times l}=\boldsymbol{C}$,且 $R(\boldsymbol{A})=n$,则 $R(\boldsymbol{B})=R(\boldsymbol{C})$,即如果矩阵 $\boldsymbol{A}$ 的秩等于其列数,那么 $R(\boldsymbol{AB})=R(\boldsymbol{B})$.

证 由 $R(\boldsymbol{A})=n$ 知,矩阵 $\boldsymbol{A}$ 的行最简形矩阵为 $\begin{pmatrix}\boldsymbol{E}_n\\ \boldsymbol{O}\end{pmatrix}$,并有 m 阶可逆矩阵 $\boldsymbol{P}$,使得

$$\boldsymbol{PA}=\begin{pmatrix}\boldsymbol{E}_n\\ \boldsymbol{O}\end{pmatrix},$$

于是

$$\boldsymbol{PC}=\boldsymbol{PAB}=\begin{pmatrix}\boldsymbol{E}_n\\ \boldsymbol{O}\end{pmatrix}\boldsymbol{B}=\begin{pmatrix}\boldsymbol{B}\\ \boldsymbol{O}\end{pmatrix}.$$

由例 5 的结论知,$R(\boldsymbol{C})=R(\boldsymbol{PC})$,而 $R\begin{pmatrix}\boldsymbol{B}\\ \boldsymbol{O}\end{pmatrix}=R(\boldsymbol{B})$,故 $R(\boldsymbol{C})=R(\boldsymbol{B})$.

事实上,若矩阵 $\boldsymbol{B}$ 的秩等于其行数,则 $R(\boldsymbol{AB})=R(\boldsymbol{A})$.

最后,我们不加证明地给出矩阵的秩的其他几个常用性质.

(1) $\max\{R(\boldsymbol{A}),R(\boldsymbol{B})\}\leqslant R(\boldsymbol{A},\boldsymbol{B})\leqslant R(\boldsymbol{A})+R(\boldsymbol{B})$. 特别地,当 $\boldsymbol{B}=\boldsymbol{b}$ 为非零列矩阵时,有

$$R(\boldsymbol{A})\leqslant R(\boldsymbol{A},\boldsymbol{b})\leqslant R(\boldsymbol{A})+1.$$

(2) $R(\boldsymbol{A}+\boldsymbol{B})\leqslant R(\boldsymbol{A})+R(\boldsymbol{B})$，进而有

$$R(\boldsymbol{A}_n+\boldsymbol{E}_n)+R(\boldsymbol{A}_n-\boldsymbol{E}_n)\geqslant n.$$

(3) $R(\boldsymbol{AB})\leqslant \min\{R(\boldsymbol{A}),R(\boldsymbol{B})\}$.

(4) 若 $\boldsymbol{A}_{m\times n}\boldsymbol{B}_{n\times l}=\boldsymbol{O}$，则 $R(\boldsymbol{A})+R(\boldsymbol{B})\leqslant n$.

§2.7 矩阵的应用——线性方程组的有解判别定理

有了前面几节的学习，本节利用矩阵给出线性方程组求解的消元法.

一、线性方程组的矩阵表示

线性方程组既是线性代数研究的中心问题，也是从实际问题中抽象出来的基本数学模型之一. 在第一章中，我们已经用 n 阶行列式给出含 n 个方程、n 个未知量且系数行列式不等于0的线性方程组的求解公式. 但是，从实际问题抽象出来的线性方程组往往含 m 个方程、n 个未知量($m\neq n$). 对于 n 元 m 式线性方程组

$$\begin{cases} a_{11}x_1+a_{12}x_2+\cdots+a_{1n}x_n=b_1, \\ a_{21}x_1+a_{22}x_2+\cdots+a_{2n}x_n=b_2, \\ \qquad\cdots\cdots \\ a_{m1}x_1+a_{m2}x_2+\cdots+a_{mn}x_n=b_m, \end{cases} \tag{2.8}$$

如果令

$$\boldsymbol{A}=\begin{pmatrix} a_{11} & a_{12} & \cdots & a_{1n} \\ a_{21} & a_{22} & \cdots & a_{2n} \\ \vdots & \vdots & & \vdots \\ a_{m1} & a_{m2} & \cdots & a_{mn} \end{pmatrix},\quad \boldsymbol{x}=\begin{pmatrix} x_1 \\ x_2 \\ \vdots \\ x_n \end{pmatrix},\quad \boldsymbol{b}=\begin{pmatrix} b_1 \\ b_2 \\ \vdots \\ b_m \end{pmatrix},$$

那么利用矩阵的乘法，方程组(2.8)可等价表示为

$$\boldsymbol{Ax}=\boldsymbol{b}. \tag{2.9}$$

把方程组(2.9)叫作方程组(2.8)的**矩阵形式**. 把由系数 a_{ij} 组成的 $m\times n$ 矩阵

$$\boldsymbol{A}=\begin{pmatrix} a_{11} & a_{12} & \cdots & a_{1n} \\ a_{21} & a_{22} & \cdots & a_{2n} \\ \vdots & \vdots & & \vdots \\ a_{m1} & a_{m2} & \cdots & a_{mn} \end{pmatrix}$$

叫作方程组(2.8)的**系数矩阵**，把由系数和常数项组成的 $m\times(n+1)$ 矩阵

$$\overline{\boldsymbol{A}}=(\boldsymbol{A},\boldsymbol{b})=\begin{pmatrix} a_{11} & a_{12} & \cdots & a_{1n} & b_1 \\ a_{21} & a_{22} & \cdots & a_{2n} & b_2 \\ \vdots & \vdots & & \vdots & \vdots \\ a_{m1} & a_{m2} & \cdots & a_{mn} & b_m \end{pmatrix}$$

叫作方程组(2.8)的**增广矩阵**.

如果 $x_1=c_1, x_2=c_2, \cdots, x_n=c_n$ 是方程组(2.8)的解，那么它组成的 n 维向量 $\boldsymbol{\alpha}=(c_1,c_2,\cdots,c_n)^{\mathrm{T}}$ 满足 $\boldsymbol{A\alpha}=\boldsymbol{b}$. 所以，线性方程组的解也常叫作**解向量**. 对应于矩阵形式，把方程组(2.8)称为方程组的一般形式.

根据 §2.1 例 3，线性方程组和它的增广矩阵是一一对应的.

二、线性方程组解的存在性和消元法

线性方程组由其增广矩阵唯一决定，对应矩阵的三种初等行变换，我们把以下三种变换叫作**线性方程组的初等变换**：

(1) 互换两个方程的位置；

(2) 用一个非零常数乘以某一个方程；

(3) 把一个方程的常数倍加到另一个方程上.

显然，在这三种初等变换下，线性方程组的解不变. 也就是说，变换前后的方程组是同解的. 对方程组进行这三种初等变换的过程，忽略未知量和加号、等号两种运算符号，则对应着方程组增广矩阵的三种初等行变换；反之也是. 我们已经知道，任意矩阵都可以经过初等行变换化为行阶梯形矩阵和行最简形矩阵，所以可以通过对增广矩阵施行初等行变换来化简线性方程组.

设方程组(2.8)的增广矩阵为 $\overline{\boldsymbol{A}}$，不妨令

$$\overline{\boldsymbol{A}} \xrightarrow{\text{初等行变换}} \begin{pmatrix} 1 & 0 & \cdots & 0 & b_{11} & b_{12} & \cdots & b_{1,n-r} & d_1 \\ 0 & 1 & \cdots & 0 & b_{21} & b_{22} & \cdots & b_{2,n-r} & d_2 \\ \vdots & \vdots & & \vdots & \vdots & \vdots & & \vdots & \vdots \\ 0 & 0 & \cdots & 1 & b_{r1} & b_{r2} & \cdots & b_{r,n-r} & d_r \\ 0 & 0 & \cdots & 0 & 0 & 0 & \cdots & 0 & d_{r+1} \\ 0 & 0 & \cdots & 0 & 0 & 0 & \cdots & 0 & 0 \\ \vdots & \vdots & & \vdots & \vdots & \vdots & & \vdots & \vdots \\ 0 & 0 & \cdots & 0 & 0 & 0 & \cdots & 0 & 0 \end{pmatrix} = \boldsymbol{B},$$

其中 r 为系数矩阵 $\boldsymbol{A}$ 的秩，即 $R(\boldsymbol{A})=r$. 以 $\boldsymbol{B}$ 为增广矩阵的线性方程组是

$$\begin{cases} x_1 + b_{11}x_{r+1} + b_{12}x_{r+2} + \cdots + b_{1,n-r}x_n = d_1, \\ x_2 + b_{21}x_{r+1} + b_{22}x_{r+2} + \cdots + b_{2,n-r}x_n = d_2, \\ \qquad \cdots\cdots \\ x_r + b_{r1}x_{r+1} + b_{r2}x_{r+2} + \cdots + b_{r,n-r}x_n = d_r, \\ \qquad 0 = d_{r+1}, \\ \qquad 0 = 0, \\ \qquad \cdots\cdots \\ \qquad 0 = 0. \end{cases} \tag{2.10}$$

这时，方程组(2.8)与方程组(2.10)是同解的. 容易看出

(1) $d_{r+1} \neq 0$ 等价于方程组(2.10)无解，从而方程组(2.8)无解.

(2) d_{r+1} 不出现或 d_{r+1} 出现但 $d_{r+1}=0$，这等价于方程组(2.10)有解. 此时，方程组(2.10)等价变形为

$$\begin{cases} x_1+b_{11}x_{r+1}+b_{12}x_{r+2}+\cdots+b_{1,n-r}x_n=d_1, \\ x_2+b_{21}x_{r+1}+b_{22}x_{r+2}+\cdots+b_{2,n-r}x_n=d_2, \\ \cdots\cdots \\ x_r+b_{r1}x_{r+1}+b_{r2}x_{r+2}+\cdots+b_{r,n-r}x_n=d_r. \end{cases} \tag{2.11}$$

① 如果 $r=n$，那么含有 $x_{r+1},x_{r+2},\cdots$ 的项均不出现，这等价于方程组(2.10)有唯一解

$$x_1=d_1,\quad x_2=d_2,\quad \cdots,\quad x_n=d_n,$$

从而方程组(2.8)也有唯一解 $x_1=d_1,x_2=d_2,\cdots,x_n=d_n$.

② 如果 $r<n$，那么含有 $x_{r+1},x_{r+2},\cdots,x_n$ 的项在方程组(2.11)中出现，这等价于方程组(2.8)有无穷多解. 因为未知量 $x_{r+1},x_{r+2},\cdots,x_n$ 可以独立取值，所以称它们为方程组的**自由未知量**，方程组(2.8)的解为

$$\begin{cases} x_1=d_1-b_{11}x_{r+1}-b_{12}x_{r+2}-\cdots-b_{1,n-r}x_n, \\ x_2=d_2-b_{21}x_{r+1}-b_{22}x_{r+2}-\cdots-b_{2,n-r}x_n, \\ \cdots\cdots \\ x_r=d_r-b_{r1}x_{r+1}-b_{r2}x_{r+2}-\cdots-b_{r,n-r}x_n \end{cases} \quad (x_{r+1},x_{r+2},\cdots,x_n \text{ 为自由未知量}),$$

称之为方程组(2.8)的**一般解**.

上述讨论过程可以用矩阵的秩来描述.

实际上，$d_{r+1}\neq 0$ 等价于 $R(\overline{\boldsymbol{A}})\neq R(\boldsymbol{A})$；$d_{r+1}=0$ 等价于 $R(\overline{\boldsymbol{A}})=R(\boldsymbol{A})$，所以我们有如下线性方程组的有解判别定理.

定理 1（线性方程组的有解判别定理） **设线性方程组(2.8)的系数矩阵 $\boldsymbol{A}$ 和增广矩阵 $\overline{\boldsymbol{A}}$ 的秩分别为 $R(\boldsymbol{A})$ 和 $R(\overline{\boldsymbol{A}})$.**

课程思政

(1) 方程组(2.8)无解的充要条件是 $R(\boldsymbol{A})\neq R(\overline{\boldsymbol{A}})$；

(2) 方程组(2.8)有唯一解的充要条件是 $R(\boldsymbol{A})=R(\overline{\boldsymbol{A}})=n$；

(3) 方程组(2.8)有无穷多解的充要条件是 $R(\boldsymbol{A})=R(\overline{\boldsymbol{A}})<n$.

以上讨论过程实际上也给出了求解线性方程组的一般方法.

推论 1 设 n 元齐次线性方程组

$$\begin{cases} a_{11}x_1+a_{12}x_2+\cdots+a_{1n}x_n=0, \\ a_{21}x_1+a_{22}x_2+\cdots+a_{2n}x_n=0, \\ \cdots\cdots \\ a_{m1}x_1+a_{m2}x_2+\cdots+a_{mn}x_n=0 \end{cases}$$

的系数矩阵为 $\boldsymbol{A}$，其秩为 $R(\boldsymbol{A})$.

(1) 该方程组有唯一解的充要条件是 $R(\boldsymbol{A})=n$；

(2) 该方程组有无穷多解的充要条件是 $R(\boldsymbol{A})<n$.

例 1 求解线性方程组

$$\begin{cases} x_1+2x_2-x_3+x_4=2, \\ 2x_1-x_2+x_3-3x_4=-1, \\ 4x_1+3x_2-x_3-x_4=3. \end{cases}$$

解 对方程组的增广矩阵 $\overline{\mathbf{A}}$ 施行初等行变换：

$$\overline{\mathbf{A}}=\begin{pmatrix} 1 & 2 & -1 & 1 & 2 \\ 2 & -1 & 1 & -3 & -1 \\ 4 & 3 & -1 & -1 & 3 \end{pmatrix} \xrightarrow[r_3-4r_1]{r_2-2r_1} \begin{pmatrix} 1 & 2 & -1 & 1 & 2 \\ 0 & -5 & 3 & -5 & -5 \\ 0 & -5 & 3 & -5 & -5 \end{pmatrix}$$

$$\xrightarrow{r_3-r_2} \begin{pmatrix} 1 & 2 & -1 & 1 & 2 \\ 0 & -5 & 3 & -5 & -5 \\ 0 & 0 & 0 & 0 & 0 \end{pmatrix} \xrightarrow[r_1-2r_2]{r_2\times\left(-\frac{1}{5}\right)} \begin{pmatrix} 1 & 0 & \frac{1}{5} & -1 & 0 \\ 0 & 1 & -\frac{3}{5} & 1 & 1 \\ 0 & 0 & 0 & 0 & 0 \end{pmatrix},$$

故 $R(\mathbf{A})=R(\overline{\mathbf{A}})=2<4$，从而方程组有无穷多解，且一般解为

$$\begin{cases} x_1=-\frac{1}{5}x_3+x_4, \\ x_2=1+\frac{3}{5}x_3-x_4 \end{cases} \quad (x_3, x_4 \text{ 为自由未知量}).$$

例 2 求解线性方程组

$$\begin{cases} 2x_1-x_2+3x_3=1, \\ 4x_1-2x_2+5x_3=2, \\ 2x_1-x_2+4x_3=0. \end{cases}$$

解 对方程组的增广矩阵 $\overline{\mathbf{A}}$ 施行初等行变换：

$$\overline{\mathbf{A}}=\begin{pmatrix} 2 & -1 & 3 & 1 \\ 4 & -2 & 5 & 2 \\ 2 & -1 & 4 & 0 \end{pmatrix} \xrightarrow{\text{初等行变换}} \begin{pmatrix} 2 & -1 & 3 & 1 \\ 0 & 0 & 1 & 0 \\ 0 & 0 & 0 & 1 \end{pmatrix},$$

故 $R(\mathbf{A})=2\neq R(\overline{\mathbf{A}})=3$，从而方程组无解.

例 3 求解线性方程组

$$\begin{cases} 2x_1-3x_2-x_3+x_4=0, \\ x_1-x_2+2x_3=0, \\ 3x_1-4x_2+2x_3-x_4=0. \end{cases}$$

解 由于方程组的常数项全为 0，因此只须对其系数矩阵 $\mathbf{A}$ 施行初等行变换：

$$\mathbf{A}=\begin{pmatrix} 2 & -3 & -1 & 1 \\ 1 & -1 & 2 & 0 \\ 3 & -4 & 2 & -1 \end{pmatrix} \xrightarrow{\text{初等行变换}} \begin{pmatrix} 1 & 0 & 0 & 13 \\ 0 & 1 & 0 & 9 \\ 0 & 0 & 1 & -2 \end{pmatrix}.$$

因 $R(\mathbf{A})=3<4$，故方程组有无穷多解，且一般解为

$$\begin{cases} x_1=-13x_4, \\ x_2=-9x_4, \\ x_3=2x_4 \end{cases} \quad (x_4 \text{ 为自由未知量}).$$

例 4 已知线性方程组

$$\begin{cases}(1+\lambda)x_1+x_2+x_3=0,\\ x_1+(1+\lambda)x_2+x_3=3,\\ x_1+x_2+(1+\lambda)x_3=\lambda,\end{cases}$$

问:λ 为何值时,方程组有唯一解?无解?有无穷多解?在有无穷多解时,求它的一般解.

解 对方程组的增广矩阵 $\overline{\mathbf{A}}$ 施行初等行变换:

$$\overline{\mathbf{A}}=\begin{pmatrix}1+\lambda & 1 & 1 & 0\\ 1 & 1+\lambda & 1 & 3\\ 1 & 1 & 1+\lambda & \lambda\end{pmatrix}\xrightarrow{\text{初等行变换}}\begin{pmatrix}1 & 1 & 1+\lambda & \lambda\\ 0 & \lambda & -\lambda & 3-\lambda\\ 0 & 0 & \lambda(\lambda+3) & (\lambda-1)(\lambda+3)\end{pmatrix}.$$

(1) 如果 $\lambda\neq 0$ 且 $\lambda\neq -3$,这时 $R(\mathbf{A})=R(\overline{\mathbf{A}})=3$,方程组有唯一解.

(2) 如果 $\lambda=0$,那么

$$\overline{\mathbf{A}}\xrightarrow{\text{初等行变换}}\begin{pmatrix}1 & 1 & 1 & 0\\ 0 & 0 & 0 & 3\\ 0 & 0 & 0 & 0\end{pmatrix},$$

这时 $R(\mathbf{A})=1\neq R(\overline{\mathbf{A}})=2$,从而方程组无解.

(3) 如果 $\lambda=-3$,那么

$$\overline{\mathbf{A}}\xrightarrow{\text{初等行变换}}\begin{pmatrix}1 & 0 & -1 & -1\\ 0 & 1 & -1 & -2\\ 0 & 0 & 0 & 0\end{pmatrix},$$

这时 $R(\mathbf{A})=R(\overline{\mathbf{A}})=2<3$,从而方程组有无穷多解,且一般解为

$$\begin{cases}x_1=-1+x_3,\\ x_2=-2+x_3\end{cases}\quad(x_3\text{ 为自由未知量}).$$

由以上例题可总结出解 n 元 m 式线性方程组的步骤.

(1) 写出方程组的增广矩阵 $\overline{\mathbf{A}}$.

(2) 用初等行变换化 $\overline{\mathbf{A}}$ 为行阶梯形矩阵,并确定出系数矩阵和增广矩阵的秩 $R(\mathbf{A})$ 和 $R(\overline{\mathbf{A}})$.

(3) 判断解的情况:如果 $R(\mathbf{A})\neq R(\overline{\mathbf{A}})$,那么方程组无解;如果 $R(\mathbf{A})=R(\overline{\mathbf{A}})=n$,那么方程组有唯一解;如果 $R(\mathbf{A})=R(\overline{\mathbf{A}})<n$,那么方程组有无穷多解.

(4) 在有解时,继续用初等行变换化行阶梯形矩阵为行最简形矩阵,根据行最简形矩阵得到方程组的一般解.

以上解线性方程组的方法叫作**消元法**.

本章小结

一、矩阵的运算

对于从实际问题中抽象出的代数形式 —— 矩阵,我们关注它的一系列运算. 在几种基

本运算中，矩阵的加法归结为对应数表的加法，因此矩阵的加法和数的加法相比较仅有量的增多，没有质的改变，两者遵循相同的运算律，如交换律、结合律等. 鉴于矩阵的乘法的特殊性，矩阵的乘法和数的乘法差异较大，如矩阵的乘法交换律不成立（$\boldsymbol{AB} \neq \boldsymbol{BA}$），有零因子（存在矩阵 $\boldsymbol{A} \neq \boldsymbol{O}, \boldsymbol{B} \neq \boldsymbol{O}$，但 $\boldsymbol{AB} = \boldsymbol{O}$），消去律不成立（由 $\boldsymbol{AB} = \boldsymbol{AC}$ 不能得到 $\boldsymbol{B} = \boldsymbol{C}$），等等. 这也表明中学熟悉的许多有关数运算的公式，在矩阵中相应公式未必成立.

二、逆矩阵

把除法看成乘法的逆运算，类比数的倒数，引入逆矩阵. 可逆矩阵在矩阵的运算中恰好具有如同非零数在数的运算中类似的性质，如可逆矩阵不是零因子，可逆矩阵适合乘法消去律，含可逆矩阵 $\boldsymbol{A}$ 的矩阵方程 $\boldsymbol{AX} = \boldsymbol{B}$ 有唯一解 $\boldsymbol{X} = \boldsymbol{A}^{-1}\boldsymbol{B}$，等等. 从以上性质看，我们借助逆矩阵在某些方阵中实施了除法.

当 n 阶方阵 $\boldsymbol{A}$ 可逆时，求 $\boldsymbol{A}^{-1}$ 有如下方法.

(1) 定义法：设 $\boldsymbol{A}^{-1} = (a_{ij})_{n\times n}$，利用等式 $\boldsymbol{AA}^{-1} = \boldsymbol{E}$ 建立方程组求 $a_{ij}\,(i, j = 1, 2, \cdots, n)$. 但是，这需要计算 n^2 元 n^2 式非齐次线性方程组，计算量太大.

(2) 伴随矩阵法：先计算伴随矩阵 $\boldsymbol{A}^*$，再由公式 $\boldsymbol{A}^{-1} = \dfrac{1}{|\boldsymbol{A}|}\boldsymbol{A}^*$ 进行计算. 当 $n = 2$ 且 $|\boldsymbol{A}| = ad - bc \neq 0$ 时，有

$$\begin{pmatrix} a & b \\ c & d \end{pmatrix}^{-1} = \frac{1}{ad - bc}\begin{pmatrix} d & -b \\ -c & a \end{pmatrix}.$$

但是，当 n 较大时，计算量较大.

(3) 初等变换法：先将 n 阶方阵 $\boldsymbol{A}$ 和同阶单位矩阵 $\boldsymbol{E}$ 构造一个分块矩阵，再对分块矩阵进行初等行变换，当前 n 列变成 $\boldsymbol{E}$ 时，后 n 列变成 $\boldsymbol{A}^{-1}$，即

$$(\boldsymbol{A}, \boldsymbol{E}) \xrightarrow{\text{初等行变换}} (\boldsymbol{E}, \boldsymbol{A}^{-1}).$$

(4) 分块求逆法：借助低阶矩阵的逆，给出分块对角矩阵的逆. 若方阵 $\boldsymbol{A}$ 可分块为

$$\boldsymbol{A} = \begin{bmatrix} \boldsymbol{A}_1 & & & \\ & \boldsymbol{A}_2 & & \\ & & \ddots & \\ & & & \boldsymbol{A}_s \end{bmatrix},$$

则 $\boldsymbol{A}$ 可逆 $\Leftrightarrow \boldsymbol{A}_i\,(i = 1, 2, \cdots, s)$ 均可逆，且

$$\boldsymbol{A}^{-1} = \begin{bmatrix} \boldsymbol{A}_1^{-1} & & & \\ & \boldsymbol{A}_2^{-1} & & \\ & & \ddots & \\ & & & \boldsymbol{A}_s^{-1} \end{bmatrix}.$$

对于二阶分块矩阵，若矩阵

$$\boldsymbol{M}_1 = \begin{pmatrix} \boldsymbol{A} & \boldsymbol{O} \\ \boldsymbol{C} & \boldsymbol{B} \end{pmatrix}, \quad \boldsymbol{M}_2 = \begin{pmatrix} \boldsymbol{A} & \boldsymbol{C} \\ \boldsymbol{O} & \boldsymbol{B} \end{pmatrix},$$

其中 $\boldsymbol{A}, \boldsymbol{B}$ 为可逆矩阵，则 $\boldsymbol{M}_1$ 和 $\boldsymbol{M}_2$ 可逆，且

$$M_1^{-1}=\begin{pmatrix}A^{-1} & O\\ -B^{-1}CA^{-1} & B^{-1}\end{pmatrix},\quad M_2^{-1}=\begin{pmatrix}A^{-1} & -A^{-1}CB^{-1}\\ O & B^{-1}\end{pmatrix}.$$

另外，在处理“证明方阵 A 可逆，并求出 A^{-1}”一类问题时，常设法找一个 B，使得 $AB=E$，这样就证明了 A 可逆，且 $B=A^{-1}$.

三、初等变换与矩阵的秩

矩阵的初等变换分为初等行变换和初等列变换，包括互换矩阵的某两行(列)；给某一行(列)乘以非零常数；给某一行(列)乘以常数后加到另一行(列)上.

矩阵的秩实质就是非零子式的最高阶数，求矩阵的秩的常用方法是先通过初等行变换把矩阵 A 化为行阶梯形矩阵 B，再数 B 的非零行数.

下面的结论在证明过程中常用到(假设运算都是可行的)：

(1) $0\leqslant R(A_{m\times n})\leqslant\min\{m,n\}$.

(2) $R(AB)\leqslant\min\{R(A),R(B)\}$.

(3) 若 P,Q 均为可逆矩阵，则

$$R(PA)=R(A),\quad R(AQ)=R(A),\quad R(PAQ)=R(A).$$

(4) $R\begin{pmatrix}A & O\\ O & B\end{pmatrix}=R\begin{pmatrix}O & A\\ B & O\end{pmatrix}=R(A)+R(B)$.

(5) $R(A+B)\leqslant R(A)+R(B)$.

(6) $\max\{R(A),R(B)\}\leqslant R(A,B)\leqslant R(A)+R(B)$.

(7) 若 $A_{m\times n}B_{n\times l}=O$，则 $R(A)+R(B)\leqslant n$.

(8) 若 $m\times n$ 矩阵 A 的秩为列数 n，则 $R(AB)=R(B)$；若 $n\times l$ 矩阵 B 的秩为行数 n，则 $R(AB)=R(A)$. 两个 $m\times n$ 矩阵 A 与 B 等价 $\Leftrightarrow R(A)=R(B)$.

秩是等价初等变换的不变量，而在秩为 r 的等价类中，标准形 $\begin{pmatrix}E_r & O\\ O & O\end{pmatrix}$ 是最简单的矩阵.

四、线性方程组的有解判别定理

n 元 m 式线性方程组 $Ax=b$ 无解 $\Leftrightarrow R(A)\neq R(\overline{A})$；$Ax=b$ 有解 $\Leftrightarrow R(A)=R(\overline{A})$，此时 $Ax=b$ 有唯一解 $\Leftrightarrow R(A)=R(\overline{A})=n$，$Ax=b$ 有无穷多解 $\Leftrightarrow R(A)=R(\overline{A})<n$.

n 元 m 式线性方程组 $Ax=0$ 有唯一解 $\Leftrightarrow R(A)=n$；$Ax=0$ 有无穷多解 $\Leftrightarrow R(A)<n$. 特别地，当 $m<n$ 时，$Ax=0$ 必有非零解；当 $m=n$ 时，$Ax=0$ 有非零解 $\Leftrightarrow |A|=0$.

五、线性方程组的消元法

解线性方程组的基本方法是消元法，用消元法求解线性方程组 $Ax=b$ 的步骤如下：

(1) 写出方程组的增广矩阵 $\overline{A}=(A,b)$；

(2) 用初等行变换化 $\overline{A}$ 为行阶梯形矩阵，求出 $R(A)$ 和 $R(\overline{A})$，并判断解的情况；

(3) 在有解时，再把增广矩阵的行阶梯形矩阵化为行最简形矩阵，根据行最简形矩阵得到方程组的一般解.

习题二

1. 设矩阵 $\boldsymbol{A}=\begin{pmatrix}1 & 1 & 0\\1 & 0 & -1\\0 & -1 & 1\end{pmatrix}$，$\boldsymbol{B}=\begin{pmatrix}1 & 2 & 3\\4 & 1 & 5\\0 & -1 & 0\end{pmatrix}$，求 $3\boldsymbol{AB}-2\boldsymbol{A}$ 及 $\boldsymbol{B}^{\mathrm{T}}\boldsymbol{A}$.

2. 求下列乘积：

(1) $\begin{pmatrix}1 & 2\\0 & 1\\-3 & 1\end{pmatrix}\begin{pmatrix}2 & 1 & 1 & 0\\1 & -1 & 3 & 4\end{pmatrix}$；

(2) $(1,0,-3)\begin{pmatrix}1\\5\\2\end{pmatrix}$；

(3) $\begin{pmatrix}2\\-1\\3\end{pmatrix}(1,2,-1)$；

(4) $(x_1,x_2,x_3)\begin{pmatrix}a_{11} & a_{12} & a_{13}\\a_{12} & a_{22} & a_{23}\\a_{13} & a_{23} & a_{33}\end{pmatrix}\begin{pmatrix}x_1\\x_2\\x_3\end{pmatrix}$；

(5) $\begin{pmatrix}1 & 3 & 2\\-5 & 7 & 6\\4 & 6 & 3\end{pmatrix}\begin{pmatrix}1\\-1\\1\end{pmatrix}$.

3. 求下列方阵的幂：

(1) $\boldsymbol{A}=(1,0,3)\begin{pmatrix}-2\\2\\1\end{pmatrix}$，求 $\boldsymbol{A}^3$；

(2) $\boldsymbol{A}=\begin{pmatrix}-2\\2\\1\end{pmatrix}(1,0,3)$，求 $\boldsymbol{A}^3$；

(3) $\boldsymbol{A}=\begin{pmatrix}1 & 0\\\lambda & 1\end{pmatrix}$，求 $\boldsymbol{A}^2,\boldsymbol{A}^3,\cdots,\boldsymbol{A}^k$.

4. 讨论等式 $(\boldsymbol{A}+\boldsymbol{B})(\boldsymbol{A}-\boldsymbol{B})=\boldsymbol{A}^2-\boldsymbol{B}^2$ 是否成立，并说明原因.

5. 设 $\boldsymbol{A},\boldsymbol{B}$ 都是 n 阶对称矩阵，证明：$\boldsymbol{AB}$ 为对称矩阵的充要条件是 $\boldsymbol{AB}=\boldsymbol{BA}$.

6. 求下列矩阵的逆矩阵：

(1) $\begin{pmatrix}1 & 2\\3 & -4\end{pmatrix}$；

(2) $\begin{pmatrix}\cos\theta & -\sin\theta\\\sin\theta & \cos\theta\end{pmatrix}$；

(3) $\begin{pmatrix}1 & 0 & 1\\2 & 1 & 0\\3 & 2 & 5\end{pmatrix}$；

(4) $\begin{pmatrix}1 & 2 & 3\\0 & -1 & 2\\0 & 0 & 1\end{pmatrix}$；

(5) $\begin{pmatrix}1 & 0 & 1\\1 & 1 & 0\\0 & 1 & 1\end{pmatrix}$；

(6) $\begin{pmatrix}3 & 2 & 1\\3 & 1 & 5\\3 & 2 & 3\end{pmatrix}$.

7. 已知矩阵

$$A=\begin{pmatrix}a_1 & & & \\ & a_2 & & \\ & & \ddots & \\ & & & a_n\end{pmatrix},\quad B=\begin{pmatrix}b_1 & & & \\ & b_2 & & \\ & & \ddots & \\ & & & b_n\end{pmatrix}.$$

(1) 求 $\boldsymbol{A}+\boldsymbol{B},\boldsymbol{AB},k\boldsymbol{A},\boldsymbol{A}^k$.

(2) 当 $a_1a_2\cdots a_n\neq 0$ 时,求 $\boldsymbol{A}^{-1}$.

8. 求解下列矩阵方程:

(1) $\begin{pmatrix}2 & 5\\1 & 3\end{pmatrix}\boldsymbol{X}=\begin{pmatrix}4 & -6\\2 & 1\end{pmatrix}$;

(2) $\boldsymbol{X}\begin{pmatrix}2 & 1 & -1\\2 & 1 & 0\\1 & -1 & 0\end{pmatrix}=\begin{pmatrix}1 & -1 & 3\\4 & 3 & 2\end{pmatrix}$;

(3) $\begin{pmatrix}1 & 4\\-1 & 2\end{pmatrix}\boldsymbol{X}\begin{pmatrix}2 & 0\\-1 & 1\end{pmatrix}=\begin{pmatrix}3 & 1\\0 & -1\end{pmatrix}$.

9. (1) 设 k 为正整数,$\boldsymbol{A}^k=\boldsymbol{O}$,证明:$(\boldsymbol{E}-\boldsymbol{A})^{-1}=\boldsymbol{E}+\boldsymbol{A}+\boldsymbol{A}^2+\cdots+\boldsymbol{A}^{k-1}$.

(2) 设矩阵 $\boldsymbol{A}=\begin{pmatrix}0 & 1 & 0\\0 & 0 & 1\\0 & 0 & 0\end{pmatrix}$,求$(\boldsymbol{E}-\boldsymbol{A})^{-1}$.

10. 设矩阵 $\boldsymbol{A}$ 可逆,证明:其伴随矩阵 $\boldsymbol{A}^*$ 也可逆,且 $(\boldsymbol{A}^*)^{-1}=(\boldsymbol{A}^{-1})^*$.

11. 设方阵 $\boldsymbol{A}$ 满足 $\boldsymbol{A}^2+2\boldsymbol{A}-3\boldsymbol{E}=\boldsymbol{O}$.

(1) 证明:$\boldsymbol{A}$ 与 $\boldsymbol{A}+2\boldsymbol{E}$ 都可逆.

(2) 求 $\boldsymbol{A}^{-1}$ 与$(\boldsymbol{A}+2\boldsymbol{E})^{-1}$.

12. 设 $\boldsymbol{A}$ 为三阶方阵,$|\boldsymbol{A}|=2$,求$\left|4\boldsymbol{A}^*-\left(\frac{1}{2}\boldsymbol{A}\right)^{-1}\right|$.

13. 设 n 阶方阵 $\boldsymbol{A}$ 的伴随矩阵为 $\boldsymbol{A}^*$,证明:$|\boldsymbol{A}^*|=|\boldsymbol{A}|^{n-1}$.

14. 设 $\boldsymbol{A},\boldsymbol{B},\boldsymbol{C}$ 同为 n 阶方阵,矩阵 $\boldsymbol{C}$ 可逆,且 $\boldsymbol{C}^{-1}\boldsymbol{AC}=\boldsymbol{B}$,证明:对于任意正整数 m,都有 $\boldsymbol{C}^{-1}\boldsymbol{A}^m\boldsymbol{C}=\boldsymbol{B}^m$.

15. 按指定分块方法,用分块矩阵的乘法求

$$\left(\begin{array}{cc:cc}a & 0 & 0 & 0\\0 & a & 0 & 0\\ \hdashline 1 & 0 & b & 0\\0 & 1 & 0 & b\end{array}\right)\left(\begin{array}{cc:cc}1 & 0 & c & 0\\0 & 1 & 0 & c\\ \hdashline 0 & 0 & d & 0\\0 & 0 & 0 & d\end{array}\right).$$

16. 设 $\boldsymbol{A}_1,\boldsymbol{A}_2,\boldsymbol{A}_3$ 都是 3×1 矩阵,令矩阵 $\boldsymbol{A}=(\boldsymbol{A}_1,\boldsymbol{A}_2,\boldsymbol{A}_3)$. 已知 $|\boldsymbol{A}|=5$,求 $|\boldsymbol{B}|=|2\boldsymbol{A}_3,\boldsymbol{A}_2+\boldsymbol{A}_3,\boldsymbol{A}_1|$.

17. 用矩阵的分块求下列矩阵的逆矩阵:

(1) $\begin{pmatrix}0 & 0 & 2\\1 & 2 & 0\\3 & 4 & 0\end{pmatrix}$;　　(2) $\begin{pmatrix}5 & 2 & 0 & 0\\2 & 1 & 0 & 0\\0 & 0 & 8 & 3\\0 & 0 & 5 & 2\end{pmatrix}$.

18. 设$\begin{pmatrix}1&0&0\\-1&1&0\\0&0&1\end{pmatrix}\boldsymbol{A}\begin{pmatrix}1&0&1\\0&1&0\\0&0&1\end{pmatrix}=\begin{pmatrix}1&2&3\\4&5&6\\7&8&9\end{pmatrix}$，求矩阵$\boldsymbol{A}$.

19. 写出矩阵$\boldsymbol{A}=\begin{pmatrix}1&-1&2&0\\2&3&-5&2\\3&0&0&1\end{pmatrix}$的全部三阶子式.

20. 求下列矩阵的秩：

(1) $\boldsymbol{A}=\begin{pmatrix}1&4&7\\2&5&8\\3&6&9\end{pmatrix}$；　　(2) $\boldsymbol{B}=\begin{pmatrix}1&1&2&2&1\\0&2&1&5&-1\\2&0&3&-1&3\\1&1&0&4&-1\end{pmatrix}$.

21. 判断下列线性方程组是否有解，如果有解，求出其唯一解或一般解：

(1) $\begin{cases}x_1-2x_2+3x_3-4x_4=1,\\3x_1-x_2+5x_3-3x_4=2,\\2x_1+x_2+2x_3-2x_4=1;\end{cases}$　　(2) $\begin{cases}x-y-z+w=0,\\x-y+z-3w=1,\\2x-2y-4z+6w=-1;\end{cases}$

(3) $\begin{cases}x_1+2x_2+3x_3+2x_4-x_5=0,\\2x_1+4x_2+5x_3+5x_4+2x_5=0,\\3x_1+6x_2+7x_3+10x_4+5x_5=0;\end{cases}$　　(4) $\begin{cases}2x_1+3x_2-x_3-2x_4=2,\\x_1+x_2+2x_3+x_4=5,\\4x_1+5x_2+3x_3=7;\end{cases}$

(5) $\begin{cases}x_1-2x_2+3x_3-4x_4=4,\\x_2-x_3+x_4=-3,\\x_1+3x_2+x_4=1,\\-7x_2+3x_3+x_4=-3;\end{cases}$　　(6) $\begin{cases}x_1+x_2+x_3=0,\\x_1+2x_2+x_3=0,\\x_1+4x_2+x_3=0,\\x_1-x_2+x_3=0.\end{cases}$

22. 问：当λ为何值时，线性方程组

$$\begin{cases}\lambda x_1+x_2+x_3=1,\\x_1+\lambda x_2+x_3=\lambda,\\x_1+x_2+\lambda x_3=\lambda^2\end{cases}$$

有唯一解？无解？有无穷多解？在有无穷多解时，求它的一般解.

23. 已知线性方程组

$$\begin{cases}-2x_1+x_2+x_3=-2,\\x_1-2x_2+x_3=\lambda,\\x_1+x_2-2x_3=\lambda^2,\end{cases}$$

问：当λ为何值时，方程组有解？并求一般解.

24. 设矩阵$\boldsymbol{A}=\begin{pmatrix}1&a\\1&0\end{pmatrix}$，$\boldsymbol{B}=\begin{pmatrix}0&1\\1&b\end{pmatrix}$，问：当$a$，$b$为何值时，存在矩阵$\boldsymbol{C}$，使得$\boldsymbol{AC}-\boldsymbol{CA}=\boldsymbol{B}$？并求所有矩阵$\boldsymbol{C}$.

第三章 向量

行向量和列向量是矩阵的组成部分，借助向量组的线性关系，可以清楚地看出线性方程组的解之间的关系．本章首先引入 n 维向量的定义及运算，然后再介绍向量组的线性相关性和向量组的秩，最后给出线性方程组解的性质和结构．

§3.1 向量及其运算

在解析几何中，我们把既有大小又有方向的量叫作向量，并把可随意平行移动的有向线段作为向量的几何形象. 在建立了坐标系后，向量就有了坐标表示式. 例如，平面上的向量可以用有序数组(x,y)表示，称之为二维向量；空间中的向量可以用有序数组(x,y,z)表示，称之为三维向量.

但是，在现实世界中，二维向量和三维向量满足不了实际的需要. 例如，为了刻画一个球体及其空间位置，我们除了用3个数(x,y,z)表示球心的坐标之外，还要用1个数r表示球体的半径，这样一来，四元有序数组(x,y,z,r)完全刻画了球体的位置和大小. 又如，一个工厂生产n种产品，为了说明这个工厂的生产水平，就需要同时指出这n种产品的产量，设$a_1,a_2,\cdots,a_n$分别是这n种产品的产量，那么这个工厂的生产水平可以用这n个数组成的有序数组$(a_1,a_2,\cdots,a_n)$来表示.

一、n 维向量的概念

定义 1 n个有次序的数$a_1,a_2,\cdots,a_n$所组成的数组$(a_1,a_2,\cdots,a_n)$称为一个n维**向量**. 向量常用黑体小写希腊字母$\boldsymbol{\alpha},\boldsymbol{\beta},\boldsymbol{\gamma}$等表示. 第$i$个数$a_i$叫作第$i$个**分量**.

一个n维向量常写成一列，叫作n维**列向量**，记为

$$\boldsymbol{\alpha}=\begin{pmatrix}a_1\\a_2\\\vdots\\a_n\end{pmatrix},$$

可以把列向量看成一个$n\times1$矩阵. n维向量也可写成一行，叫作n维**行向量**，记作

$$\boldsymbol{\alpha}^{\mathrm{T}}=(a_1,a_2,\cdots,a_n),$$

可以把行向量看成一个$1\times n$矩阵.

在本书中，n维向量一般都指列向量，为了书写方便，n维向量也常常表示为

$$\boldsymbol{\alpha}=(a_1,a_2,\cdots,a_n)^{\mathrm{T}}.$$

分量全为0的向量叫作**零向量**，记为$\mathbf{0}$. 分量全为实数的向量叫作**实向量**，并用$\mathbf{R}^n$表示全体n维实向量，即

$$\mathbf{R}^n=\{(a_1,a_2,\cdots,a_n)^{\mathrm{T}}\mid a_i\in\mathbf{R},i=1,2,\cdots,n\}.$$

本书中提到的n维向量如无特别说明都是实向量.

显然，一维向量可以表示一条直线上的点，二维向量可以表示平面上的点，三维向量可以表示空间中的点，而四维及以上的向量不再有几何意义. 但是，有了n维向量的定义，就可以把客观世界中的实际问题抽象成数学问题.

定义 2 如果两个n维向量

$$\boldsymbol{\alpha}=(a_1,a_2,\cdots,a_n)^{\mathrm{T}},\quad \boldsymbol{\beta}=(b_1,b_2,\cdots,b_n)^{\mathrm{T}}$$

的对应分量相等,即

$$a_i = b_i \quad (i=1,2,\cdots,n),$$

那么称这两个向量**相等**,记为 $\boldsymbol{\alpha}=\boldsymbol{\beta}$.

二、线性运算

在解析几何中,我们对二维向量和三维向量规定了它们的加法和数乘运算,例如,

$$(x_1,y_1)+(x_2,y_2)=(x_1+x_2,y_1+y_2),\quad k(x,y)=(kx,ky).$$

现在,我们把这两种运算推广到 n 维向量上来.

定义 3 给定两个 n 维向量

$$\boldsymbol{\alpha}=(a_1,a_2,\cdots,a_n)^{\mathrm{T}},\quad \boldsymbol{\beta}=(b_1,b_2,\cdots,b_n)^{\mathrm{T}},$$

它们的对应分量相加而得的向量

$$\boldsymbol{\gamma}=(a_1+b_1,a_2+b_2,\cdots,a_n+b_n)^{\mathrm{T}}$$

称为这两个向量的**和**,记为 $\boldsymbol{\alpha}+\boldsymbol{\beta}$.

n 维向量 $\boldsymbol{\alpha}=(a_1,a_2,\cdots,a_n)^{\mathrm{T}}$ 的每个分量改变符号而得的向量

$$(-a_1,-a_2,\cdots,-a_n)^{\mathrm{T}}$$

叫作 $\boldsymbol{\alpha}$ 的**负向量**,记为 $-\boldsymbol{\alpha}$.

由负向量可以定义两个向量的减法:$\boldsymbol{\alpha}+(-\boldsymbol{\beta})$ 叫作 $\boldsymbol{\alpha}$ 与 $\boldsymbol{\beta}$ 的**差**,记为 $\boldsymbol{\alpha}-\boldsymbol{\beta}$.

定义 4 设 k 为常数,给 n 维向量 $\boldsymbol{\alpha}=(a_1,a_2,\cdots,a_n)^{\mathrm{T}}$ 的每个分量都乘以 k 而得的向量

$$(ka_1,ka_2,\cdots,ka_n)^{\mathrm{T}}$$

叫作 k 与 $\boldsymbol{\alpha}$ 的**数量乘积**,记为 $k\boldsymbol{\alpha}$.

向量的加法与数乘运算和把向量看成矩阵的加法与数乘运算是一致的.

容易验证向量的加法与数乘运算满足以下运算律:

(1) $\boldsymbol{\alpha}+\boldsymbol{\beta}=\boldsymbol{\beta}+\boldsymbol{\alpha}$;

(2) $(\boldsymbol{\alpha}+\boldsymbol{\beta})+\boldsymbol{\gamma}=\boldsymbol{\alpha}+(\boldsymbol{\beta}+\boldsymbol{\gamma})$;

(3) $\boldsymbol{\alpha}+\mathbf{0}=\boldsymbol{\alpha}$;

(4) $\boldsymbol{\alpha}+(-\boldsymbol{\alpha})=\mathbf{0}$;

(5) $k(\boldsymbol{\alpha}+\boldsymbol{\beta})=k\boldsymbol{\alpha}+k\boldsymbol{\beta}$;

(6) $(k+l)\boldsymbol{\alpha}=k\boldsymbol{\alpha}+l\boldsymbol{\alpha}$;

(7) $1\boldsymbol{\alpha}=\boldsymbol{\alpha}$;

(8) $k(l\boldsymbol{\alpha})=(kl)\boldsymbol{\alpha}$.

由以上 8 条运算律还可以验证以下运算律成立:

(9) $0\boldsymbol{\alpha}=\mathbf{0}$;

(10) $(-1)\boldsymbol{\alpha}=-\boldsymbol{\alpha}$;

(11) $k\mathbf{0}=\mathbf{0}$;

(12) 若 $k\neq 0,\boldsymbol{\alpha}\neq\mathbf{0}$,则 $k\boldsymbol{\alpha}\neq\mathbf{0}$.

三、线性组合

由若干个同维数的向量组成的集合叫作**向量组**.

例 1 $\boldsymbol{\varepsilon}_1=(1,0,\cdots,0)^{\mathrm{T}},\boldsymbol{\varepsilon}_2=(0,1,\cdots,0)^{\mathrm{T}},\cdots,\boldsymbol{\varepsilon}_n=(0,\cdots,0,1)^{\mathrm{T}}$ 为 n 维向量组，称为 n **维单位向量组**.

一个 $m\times n$ 矩阵

$$\boldsymbol{A}=(a_{ij})_{m\times n}=\begin{pmatrix} a_{11} & a_{12} & \cdots & a_{1n} \\ a_{21} & a_{22} & \cdots & a_{2n} \\ \vdots & \vdots & & \vdots \\ a_{m1} & a_{m2} & \cdots & a_{mn} \end{pmatrix}$$

有 n 个 m 维列向量

$$\boldsymbol{\beta}_j=\begin{pmatrix} a_{1j} \\ a_{2j} \\ \vdots \\ a_{mj} \end{pmatrix} \quad (j=1,2,\cdots,n),$$

由它们组成的向量组 $\boldsymbol{\beta}_1,\boldsymbol{\beta}_2,\cdots,\boldsymbol{\beta}_n$ 叫作 $\boldsymbol{A}$ 的**列向量组**. 此时，$\boldsymbol{A}$ 可以表示为

$$\boldsymbol{A}=(\boldsymbol{\beta}_1,\boldsymbol{\beta}_2,\cdots,\boldsymbol{\beta}_n).$$

另外，矩阵 $\boldsymbol{A}=(a_{ij})_{m\times n}$ 也有 m 个 n 维行向量

$$\boldsymbol{\alpha}_i^{\mathrm{T}}=(a_{i1},a_{i2},\cdots,a_{in}) \quad (i=1,2,\cdots,m),$$

它们组成的向量组 $\boldsymbol{\alpha}_1^{\mathrm{T}},\boldsymbol{\alpha}_2^{\mathrm{T}},\cdots,\boldsymbol{\alpha}_m^{\mathrm{T}}$ 叫作 $\boldsymbol{A}$ 的**行向量组**. 此时，$\boldsymbol{A}$ 可以表示为

$$\boldsymbol{A}=\begin{pmatrix} \boldsymbol{\alpha}_1^{\mathrm{T}} \\ \boldsymbol{\alpha}_2^{\mathrm{T}} \\ \vdots \\ \boldsymbol{\alpha}_m^{\mathrm{T}} \end{pmatrix}.$$

同维数向量之间往往存在着某种联系.

例 2 向量 $\boldsymbol{\alpha}_1=(2,-1,3,1)^{\mathrm{T}},\boldsymbol{\alpha}_2=(4,-2,5,4)^{\mathrm{T}},\boldsymbol{\alpha}_3=(2,-1,4,-1)^{\mathrm{T}}$ 之间有以下关系：

$$\boldsymbol{\alpha}_3=3\boldsymbol{\alpha}_1-\boldsymbol{\alpha}_2.$$

例 3 设向量 $\boldsymbol{\varepsilon}_1=(1,0,\cdots,0)^{\mathrm{T}},\boldsymbol{\varepsilon}_2=(0,1,\cdots,0)^{\mathrm{T}},\cdots,\boldsymbol{\varepsilon}_n=(0,\cdots,0,1)^{\mathrm{T}}$，对于任意 n 维向量 $\boldsymbol{\alpha}=(a_1,a_2,\cdots,a_n)^{\mathrm{T}}$，有

$$\boldsymbol{\alpha}=a_1\boldsymbol{\varepsilon}_1+a_2\boldsymbol{\varepsilon}_2+\cdots+a_n\boldsymbol{\varepsilon}_n.$$

定义 5 给定向量组 $\boldsymbol{\alpha}_1,\boldsymbol{\alpha}_2,\cdots,\boldsymbol{\alpha}_m$，$k_1,k_2,\cdots,k_m$ 是一组实数，称向量

$$k_1\boldsymbol{\alpha}_1+k_2\boldsymbol{\alpha}_2+\cdots+k_m\boldsymbol{\alpha}_m$$

为 $\boldsymbol{\alpha}_1,\boldsymbol{\alpha}_2,\cdots,\boldsymbol{\alpha}_m$ 的一个**线性组合**，其中 $k_1,k_2,\cdots,k_m$ 叫作这个**线性组合的系数**.

给定向量组 $\boldsymbol{\alpha}_1,\boldsymbol{\alpha}_2,\cdots,\boldsymbol{\alpha}_m$ 和向量 $\boldsymbol{\alpha}$，如果存在一组实数 $k_1,k_2,\cdots,k_m$，使得

$$\boldsymbol{\alpha}=k_1\boldsymbol{\alpha}_1+k_2\boldsymbol{\alpha}_2+\cdots+k_m\boldsymbol{\alpha}_m, \tag{3.1}$$

则称 $\boldsymbol{\alpha}$ 可以由向量组 $\boldsymbol{\alpha}_1,\boldsymbol{\alpha}_2,\cdots,\boldsymbol{\alpha}_m$ **线性表示**(或**线性表出**)，并称 $k_1,k_2,\cdots,k_m$ 为这个**线性表示**(或**线性表出**)**的系数**.

有时根据需要，还把线性组合写成矩阵乘积的形式，即

$$k_1\boldsymbol{\alpha}_1+k_2\boldsymbol{\alpha}_2+\cdots+k_m\boldsymbol{\alpha}_m=(\boldsymbol{\alpha}_1,\boldsymbol{\alpha}_2,\cdots,\boldsymbol{\alpha}_m)\begin{pmatrix}k_1\\k_2\\\vdots\\k_m\end{pmatrix}. \tag{3.2}$$

例 2 中向量 $\boldsymbol{\alpha}_3$ 可以由向量组 $\boldsymbol{\alpha}_1,\boldsymbol{\alpha}_2$ 线性表示，例 3 中向量 $\boldsymbol{\alpha}$ 可以由向量组 $\boldsymbol{\varepsilon}_1,\boldsymbol{\varepsilon}_2,\cdots,\boldsymbol{\varepsilon}_n$ 线性表示.

显然，零向量可以由任意向量组线性表示；一个向量组 $\boldsymbol{\alpha}_1,\boldsymbol{\alpha}_2,\cdots,\boldsymbol{\alpha}_m$ 中的每个向量都可以由该向量组自身线性表示.

例 4 设向量 $\boldsymbol{\alpha}=(1,2,3)^{\mathrm{T}},\boldsymbol{\beta}_1=(1,1,0)^{\mathrm{T}},\boldsymbol{\beta}_2=(1,0,1)^{\mathrm{T}},\boldsymbol{\beta}_3=(0,1,1)^{\mathrm{T}}$，将 $\boldsymbol{\alpha}$ 写成 $\boldsymbol{\beta}_1,\boldsymbol{\beta}_2,\boldsymbol{\beta}_3$ 的线性表示式.

解 设

$$\boldsymbol{\alpha}=x\boldsymbol{\beta}_1+y\boldsymbol{\beta}_2+z\boldsymbol{\beta}_3,$$

则有

$$\begin{pmatrix}1\\2\\3\end{pmatrix}=x\begin{pmatrix}1\\1\\0\end{pmatrix}+y\begin{pmatrix}1\\0\\1\end{pmatrix}+z\begin{pmatrix}0\\1\\1\end{pmatrix},$$

即

$$\begin{cases}x+y\qquad=1,\\x\qquad+z=2,\\\qquad y+z=3,\end{cases}$$

解得 $x=0,y=1,z=2$，于是

$$\boldsymbol{\alpha}=\boldsymbol{\beta}_2+2\boldsymbol{\beta}_3.$$

微课视频

§3.2 向量组的线性相关性

一、向量组的线性相关性的概念

定义 1 给定一个向量组 $\boldsymbol{\alpha}_1,\boldsymbol{\alpha}_2,\cdots,\boldsymbol{\alpha}_m$，如果存在一组不全为 0 的实数 $k_1,k_2,\cdots,k_m$，使得

$$k_1\boldsymbol{\alpha}_1+k_2\boldsymbol{\alpha}_2+\cdots+k_m\boldsymbol{\alpha}_m=\mathbf{0}, \tag{3.3}$$

那么称向量组 $\boldsymbol{\alpha}_1,\boldsymbol{\alpha}_2,\cdots,\boldsymbol{\alpha}_m$ **线性相关**；否则，如果由

$$k_1\boldsymbol{\alpha}_1+k_2\boldsymbol{\alpha}_2+\cdots+k_m\boldsymbol{\alpha}_m=\mathbf{0}$$

可推出 $k_1=k_2=\cdots=k_m=0$，那么称向量组 $\boldsymbol{\alpha}_1,\boldsymbol{\alpha}_2,\cdots,\boldsymbol{\alpha}_m$ **线性无关**.

显然，单独一个零向量线性相关；单独一个非零向量线性无关；两个向量线性相关当且仅当它们的对应分量成比例.

例 1　设向量组 $\boldsymbol{\alpha}_1=\begin{pmatrix}1\\1\\1\end{pmatrix},\boldsymbol{\alpha}_2=\begin{pmatrix}0\\2\\5\end{pmatrix},\boldsymbol{\alpha}_3=\begin{pmatrix}2\\4\\7\end{pmatrix}$,讨论它们的线性相关性.

解　设存在一组实数 x_1,x_2,x_3,使得 $x_1\boldsymbol{\alpha}_1+x_2\boldsymbol{\alpha}_2+x_3\boldsymbol{\alpha}_3=\mathbf{0}$,把 $\boldsymbol{\alpha}_1,\boldsymbol{\alpha}_2,\boldsymbol{\alpha}_3$ 代入上式得

$$\begin{cases}x_1 \qquad\quad +2x_3=0,\\ x_1+2x_2+4x_3=0,\\ x_1+5x_2+7x_3=0,\end{cases}$$

解得

$$x_1=-2x_3,\quad x_2=-x_3\quad (x_3\text{ 可任意取值}).$$

取 $x_3=1$,则有

$$-2\boldsymbol{\alpha}_1-\boldsymbol{\alpha}_2+\boldsymbol{\alpha}_3=\mathbf{0},$$

故向量组 $\boldsymbol{\alpha}_1,\boldsymbol{\alpha}_2,\boldsymbol{\alpha}_3$ 线性相关.

例 2　已知向量组 $\boldsymbol{\alpha}_1,\boldsymbol{\alpha}_2,\boldsymbol{\alpha}_3$ 线性无关,证明:向量组

$$\boldsymbol{\beta}_1=\boldsymbol{\alpha}_1+2\boldsymbol{\alpha}_2,\quad \boldsymbol{\beta}_2=\boldsymbol{\alpha}_2+2\boldsymbol{\alpha}_3,\quad \boldsymbol{\beta}_3=\boldsymbol{\alpha}_3+2\boldsymbol{\alpha}_1$$

也线性无关.

证　设 $k_1\boldsymbol{\beta}_1+k_2\boldsymbol{\beta}_2+k_3\boldsymbol{\beta}_3=\mathbf{0}$($k_1,k_2,k_3$ 为实数),则由题意得

$$\begin{aligned}&k_1(\boldsymbol{\alpha}_1+2\boldsymbol{\alpha}_2)+k_2(\boldsymbol{\alpha}_2+2\boldsymbol{\alpha}_3)+k_3(\boldsymbol{\alpha}_3+2\boldsymbol{\alpha}_1)\\ &=(k_1+2k_3)\boldsymbol{\alpha}_1+(2k_1+k_2)\boldsymbol{\alpha}_2+(2k_2+k_3)\boldsymbol{\alpha}_3=\mathbf{0}.\end{aligned}$$

因为向量组 $\boldsymbol{\alpha}_1,\boldsymbol{\alpha}_2,\boldsymbol{\alpha}_3$ 线性无关,所以有

$$\begin{cases}k_1 \qquad\quad +2k_3=0,\\ 2k_1+\ \ k_2 \qquad\quad =0,\\ \qquad\quad 2k_2+\ \ k_3=0,\end{cases}$$

解得 $k_1=k_2=k_3=0$,从而 $\boldsymbol{\beta}_1,\boldsymbol{\beta}_2,\boldsymbol{\beta}_3$ 线性无关.

二、向量组的线性相关性的性质与判别

微课视频

先给出线性相关的一个等价命题.

定理 1　**向量组 $\boldsymbol{\alpha}_1,\boldsymbol{\alpha}_2,\cdots,\boldsymbol{\alpha}_m(m\geqslant 2)$ 线性相关当且仅当其中有一个向量可由其余向量线性表示.**

证　如果向量组 $\boldsymbol{\alpha}_1,\boldsymbol{\alpha}_2,\cdots,\boldsymbol{\alpha}_m$ 线性相关,那么一定存在一组不全为 0 的实数 $k_1,k_2,\cdots,k_m$,使得

$$k_1\boldsymbol{\alpha}_1+k_2\boldsymbol{\alpha}_2+\cdots+k_m\boldsymbol{\alpha}_m=\mathbf{0}.$$

不妨设 $k_m\neq 0$,则有

$$\boldsymbol{\alpha}_m=-\frac{k_1}{k_m}\boldsymbol{\alpha}_1-\frac{k_2}{k_m}\boldsymbol{\alpha}_2-\cdots-\frac{k_{m-1}}{k_m}\boldsymbol{\alpha}_{m-1}.$$

反之,不妨设 $\boldsymbol{\alpha}_m=k_1\boldsymbol{\alpha}_1+k_2\boldsymbol{\alpha}_2+\cdots+k_{m-1}\boldsymbol{\alpha}_{m-1}$,即有

$$k_1\boldsymbol{\alpha}_1+k_2\boldsymbol{\alpha}_2+\cdots+k_{m-1}\boldsymbol{\alpha}_{m-1}-\boldsymbol{\alpha}_m=\mathbf{0}.$$

故 $\boldsymbol{\alpha}_1,\boldsymbol{\alpha}_2,\cdots,\boldsymbol{\alpha}_m$ 线性相关.

定理 2 **如果向量组$\boldsymbol{\alpha}_1,\boldsymbol{\alpha}_2,\cdots,\boldsymbol{\alpha}_m$线性无关，向量组$\boldsymbol{\alpha}_1,\boldsymbol{\alpha}_2,\cdots,\boldsymbol{\alpha}_m,\boldsymbol{\alpha}$线性相关，那么向量$\boldsymbol{\alpha}$可以由向量组$\boldsymbol{\alpha}_1,\boldsymbol{\alpha}_2,\cdots,\boldsymbol{\alpha}_m$线性表示.**

证　由于向量组$\boldsymbol{\alpha}_1,\boldsymbol{\alpha}_2,\cdots,\boldsymbol{\alpha}_m,\boldsymbol{\alpha}$线性相关，因此存在一组不全为0的实数$k_1,k_2,\cdots,k_m,k$，使得

$$k_1\boldsymbol{\alpha}_1+k_2\boldsymbol{\alpha}_2+\cdots+k_m\boldsymbol{\alpha}_m+k\boldsymbol{\alpha}=\mathbf{0}.$$

假设$k=0$，那么$k_1,k_2,\cdots,k_m$不全为0且$k_1\boldsymbol{\alpha}_1+k_2\boldsymbol{\alpha}_2+\cdots+k_m\boldsymbol{\alpha}_m=\mathbf{0}$，这与向量组$\boldsymbol{\alpha}_1,\boldsymbol{\alpha}_2,\cdots,\boldsymbol{\alpha}_m$线性无关矛盾，所以$k\neq 0$，从而

$$\boldsymbol{\alpha}=-\frac{k_1}{k}\boldsymbol{\alpha}_1-\frac{k_2}{k}\boldsymbol{\alpha}_2-\cdots-\frac{k_m}{k}\boldsymbol{\alpha}_m.$$

在一个向量组中取其中的一部分向量(也可取全部向量)，称它们为该向量组的一个部分组.

定理 3 **如果向量组$\boldsymbol{\alpha}_1,\boldsymbol{\alpha}_2,\cdots,\boldsymbol{\alpha}_m$中有一个部分组线性相关，那么该向量组也线性相关. 反之，如果一个向量组线性无关，那么它的任意部分组也线性无关.**

证　不妨设向量组$\boldsymbol{\alpha}_1,\boldsymbol{\alpha}_2,\cdots,\boldsymbol{\alpha}_m$的一个线性相关的部分组为$\boldsymbol{\alpha}_1,\boldsymbol{\alpha}_2,\cdots,\boldsymbol{\alpha}_s(s\leqslant m)$，则存在一组不全为0的实数$k_1,k_2,\cdots,k_s$，使得

$$k_1\boldsymbol{\alpha}_1+k_2\boldsymbol{\alpha}_2+\cdots+k_s\boldsymbol{\alpha}_s=\mathbf{0},$$

即

$$k_1\boldsymbol{\alpha}_1+k_2\boldsymbol{\alpha}_2+\cdots+k_s\boldsymbol{\alpha}_s+0\boldsymbol{\alpha}_{s+1}+\cdots+0\boldsymbol{\alpha}_m=\mathbf{0},$$

其中$k_1,k_2,\cdots,k_s,0,\cdots,0$不全为0，所以向量组$\boldsymbol{\alpha}_1,\boldsymbol{\alpha}_2,\cdots,\boldsymbol{\alpha}_m$线性相关.

反之，如果向量组$\boldsymbol{\alpha}_1,\boldsymbol{\alpha}_2,\cdots,\boldsymbol{\alpha}_m$线性无关，假设该向量组有一个部分组，不妨取为$\boldsymbol{\alpha}_1,\boldsymbol{\alpha}_2,\cdots,\boldsymbol{\alpha}_s(s\leqslant m)$线性相关，那么由上面的证明知$\boldsymbol{\alpha}_1,\boldsymbol{\alpha}_2,\cdots,\boldsymbol{\alpha}_m$线性相关，这与向量组$\boldsymbol{\alpha}_1,\boldsymbol{\alpha}_2,\cdots,\boldsymbol{\alpha}_m$线性无关矛盾. 故向量组$\boldsymbol{\alpha}_1,\boldsymbol{\alpha}_2,\cdots,\boldsymbol{\alpha}_s$必线性无关.

定理 4 **如果n维向量组**

$$\boldsymbol{\alpha}_i=(a_{i1},a_{i2},\cdots,a_{in})^{\mathrm{T}}\quad(i=1,2,\cdots,m)$$

线性无关，那么给每个向量添加一个分量而得的$n+1$维向量组

$$\boldsymbol{\beta}_i=(a_{i1},a_{i2},\cdots,a_{in},b_i)^{\mathrm{T}}\quad(i=1,2,\cdots,m)$$

也线性无关.

证　设

$$k_1\boldsymbol{\beta}_1+k_2\boldsymbol{\beta}_2+\cdots+k_m\boldsymbol{\beta}_m=\mathbf{0}\quad(k_1,k_2,\cdots,k_m\text{ 为实数}).$$

把每个$\boldsymbol{\beta}_i$代入上式得

$$\left(\sum_{i=1}^{m}k_ia_{i1},\sum_{i=1}^{m}k_ia_{i2},\cdots,\sum_{i=1}^{m}k_ia_{in},\sum_{i=1}^{m}k_ib_i\right)^{\mathrm{T}}=\mathbf{0}.$$

我们只考虑前n个分量为0，便得

$$k_1\boldsymbol{\alpha}_1+k_2\boldsymbol{\alpha}_2+\cdots+k_m\boldsymbol{\alpha}_m=\mathbf{0}.$$

但向量组$\boldsymbol{\alpha}_1,\boldsymbol{\alpha}_2,\cdots,\boldsymbol{\alpha}_m$线性无关，故$k_1=k_2=\cdots=k_m=0$，从而向量组$\boldsymbol{\beta}_1,\boldsymbol{\beta}_2,\cdots,\boldsymbol{\beta}_m$也线性无关.

定理4的逆否命题为：如果n维向量组

$$\boldsymbol{\alpha}_i=(a_{i1},a_{i2},\cdots,a_{in})^{\mathrm{T}}\quad(i=1,2,\cdots,m)$$

线性相关，那么给每个向量去掉一个分量而得的$n-1$维向量组

$$\boldsymbol{\beta}_i=(a_{i1},a_{i2},\cdots,a_{i,n-1})^{\mathrm{T}} \quad (i=1,2,\cdots,m)$$

也线性相关.

定理 5 **向量组 $\boldsymbol{\alpha}_1,\boldsymbol{\alpha}_2,\cdots,\boldsymbol{\alpha}_m$ 线性相关的充要条件是以该向量组为列向量组的矩阵的秩小于 m. 也就是说,向量组 $\boldsymbol{\alpha}_1,\boldsymbol{\alpha}_2,\cdots,\boldsymbol{\alpha}_m$ 线性无关的充要条件是以该向量组为列向量组的矩阵的秩等于 m.**

证 如果向量组 $\boldsymbol{\alpha}_1,\boldsymbol{\alpha}_2,\cdots,\boldsymbol{\alpha}_m$ 线性相关,则其中必有一个向量 $\boldsymbol{\alpha}_i$ 可由其余向量线性表示. 在矩阵

$$\boldsymbol{A}=(\boldsymbol{\alpha}_1,\boldsymbol{\alpha}_2,\cdots,\boldsymbol{\alpha}_m)$$

中,第 i 列减去其余列的适当倍数,便把第 i 列元素全部化为 0,这说明矩阵 $\boldsymbol{A}$ 的所有 m 阶子式(如果存在的话)全为 0. 所以,矩阵 $\boldsymbol{A}$ 的秩小于 m.

反之,如果矩阵 $\boldsymbol{A}$ 的秩小于 m,那么 $\boldsymbol{A}^{\mathrm{T}}$ 的秩也小于 m,于是 $\boldsymbol{A}^{\mathrm{T}}$ 经过初等行变换化为行阶梯形矩阵后,至少有一行的元素全为 0,即 $\boldsymbol{\alpha}_1^{\mathrm{T}},\boldsymbol{\alpha}_2^{\mathrm{T}},\cdots,\boldsymbol{\alpha}_m^{\mathrm{T}}$ 中至少有一个向量可由其余向量线性表示,从而向量组 $\boldsymbol{\alpha}_1,\boldsymbol{\alpha}_2,\cdots,\boldsymbol{\alpha}_m$ 线性相关.

由定理 5 容易看出,n 维单位向量组 $\boldsymbol{\varepsilon}_1,\boldsymbol{\varepsilon}_2,\cdots,\boldsymbol{\varepsilon}_n$ 是线性无关的.

推论 1 任意 m 个 n 维($m>n$) 向量一定线性相关. 特别地,任意 $n+1$ 个 n 维向量必线性相关.

证 给定任意 m 个 n 维向量 $\boldsymbol{\alpha}_1,\boldsymbol{\alpha}_2,\cdots,\boldsymbol{\alpha}_m(m>n)$,由于以它们为列向量组的矩阵是 $n\times m$ 矩阵,其秩必不超过 m,因此由定理 5 可知,$\boldsymbol{\alpha}_1,\boldsymbol{\alpha}_2,\cdots,\boldsymbol{\alpha}_m$ 必线性相关.

推论 2 设以 n 维向量 $\boldsymbol{\alpha}_1,\boldsymbol{\alpha}_2,\cdots,\boldsymbol{\alpha}_n$ 为列向量组的矩阵为 $\boldsymbol{A}$,则向量组 $\boldsymbol{\alpha}_1,\boldsymbol{\alpha}_2,\cdots,\boldsymbol{\alpha}_n$ 线性相关当且仅当 $|\boldsymbol{A}|=0$,向量组 $\boldsymbol{\alpha}_1,\boldsymbol{\alpha}_2,\cdots,\boldsymbol{\alpha}_n$ 线性无关当且仅当 $|\boldsymbol{A}|\neq 0$.

证 给定 n 个 n 维向量 $\boldsymbol{\alpha}_1,\boldsymbol{\alpha}_2,\cdots,\boldsymbol{\alpha}_n$,以它们为列向量组的 n 阶方阵为 $\boldsymbol{A}$,由定理 5 知,向量组 $\boldsymbol{\alpha}_1,\boldsymbol{\alpha}_2,\cdots,\boldsymbol{\alpha}_n$ 线性相关当且仅当 $\boldsymbol{A}$ 的秩小于 n,而 $\boldsymbol{A}$ 的秩小于 n 当且仅当 $|\boldsymbol{A}|=0$,从而得证.

由于 n 阶方阵 $\boldsymbol{A}$ 可逆的充要条件是 $|\boldsymbol{A}|\neq 0$,因此可得以下推论.

推论 3 设以 n 维向量 $\boldsymbol{\alpha}_1,\boldsymbol{\alpha}_2,\cdots,\boldsymbol{\alpha}_n$ 为列向量组的矩阵为 $\boldsymbol{A}$,则向量组 $\boldsymbol{\alpha}_1,\boldsymbol{\alpha}_2,\cdots,\boldsymbol{\alpha}_n$ 线性无关当且仅当 $\boldsymbol{A}$ 可逆.

利用矩阵的秩判别(证明) 向量组的线性相关性十分方便.

以例 1 中的向量组 $\boldsymbol{\alpha}_1=\begin{pmatrix}1\\1\\1\end{pmatrix},\boldsymbol{\alpha}_2=\begin{pmatrix}0\\2\\5\end{pmatrix},\boldsymbol{\alpha}_3=\begin{pmatrix}2\\4\\7\end{pmatrix}$ 为列作一个矩阵,再对其施行初等行变换得

$$\boldsymbol{A}=\begin{pmatrix}1&0&2\\1&2&4\\1&5&7\end{pmatrix}\xrightarrow{\text{初等行变换}}\begin{pmatrix}1&0&2\\0&2&2\\0&0&0\end{pmatrix}.$$

因为 $R(\boldsymbol{A})=2<3$,所以向量组 $\boldsymbol{\alpha}_1,\boldsymbol{\alpha}_2,\boldsymbol{\alpha}_3$ 线性相关.

例 3 设 a 为任意实数,证明:向量组

$$\boldsymbol{\alpha}_1=(a,a,a,a)^{\mathrm{T}},\quad \boldsymbol{\alpha}_2=(a,a+1,a+2,a+3)^{\mathrm{T}},\quad \boldsymbol{\alpha}_3=(a,2a,3a,4a)^{\mathrm{T}}$$

线性相关.

证 以向量组 $\boldsymbol{\alpha}_1,\boldsymbol{\alpha}_2,\boldsymbol{\alpha}_3$ 为列作矩阵 $\boldsymbol{A}$,再对其施行初等行变换得

$$\boldsymbol{A}=\begin{pmatrix} a & a & a \\ a & a+1 & 2a \\ a & a+2 & 3a \\ a & a+3 & 4a \end{pmatrix} \xrightarrow{\text{初等行变换}} \begin{pmatrix} a & a & a \\ 0 & 1 & a \\ 0 & 0 & 0 \\ 0 & 0 & 0 \end{pmatrix}.$$

因为 $R(\boldsymbol{A})=2<3$,所以向量组 $\boldsymbol{\alpha}_1,\boldsymbol{\alpha}_2,\boldsymbol{\alpha}_3$ 线性相关.

微课视频

§3.3 向量组的秩

单个向量可以由向量组线性表示,向量组也可以由向量组线性表示,进而可以给出向量组的等价和极大无关组的概念.

一、向量组的等价

下面先给出向量组等价的概念.

定义 1 给定两个向量组

$$\text{Ⅰ}:\boldsymbol{\alpha}_1,\boldsymbol{\alpha}_2,\cdots,\boldsymbol{\alpha}_r;\quad \text{Ⅱ}:\boldsymbol{\beta}_1,\boldsymbol{\beta}_2,\cdots,\boldsymbol{\beta}_s,$$

如果向量组 Ⅰ 中的每个向量都可由向量组 Ⅱ 线性表示,则称向量组 Ⅰ 可由向量组 Ⅱ **线性表示**;如果向量组 Ⅰ,Ⅱ 可互相线性表示,则称向量组 Ⅰ 与向量组 Ⅱ **等价**.

与矩阵的等价类似,向量组的等价也具有三个性质.

(1) 反身性:每个向量组与自身等价.

(2) 对称性:如果向量组 Ⅰ 与 Ⅱ 等价,那么向量组 Ⅱ 与 Ⅰ 等价.

(3) 传递性:如果向量组 Ⅰ 与 Ⅱ 等价,向量组 Ⅱ 与 Ⅲ 等价,那么向量组 Ⅰ 与 Ⅲ 等价.

设向量组 $\boldsymbol{\alpha}_1,\boldsymbol{\alpha}_2,\cdots,\boldsymbol{\alpha}_r$ 可由向量组 $\boldsymbol{\beta}_1,\boldsymbol{\beta}_2,\cdots,\boldsymbol{\beta}_s$ 线性表示,可令

$$\boldsymbol{\alpha}_i=\sum_{j=1}^{s}k_{ji}\boldsymbol{\beta}_j\quad (i=1,2,\cdots,r),$$

即

$$\boldsymbol{\alpha}_i=(\boldsymbol{\beta}_1,\boldsymbol{\beta}_2,\cdots,\boldsymbol{\beta}_s)\begin{pmatrix} k_{1i} \\ k_{2i} \\ \vdots \\ k_{si} \end{pmatrix}\quad (i=1,2,\cdots,r),$$

从而

$$(\boldsymbol{\alpha}_1,\boldsymbol{\alpha}_2,\cdots,\boldsymbol{\alpha}_r)=(\boldsymbol{\beta}_1,\boldsymbol{\beta}_2,\cdots,\boldsymbol{\beta}_s)\begin{pmatrix} k_{11} & k_{12} & \cdots & k_{1r} \\ k_{21} & k_{22} & \cdots & k_{2r} \\ \vdots & \vdots & & \vdots \\ k_{s1} & k_{s2} & \cdots & k_{sr} \end{pmatrix}.$$

称矩阵

$$K=\begin{pmatrix} k_{11} & k_{12} & \cdots & k_{1r} \\ k_{21} & k_{22} & \cdots & k_{2r} \\ \vdots & \vdots & & \vdots \\ k_{s1} & k_{s2} & \cdots & k_{sr} \end{pmatrix}$$

为这一线性表示的**系数矩阵**.

定理 1 **如果向量组 $\boldsymbol{\alpha}_1,\boldsymbol{\alpha}_2,\cdots,\boldsymbol{\alpha}_r$ 可由向量组 $\boldsymbol{\beta}_1,\boldsymbol{\beta}_2,\cdots,\boldsymbol{\beta}_s$ 线性表示,且 $r>s$,那么向量组 $\boldsymbol{\alpha}_1,\boldsymbol{\alpha}_2,\cdots,\boldsymbol{\alpha}_r$ 线性相关.**

证 设 $\boldsymbol{A}$ 是以向量组 $\boldsymbol{\alpha}_1,\boldsymbol{\alpha}_2,\cdots,\boldsymbol{\alpha}_r$ 为列向量组的矩阵,$\boldsymbol{B}$ 是以向量组 $\boldsymbol{\beta}_1,\boldsymbol{\beta}_2,\cdots,\boldsymbol{\beta}_s$ 为列向量组的矩阵,$\boldsymbol{K}$ 是该线性表示的系数矩阵,则 $\boldsymbol{A}=\boldsymbol{BK}$. 设

$$x_1\boldsymbol{\alpha}_1+x_2\boldsymbol{\alpha}_2+\cdots+x_r\boldsymbol{\alpha}_r=\boldsymbol{0},$$

即

$$\boldsymbol{A}\begin{pmatrix} x_1 \\ x_2 \\ \vdots \\ x_r \end{pmatrix}=\boldsymbol{BK}\begin{pmatrix} x_1 \\ x_2 \\ \vdots \\ x_r \end{pmatrix}=\boldsymbol{0},$$

其中 $\boldsymbol{K}$ 是 $s\times r$ 矩阵. 因为 $r>s$,所以由线性方程组的有解判别定理可知,含 s 个方程、r 个未知量的线性方程组

$$\boldsymbol{K}\begin{pmatrix} x_1 \\ x_2 \\ \vdots \\ x_r \end{pmatrix}=\boldsymbol{0}$$

必有非零解,从而 $\boldsymbol{\alpha}_1,\boldsymbol{\alpha}_2,\cdots,\boldsymbol{\alpha}_r$ 线性相关.

推论 1 如果向量组 $\boldsymbol{\alpha}_1,\boldsymbol{\alpha}_2,\cdots,\boldsymbol{\alpha}_r$ 线性无关,且向量组 $\boldsymbol{\alpha}_1,\boldsymbol{\alpha}_2,\cdots,\boldsymbol{\alpha}_r$ 可由向量组 $\boldsymbol{\beta}_1,\boldsymbol{\beta}_2,\cdots,\boldsymbol{\beta}_s$ 线性表示,那么 $r\leqslant s$.

二、极大无关组

在一个向量组中,我们能否选取其中尽可能少的向量,使其他向量都可以由这些向量来线性表示呢?

定义 2 设 $\boldsymbol{\alpha}_{i_1},\boldsymbol{\alpha}_{i_2},\cdots,\boldsymbol{\alpha}_{i_r}$ 是向量组 $\boldsymbol{\alpha}_1,\boldsymbol{\alpha}_2,\cdots,\boldsymbol{\alpha}_s$ 的部分组,如果

(1) 向量组 $\boldsymbol{\alpha}_{i_1},\boldsymbol{\alpha}_{i_2},\cdots,\boldsymbol{\alpha}_{i_r}$ 线性无关,

(2) 向量组 $\boldsymbol{\alpha}_1,\boldsymbol{\alpha}_2,\cdots,\boldsymbol{\alpha}_s$ 中任意 $r+1$ 个向量(如果有的话) 构成的向量组总是线性相关的,

则称向量组 $\boldsymbol{\alpha}_{i_1},\boldsymbol{\alpha}_{i_2},\cdots,\boldsymbol{\alpha}_{i_r}$ 是向量组 $\boldsymbol{\alpha}_1,\boldsymbol{\alpha}_2,\cdots,\boldsymbol{\alpha}_s$ 的**极大无关组**.

显然,线性无关的向量组的极大无关组就是它自身;只含零向量的向量组没有极大无关组.

例 1 已知向量组 $\boldsymbol{\alpha}_1=(2,-1,3,1)^{\mathrm{T}},\boldsymbol{\alpha}_2=(4,-2,5,4)^{\mathrm{T}},\boldsymbol{\alpha}_3=(2,-1,2,3)^{\mathrm{T}}$,容易验证 $\boldsymbol{\alpha}_1,\boldsymbol{\alpha}_2$ 线性无关,$\boldsymbol{\alpha}_1,\boldsymbol{\alpha}_2,\boldsymbol{\alpha}_3$ 线性相关,所以 $\boldsymbol{\alpha}_1,\boldsymbol{\alpha}_2$ 是该向量组的极大无关组. 同理可验证,$\boldsymbol{\alpha}_1,\boldsymbol{\alpha}_3$ 和 $\boldsymbol{\alpha}_2,\boldsymbol{\alpha}_3$ 也都是该向量组的极大无关组.

例 2 用 $\mathbf{R}^n$ 表示全体 n 维实向量的集合，称为 n **维向量空间**. 证明：

$$\boldsymbol{\varepsilon}_1=(1,0,\cdots,0)^{\mathrm{T}},\quad \boldsymbol{\varepsilon}_2=(0,1,\cdots,0)^{\mathrm{T}},\quad \cdots,\quad \boldsymbol{\varepsilon}_n=(0,0,\cdots,1)^{\mathrm{T}}$$

是 $\mathbf{R}^n$ 的一个极大无关组.

证 因为向量组 $\boldsymbol{\varepsilon}_1=(1,0,\cdots,0)^{\mathrm{T}},\boldsymbol{\varepsilon}_2=(0,1,\cdots,0)^{\mathrm{T}},\cdots,\boldsymbol{\varepsilon}_n=(0,0,\cdots,1)^{\mathrm{T}}$ 线性无关，且由 §3.2 推论 1 知，$\mathbf{R}^n$ 中任意 $n+1$ 个向量线性相关，所以 $\boldsymbol{\varepsilon}_1,\boldsymbol{\varepsilon}_2,\cdots,\boldsymbol{\varepsilon}_n$ 是 $\mathbf{R}^n$ 的一个极大无关组.

n 维向量空间 $\mathbf{R}^n$ 的极大无关组称为 $\mathbf{R}^n$ 的一个**基**，所以 $\boldsymbol{\varepsilon}_1,\boldsymbol{\varepsilon}_2,\cdots,\boldsymbol{\varepsilon}_n$ 是 $\mathbf{R}^n$ 的一个基. 可以发现，$\mathbf{R}^n$ 的任意一个线性无关的部分组都可以扩充为 $\mathbf{R}^n$ 的一个基.

下面给出极大无关组的一个等价命题.

定理 2 **向量组 $\boldsymbol{\alpha}_1,\boldsymbol{\alpha}_2,\cdots,\boldsymbol{\alpha}_m$ 的一个部分组 $\boldsymbol{\alpha}_{i_1},\boldsymbol{\alpha}_{i_2},\cdots,\boldsymbol{\alpha}_{i_r}$ 是极大无关组当且仅当以下条件成立：**

(1) **向量组 $\boldsymbol{\alpha}_{i_1},\boldsymbol{\alpha}_{i_2},\cdots,\boldsymbol{\alpha}_{i_r}$ 线性无关；**

(2) **向量组中任一向量 $\boldsymbol{\alpha}_i$ 可由向量组 $\boldsymbol{\alpha}_{i_1},\boldsymbol{\alpha}_{i_2},\cdots,\boldsymbol{\alpha}_{i_r}$ 线性表示.**

证 设 $\boldsymbol{\alpha}_{i_1},\boldsymbol{\alpha}_{i_2},\cdots,\boldsymbol{\alpha}_{i_r}$ 是该向量组的极大无关组，那么条件(1)显然成立. 设 $\boldsymbol{\alpha}_i$ 为该向量组中的任一向量，由极大无关组的定义可知 $\boldsymbol{\alpha}_{i_1},\boldsymbol{\alpha}_{i_2},\cdots,\boldsymbol{\alpha}_{i_r},\boldsymbol{\alpha}_i$ 线性相关，但 $\boldsymbol{\alpha}_{i_1},\boldsymbol{\alpha}_{i_2},\cdots,\boldsymbol{\alpha}_{i_r}$ 线性无关，由 §3.2 定理 2 知，向量 $\boldsymbol{\alpha}_i$ 可由向量组 $\boldsymbol{\alpha}_{i_1},\boldsymbol{\alpha}_{i_2},\cdots,\boldsymbol{\alpha}_{i_r}$ 线性表示.

反之，如果条件(1)，(2)成立，设 $\boldsymbol{\beta}_1,\boldsymbol{\beta}_2,\cdots,\boldsymbol{\beta}_{r+1}$ 是该向量组中任意 $r+1$ 个向量，则它们必可由向量组 $\boldsymbol{\alpha}_{i_1},\boldsymbol{\alpha}_{i_2},\cdots,\boldsymbol{\alpha}_{i_r}$ 线性表示. 因为 $r+1>r$，由定理 1 可知，$\boldsymbol{\beta}_1,\boldsymbol{\beta}_2,\cdots,\boldsymbol{\beta}_{r+1}$ 线性相关，所以 $\boldsymbol{\alpha}_{i_1},\boldsymbol{\alpha}_{i_2},\cdots,\boldsymbol{\alpha}_{i_r}$ 是该向量组的极大无关组.

推论 2 向量组与它的极大无关组必然等价. 同一个向量组的两个极大无关组也等价.

定理 3 **一个向量组的极大无关组所含向量的个数相同.**

证 设 $\boldsymbol{\alpha}_1,\boldsymbol{\alpha}_2,\cdots,\boldsymbol{\alpha}_r$ 和 $\boldsymbol{\beta}_1,\boldsymbol{\beta}_2,\cdots,\boldsymbol{\beta}_s$ 是同一个向量组的两个极大无关组，那么这两个极大无关组必然等价. 由于向量组 $\boldsymbol{\alpha}_1,\boldsymbol{\alpha}_2,\cdots,\boldsymbol{\alpha}_r$ 可由向量组 $\boldsymbol{\beta}_1,\boldsymbol{\beta}_2,\cdots,\boldsymbol{\beta}_s$ 线性表示，并且 $\boldsymbol{\alpha}_1,\boldsymbol{\alpha}_2,\cdots,\boldsymbol{\alpha}_r$ 线性无关，因此由推论 1 知，$r\leqslant s$. 同理可得 $s\leqslant r$. 故 $r=s$.

三、向量组的秩

尽管向量组的极大无关组不具有唯一性，但极大无关组所含向量的个数相同，由此引入下列定义.

定义 3 向量组 $\boldsymbol{\alpha}_1,\boldsymbol{\alpha}_2,\cdots,\boldsymbol{\alpha}_m$ 的极大无关组所含向量的个数叫作该向量组的**秩**，记为 $R(\boldsymbol{\alpha}_1,\boldsymbol{\alpha}_2,\cdots,\boldsymbol{\alpha}_m)$.

规定仅由零向量组成的向量组的秩为 0. 线性无关向量组的秩等于其所含向量的个数.

例 1 中向量组 $\boldsymbol{\alpha}_1,\boldsymbol{\alpha}_2,\boldsymbol{\alpha}_3$ 的秩为 2，例 2 中向量组 $\boldsymbol{\varepsilon}_1,\boldsymbol{\varepsilon}_2,\cdots,\boldsymbol{\varepsilon}_n$ 的秩为 n.

定理 4 **如果向量组 $\boldsymbol{\alpha}_1,\boldsymbol{\alpha}_2,\cdots,\boldsymbol{\alpha}_m$ 的秩为 r，那么 $\boldsymbol{\alpha}_1,\boldsymbol{\alpha}_2,\cdots,\boldsymbol{\alpha}_m$ 中任意 r 个线性无关的向量都是它的极大无关组.**

证 不妨设向量组 $\boldsymbol{\alpha}_1,\boldsymbol{\alpha}_2,\cdots,\boldsymbol{\alpha}_m$ 的部分组 $\boldsymbol{\alpha}_{i_1},\boldsymbol{\alpha}_{i_2},\cdots,\boldsymbol{\alpha}_{i_r}$ $(r\leqslant m)$ 线性无关. 任取向量组 $\boldsymbol{\alpha}_1,\boldsymbol{\alpha}_2,\cdots,\boldsymbol{\alpha}_m$ 中的一个向量 $\boldsymbol{\alpha}_i$ $(i=1,2,\cdots,m)$，由于向量组 $\boldsymbol{\alpha}_1,\boldsymbol{\alpha}_2,\cdots,\boldsymbol{\alpha}_m$ 的秩为 r，从而 $\boldsymbol{\alpha}_{i_1},\boldsymbol{\alpha}_{i_2},\cdots,\boldsymbol{\alpha}_{i_r},\boldsymbol{\alpha}_i$ 线性相关，因此向量 $\boldsymbol{\alpha}_i$ 可由向量组 $\boldsymbol{\alpha}_{i_1},\boldsymbol{\alpha}_{i_2},\cdots,\boldsymbol{\alpha}_{i_r}$ 线性表示. 于是，

$\boldsymbol{\alpha}_{i_1},\boldsymbol{\alpha}_{i_2},\cdots,\boldsymbol{\alpha}_{i_r}$ 是向量组 $\boldsymbol{\alpha}_1,\boldsymbol{\alpha}_2,\cdots,\boldsymbol{\alpha}_m$ 的极大无关组.

下面讨论矩阵的秩与向量组的秩之间的关系.

给定一个 $m\times n$ 矩阵

$$\boldsymbol{A}=\begin{pmatrix} a_{11} & a_{12} & \cdots & a_{1n} \\ a_{21} & a_{22} & \cdots & a_{2n} \\ \vdots & \vdots & & \vdots \\ a_{m1} & a_{m2} & \cdots & a_{mn} \end{pmatrix},$$

它有 n 个 m 维列向量

$$\begin{pmatrix} a_{1j} \\ a_{2j} \\ \vdots \\ a_{mj} \end{pmatrix} \quad (j=1,2,\cdots,n),$$

也有 m 个 n 维行向量

$$(a_{i1},a_{i2},\cdots,a_{in}) \quad (i=1,2,\cdots,m).$$

定理 5 **矩阵 $\boldsymbol{A}$ 的秩等于它的列向量组的秩,也等于它的行向量组的秩.**

证 设 $m\times n$ 矩阵 $\boldsymbol{A}$ 的秩为 r,$\boldsymbol{\alpha}_1,\boldsymbol{\alpha}_2,\cdots,\boldsymbol{\alpha}_n$ 为 $\boldsymbol{A}$ 的列向量组,并设 D_r 为 $\boldsymbol{A}$ 中不等于 0 的 r 阶子式,且 D_r 的列向量是由 $\boldsymbol{A}$ 的 r 个列向量(不妨设为 $\boldsymbol{\alpha}_{i_1},\boldsymbol{\alpha}_{i_2},\cdots,\boldsymbol{\alpha}_{i_r}$)的部分分量组成的. 设矩阵 $\boldsymbol{A}_1=(\boldsymbol{\alpha}_{i_1},\boldsymbol{\alpha}_{i_2},\cdots,\boldsymbol{\alpha}_{i_r})$,显然 D_r 也是 $\boldsymbol{A}_1$ 的最高阶非零子式,故 $R(\boldsymbol{A}_1)=r$,由 §3.2 定理 5 可知向量组 $\boldsymbol{\alpha}_{i_1},\boldsymbol{\alpha}_{i_2},\cdots,\boldsymbol{\alpha}_{i_r}$ 线性无关. 由于矩阵 $\boldsymbol{A}$ 的秩为 r,即 $\boldsymbol{A}$ 中任意 $r+1$ 阶子式全为 0,因此 $\boldsymbol{A}$ 中任意 $r+1$ 个列向量线性相关. 由极大无关组的定义知,$\boldsymbol{\alpha}_{i_1},\boldsymbol{\alpha}_{i_2},\cdots,\boldsymbol{\alpha}_{i_r}$ 必是向量组 $\boldsymbol{\alpha}_1,\boldsymbol{\alpha}_2,\cdots,\boldsymbol{\alpha}_n$ 的极大无关组,即 $\boldsymbol{A}$ 的列向量组的秩为 r.

同理可证,矩阵 $\boldsymbol{A}$ 的行向量组的秩也是 r.

四、向量组的秩和极大无关组的求法

利用定理 5 可以求出向量组的秩和极大无关组.

给定向量组 $\boldsymbol{\alpha}_1,\boldsymbol{\alpha}_2,\cdots,\boldsymbol{\alpha}_m$,以它为列向量组的矩阵为

$$\boldsymbol{A}=(\boldsymbol{\alpha}_1,\boldsymbol{\alpha}_2,\cdots,\boldsymbol{\alpha}_m).$$

对矩阵 $\boldsymbol{A}$ 施行初等行变换将其化为行阶梯形矩阵:

$$\boldsymbol{A}\xrightarrow{\text{初等行变换}}\begin{pmatrix} c_{11} & c_{12} & \cdots & c_{1r} & c_{1,r+1} & \cdots & c_{1m} \\ 0 & c_{22} & \cdots & c_{2r} & c_{2,r+1} & \cdots & c_{2m} \\ \vdots & \vdots & & \vdots & \vdots & & \vdots \\ 0 & 0 & \cdots & c_{rr} & c_{r,r+1} & \cdots & c_{rm} \\ 0 & 0 & \cdots & 0 & 0 & \cdots & 0 \\ \vdots & \vdots & & \vdots & \vdots & & \vdots \\ 0 & 0 & \cdots & 0 & 0 & \cdots & 0 \end{pmatrix}=\boldsymbol{B},$$

微课视频

其中 $c_{11},c_{22},\cdots,c_{rr}$ 全不为 0. 在矩阵 $\boldsymbol{B}$ 中选取所有非零行的非零首元在 $\boldsymbol{A}$ 中所对应的列(这里是 $\boldsymbol{\alpha}_1,\boldsymbol{\alpha}_2,\cdots,\boldsymbol{\alpha}_r$)作矩阵 $\boldsymbol{C}$,则有

$$\boldsymbol{C}\xrightarrow{\text{初等行变换}}\begin{pmatrix} c_{11} & c_{12} & \cdots & c_{1r} \\ 0 & c_{22} & \cdots & c_{2r} \\ \vdots & \vdots & & \vdots \\ 0 & 0 & \cdots & c_{rr} \\ 0 & 0 & \cdots & 0 \\ \vdots & \vdots & & \vdots \\ 0 & 0 & \cdots & 0 \end{pmatrix}=\boldsymbol{D}.$$

显然，$R(\boldsymbol{A})=R(\boldsymbol{B})=r$，$R(\boldsymbol{C})=R(\boldsymbol{D})=r$，于是矩阵$\boldsymbol{C}$的列向量组$\boldsymbol{\alpha}_1,\boldsymbol{\alpha}_2,\cdots,\boldsymbol{\alpha}_r$线性无关. 又$R(\boldsymbol{A})=r$，由定理5知向量组$\boldsymbol{\alpha}_1,\boldsymbol{\alpha}_2,\cdots,\boldsymbol{\alpha}_m$的秩为$r$，进而由定理4知$\boldsymbol{\alpha}_1,\boldsymbol{\alpha}_2,\cdots,\boldsymbol{\alpha}_r$是向量组$\boldsymbol{\alpha}_1,\boldsymbol{\alpha}_2,\cdots,\boldsymbol{\alpha}_m$的极大无关组.

以上过程给出了求向量组的极大无关组和秩的方法.

例 3 设向量组$\boldsymbol{\alpha}_1=(2,1,4,3)^{\mathrm{T}}$，$\boldsymbol{\alpha}_2=(-1,1,-6,6)^{\mathrm{T}}$，$\boldsymbol{\alpha}_3=(1,2,-2,9)^{\mathrm{T}}$，$\boldsymbol{\alpha}_4=(2,4,4,9)^{\mathrm{T}}$，$\boldsymbol{\alpha}_5=(1,1,-2,7)^{\mathrm{T}}$，求该向量组的秩和一个极大无关组.

解 以$\boldsymbol{\alpha}_1,\boldsymbol{\alpha}_2,\boldsymbol{\alpha}_3,\boldsymbol{\alpha}_4,\boldsymbol{\alpha}_5$为列向量组构造一个矩阵，并对该矩阵施行初等行变换将其化为行阶梯形矩阵：

课程思政

$$\boldsymbol{A}=\begin{pmatrix} 2 & -1 & 1 & 2 & 1 \\ 1 & 1 & 2 & 4 & 1 \\ 4 & -6 & -2 & 4 & -2 \\ 3 & 6 & 9 & 9 & 7 \end{pmatrix}\xrightarrow{\text{初等行变换}}\begin{pmatrix} 1 & 1 & 2 & 4 & 1 \\ 0 & 1 & 1 & -6 & 3 \\ 0 & 0 & 0 & -3 & 1 \\ 0 & 0 & 0 & 0 & 0 \end{pmatrix}.$$

故矩阵$\boldsymbol{A}$的秩为3，即向量组$\boldsymbol{\alpha}_1,\boldsymbol{\alpha}_2,\boldsymbol{\alpha}_3,\boldsymbol{\alpha}_4,\boldsymbol{\alpha}_5$的秩为3，$\boldsymbol{\alpha}_1,\boldsymbol{\alpha}_2,\boldsymbol{\alpha}_4$是该向量组的一个极大无关组.

例 4 求矩阵

$$\boldsymbol{A}=\begin{pmatrix} 1 & -1 & 2 & 1 & 0 \\ 2 & -2 & 4 & -2 & 0 \\ 3 & 0 & 6 & -1 & 1 \\ 0 & 3 & 0 & 0 & 1 \end{pmatrix}$$

的行向量组的一个极大无关组和秩.

解 把$\boldsymbol{A}$转置，再施行初等行变换将其化为行阶梯形矩阵：

$$\boldsymbol{A}^{\mathrm{T}}=\begin{pmatrix} 1 & 2 & 3 & 0 \\ -1 & -2 & 0 & 3 \\ 2 & 4 & 6 & 0 \\ 1 & -2 & -1 & 0 \\ 0 & 0 & 1 & 1 \end{pmatrix}\xrightarrow{\text{初等行变换}}\begin{pmatrix} 1 & 2 & 3 & 0 \\ 0 & 1 & 1 & 0 \\ 0 & 0 & 1 & 1 \\ 0 & 0 & 0 & 0 \\ 0 & 0 & 0 & 0 \end{pmatrix}.$$

故$\boldsymbol{\alpha}_1^{\mathrm{T}}=(1,-1,2,1,0)$，$\boldsymbol{\alpha}_2^{\mathrm{T}}=(2,-2,4,-2,0)$，$\boldsymbol{\alpha}_3^{\mathrm{T}}=(3,0,6,-1,1)$是矩阵$\boldsymbol{A}$的行向量组的一个极大无关组，其秩为3.

一般地，欲求向量组$\boldsymbol{\alpha}_1,\boldsymbol{\alpha}_2,\cdots,\boldsymbol{\alpha}_m$的极大无关组，先以该向量组为列向量组构造一个矩阵$\boldsymbol{A}$，再对$\boldsymbol{A}$施行初等行变换将其化为行阶梯形矩阵，然后找出每个非零行的非零首元所对应的列向量，它们就组成了该向量组的一个极大无关组.

§3.4 线性方程组解的性质与结构

我们知道，n 元 m 式非齐次线性方程组

$$\begin{cases} a_{11}x_1+a_{12}x_2+\cdots+a_{1n}x_n=b_1, \\ a_{21}x_1+a_{22}x_2+\cdots+a_{2n}x_n=b_2, \\ \cdots\cdots \\ a_{m1}x_1+a_{m2}x_2+\cdots+a_{mn}x_n=b_m \end{cases} \tag{3.4}$$

可以写成矩阵形式

$$\boldsymbol{A}\boldsymbol{x}=\boldsymbol{b},$$

其中

$$\boldsymbol{A}=\begin{pmatrix} a_{11} & a_{12} & \cdots & a_{1n} \\ a_{21} & a_{22} & \cdots & a_{2n} \\ \vdots & \vdots & & \vdots \\ a_{m1} & a_{m2} & \cdots & a_{mn} \end{pmatrix}, \quad \boldsymbol{x}=\begin{pmatrix} x_1 \\ x_2 \\ \vdots \\ x_n \end{pmatrix}, \quad \boldsymbol{b}=\begin{pmatrix} b_1 \\ b_2 \\ \vdots \\ b_m \end{pmatrix}.$$

若令矩阵 $\boldsymbol{A}$ 的列向量为 $\boldsymbol{\alpha}_1,\boldsymbol{\alpha}_2,\cdots,\boldsymbol{\alpha}_n$，那么方程组(3.4)又可表示成向量形式

$$x_1\boldsymbol{\alpha}_1+x_2\boldsymbol{\alpha}_2+\cdots+x_n\boldsymbol{\alpha}_n=\boldsymbol{b}.$$

方程组(3.4)是否有解就等价于向量 $\boldsymbol{b}$ 是否可由向量组 $\boldsymbol{\alpha}_1,\boldsymbol{\alpha}_2,\cdots,\boldsymbol{\alpha}_n$ 线性表示.

一、齐次线性方程组

在方程组(3.4)中，把常数项全取为0后得到的齐次线性方程组

$$\begin{cases} a_{11}x_1+a_{12}x_2+\cdots+a_{1n}x_n=0, \\ a_{21}x_1+a_{22}x_2+\cdots+a_{2n}x_n=0, \\ \cdots\cdots \\ a_{m1}x_1+a_{m2}x_2+\cdots+a_{mn}x_n=0 \end{cases} \tag{3.5}$$

称为方程组(3.4)的**导出组**.

显然，齐次线性方程组由系数矩阵唯一决定，且零向量必是它的解. 所以，齐次线性方程组的解可分为只有零解和有非零解两种情况. 由线性方程组的有解判别定理可得下述定理.

定理 1 **设 n 元 m 式齐次线性方程组(3.5)的系数矩阵为 $\boldsymbol{A}$，那么该方程组有非零解的充要条件是 $R(\boldsymbol{A})<n$.**

推论 1 设 n 元 n 式齐次线性方程组的系数矩阵为 $\boldsymbol{A}$，那么该方程组有非零解的充要条件是 $|\boldsymbol{A}|=0$.

推论 2 如果 $m<n$，那么 n 元 m 式齐次线性方程组必有非零解.

下面给出齐次线性方程组解的性质.

性质 1 方程组(3.5)的任意两个解的和仍是它的解.

证 设 $\boldsymbol{\xi}_1,\boldsymbol{\xi}_2$ 是方程组(3.5)的解,即

$$\boldsymbol{A}\boldsymbol{\xi}_1=\boldsymbol{0},\quad \boldsymbol{A}\boldsymbol{\xi}_2=\boldsymbol{0},$$

那么

$$\boldsymbol{A}(\boldsymbol{\xi}_1+\boldsymbol{\xi}_2)=\boldsymbol{A}\boldsymbol{\xi}_1+\boldsymbol{A}\boldsymbol{\xi}_2=\boldsymbol{0},$$

从而 $\boldsymbol{\xi}_1+\boldsymbol{\xi}_2$ 仍是它的解.

性质 2 方程组(3.5)的任意一个解与任意常数的数量乘积仍是它的解.

证 设 $\boldsymbol{\xi}$ 是方程组(3.5)的解,即 $\boldsymbol{A}\boldsymbol{\xi}=\boldsymbol{0}$. 取 k 为任意常数,那么

$$\boldsymbol{A}(k\boldsymbol{\xi})=k\boldsymbol{A}\boldsymbol{\xi}=\boldsymbol{0},$$

从而 $k\boldsymbol{\xi}$ 仍是它的解.

由性质 1 和性质 2 可知,方程组(3.5)的任意一组解的任意线性组合仍是它的解. 于是,我们希望在方程组(3.5)的全部解中找出尽可能少的解,并能用这些解把所有解表示出来.

定义 1 设 $\boldsymbol{\xi}_1,\boldsymbol{\xi}_2,\cdots,\boldsymbol{\xi}_s$ 是方程组(3.5)的一组解,且满足:

微课视频

(1) $\boldsymbol{\xi}_1,\boldsymbol{\xi}_2,\cdots,\boldsymbol{\xi}_s$ 线性无关,

(2) 方程组(3.5)的任意一个解都可由 $\boldsymbol{\xi}_1,\boldsymbol{\xi}_2,\cdots,\boldsymbol{\xi}_s$ 线性表示,

则称 $\boldsymbol{\xi}_1,\boldsymbol{\xi}_2,\cdots,\boldsymbol{\xi}_s$ 是方程组(3.5)的一个**基础解系**.

显然,齐次线性方程组的一个基础解系就是全部解的一个极大无关组. 另外,只要得到方程组(3.5)的基础解系 $\boldsymbol{\xi}_1,\boldsymbol{\xi}_2,\cdots,\boldsymbol{\xi}_s$,那么方程组(3.5)的任意解 $\boldsymbol{\xi}$ 可以表示成

$$\boldsymbol{\xi}=k_1\boldsymbol{\xi}_1+k_2\boldsymbol{\xi}_2+\cdots+k_s\boldsymbol{\xi}_s\quad(k_1,k_2,\cdots,k_s\text{ 为任意常数}),$$

称之为齐次线性方程组(3.5)的**通解**.

定理 2 **如果 n 元 m 式齐次线性方程组(3.5)的系数矩阵 $\boldsymbol{A}$ 的秩 $r<n$,那么它的基础解系一定存在,且必含 $n-r$ 个向量.**

证 对矩阵 $\boldsymbol{A}$ 施行初等行变换将其化为行最简形矩阵,由于 $R(\boldsymbol{A})=r$,不妨设

课程思政

$$\boldsymbol{A}\xrightarrow{\text{初等行变换}}\begin{pmatrix}1&0&\cdots&0&b_{11}&b_{12}&\cdots&b_{1,n-r}\\0&1&\cdots&0&b_{21}&b_{22}&\cdots&b_{2,n-r}\\\vdots&\vdots&&\vdots&\vdots&\vdots&&\vdots\\0&0&\cdots&1&b_{r1}&b_{r2}&\cdots&b_{r,n-r}\\0&0&\cdots&0&0&0&\cdots&0\\\vdots&\vdots&&\vdots&\vdots&\vdots&&\vdots\\0&0&\cdots&0&0&0&\cdots&0\end{pmatrix}.$$

由于 $r<n$,因此方程组(3.5)必有无穷多解,且一般解为

$$\begin{cases}x_1=-b_{11}x_{r+1}-b_{12}x_{r+2}-\cdots-b_{1,n-r}x_n,\\x_2=-b_{21}x_{r+1}-b_{22}x_{r+2}-\cdots-b_{2,n-r}x_n,\\\quad\cdots\cdots\\x_r=-b_{r1}x_{r+1}-b_{r2}x_{r+2}-\cdots-b_{r,n-r}x_n,\end{cases}$$

其中 $x_{r+1},x_{r+2},\cdots,x_n$ 为自由未知量.

分别取 $(x_{r+1},x_{r+2},\cdots,x_n)^{\mathrm{T}}$ 为 $(1,0,\cdots,0)^{\mathrm{T}},(0,1,\cdots,0)^{\mathrm{T}},\cdots,(0,0,\cdots,1)^{\mathrm{T}}$,对应得

到 $n-r$ 个解

$$\boldsymbol{\xi}_1=(-b_{11},-b_{21},\cdots,-b_{r1},1,0,\cdots,0)^{\mathrm{T}},$$
$$\boldsymbol{\xi}_2=(-b_{12},-b_{22},\cdots,-b_{r2},0,1,\cdots,0)^{\mathrm{T}},$$
$$\cdots\cdots$$
$$\boldsymbol{\xi}_{n-r}=(-b_{1,n-r},-b_{2,n-r},\cdots,-b_{r,n-r},0,0,\cdots,1)^{\mathrm{T}}.$$

下面证明 $\boldsymbol{\xi}_1,\boldsymbol{\xi}_2,\cdots,\boldsymbol{\xi}_{n-r}$ 是方程组(3.5)的一个基础解系.

首先,由于它们的后 $n-r$ 个分量组成的 $n-r$ 维向量组 $(1,0,\cdots,0)^{\mathrm{T}},(0,1,\cdots,0)^{\mathrm{T}},\cdots,(0,0,\cdots,1)^{\mathrm{T}}$ 线性无关,因此 $\boldsymbol{\xi}_1,\boldsymbol{\xi}_2,\cdots,\boldsymbol{\xi}_{n-r}$ 也线性无关.

其次,设 $\boldsymbol{\xi}=(k_1,k_2,\cdots,k_r,k_{r+1},\cdots,k_n)^{\mathrm{T}}$ 是方程组(3.5)的任意一个解,令 $\boldsymbol{\xi}'=k_{r+1}\boldsymbol{\xi}_1+k_{r+2}\boldsymbol{\xi}_2+\cdots+k_n\boldsymbol{\xi}_{n-r}$. 由性质1和性质2知,$\boldsymbol{\xi}'$ 也是方程组(3.5)的解. 由于 $\boldsymbol{\xi},\boldsymbol{\xi}'$ 的后 $n-r$ 个分量对应相等,而前 r 个分量都是由后 $n-r$ 个分量唯一确定的,因此 $\boldsymbol{\xi}=\boldsymbol{\xi}'$,从而 $\boldsymbol{\xi}$ 可由 $\boldsymbol{\xi}_1,\boldsymbol{\xi}_2,\cdots,\boldsymbol{\xi}_{n-r}$ 线性表示,即 $\boldsymbol{\xi}_1,\boldsymbol{\xi}_2,\cdots,\boldsymbol{\xi}_{n-r}$ 是方程组(3.5)的一个基础解系.

定理2的证明过程也给出了求齐次线性方程组的基础解系和通解的方法.

例1 求齐次线性方程组

$$\begin{cases}x_1+x_2-x_3-x_4=0,\\2x_1-5x_2+3x_3+2x_4=0,\\7x_1-7x_2+3x_3+x_4=0\end{cases}$$

的基础解系和通解.

解 对方程组的系数矩阵 $\boldsymbol{A}$ 施行初等行变换将其化为行最简形矩阵:

$$\boldsymbol{A}=\begin{pmatrix}1&1&-1&-1\\2&-5&3&2\\7&-7&3&1\end{pmatrix}\xrightarrow{\text{初等行变换}}\begin{pmatrix}1&0&-\frac{2}{7}&-\frac{3}{7}\\0&1&-\frac{5}{7}&-\frac{4}{7}\\0&0&0&0\end{pmatrix}.$$

故方程组的一般解为

$$\begin{cases}x_1=\frac{2}{7}x_3+\frac{3}{7}x_4,\\x_2=\frac{5}{7}x_3+\frac{4}{7}x_4\end{cases}\quad(x_3,x_4\text{ 为自由未知量}).$$

分别取 $(x_3,x_4)^{\mathrm{T}}$ 为 $(1,0)^{\mathrm{T}},(0,1)^{\mathrm{T}}$,得到方程组的基础解系为

$$\boldsymbol{\xi}_1=\left(\frac{2}{7},\frac{5}{7},1,0\right)^{\mathrm{T}},\quad\boldsymbol{\xi}_2=\left(\frac{3}{7},\frac{4}{7},0,1\right)^{\mathrm{T}},$$

则方程组的通解为

$$\boldsymbol{\xi}=k_1\boldsymbol{\xi}_1+k_2\boldsymbol{\xi}_2=k_1\left(\frac{2}{7},\frac{5}{7},1,0\right)^{\mathrm{T}}+k_2\left(\frac{3}{7},\frac{4}{7},0,1\right)^{\mathrm{T}}\quad(k_1,k_2\text{ 为任意常数}).$$

由例1可总结出求齐次线性方程组的基础解系和通解的步骤如下:

(1) 用消元法求齐次线性方程组的一般解;

(2) 给自由未知量分别取值$(1,0,\cdots,0)^T,(0,1,\cdots,0)^T,\cdots,(0,0,\cdots,1)^T$,代入一般解中,得到基础解系

$$\boldsymbol{\xi}_1,\boldsymbol{\xi}_2,\cdots,\boldsymbol{\xi}_{n-r},$$

其中 n 为未知量个数,r 为齐次线性方程组系数矩阵的秩;

(3) 写出齐次线性方程组的通解

$$\boldsymbol{\xi}=k_1\boldsymbol{\xi}_1+k_2\boldsymbol{\xi}_2+\cdots+k_{n-r}\boldsymbol{\xi}_{n-r}\quad(k_1,k_2,\cdots,k_{n-r}\text{ 为任意常数}).$$

二、非齐次线性方程组

接下来讨论 n 元 m 式非齐次线性方程组(3.4)的解.

性质 3 方程组(3.4)的任意两个解的差是其导出组(3.5)的解.

证 设 $\boldsymbol{\eta}_1,\boldsymbol{\eta}_2$ 是方程组(3.4)的任意两个解,即

$$\boldsymbol{A}\boldsymbol{\eta}_1=\boldsymbol{b},\quad \boldsymbol{A}\boldsymbol{\eta}_2=\boldsymbol{b},$$

那么

$$\boldsymbol{A}(\boldsymbol{\eta}_1-\boldsymbol{\eta}_2)=\boldsymbol{A}\boldsymbol{\eta}_1-\boldsymbol{A}\boldsymbol{\eta}_2=\boldsymbol{b}-\boldsymbol{b}=\boldsymbol{0},$$

从而 $\boldsymbol{\eta}_1-\boldsymbol{\eta}_2$ 是导出组(3.5)的解.

性质 4 方程组(3.4)的任意一个解与其导出组(3.5)的任意一个解的和是方程组(3.4)的解.

证 设 $\boldsymbol{\eta}$ 是方程组(3.4)的解,$\boldsymbol{\xi}$ 是其导出组(3.5)的解,即

$$\boldsymbol{A}\boldsymbol{\eta}=\boldsymbol{b},\quad \boldsymbol{A}\boldsymbol{\xi}=\boldsymbol{0},$$

那么

$$\boldsymbol{A}(\boldsymbol{\eta}+\boldsymbol{\xi})=\boldsymbol{A}\boldsymbol{\eta}+\boldsymbol{A}\boldsymbol{\xi}=\boldsymbol{b}+\boldsymbol{0}=\boldsymbol{b},$$

从而 $\boldsymbol{\eta}+\boldsymbol{\xi}$ 是方程组(3.4)的解.

定理 3 **如果 $\boldsymbol{\eta}_0$ 是方程组(3.4)的一个特解,$\boldsymbol{\xi}_1,\boldsymbol{\xi}_2,\cdots,\boldsymbol{\xi}_{n-r}$ 是其导出组(3.5)的一个基础解系,那么方程组(3.4)的任意一个解 $\boldsymbol{\eta}$ 可表示为**

$$\boldsymbol{\eta}=\boldsymbol{\eta}_0+k_1\boldsymbol{\xi}_1+k_2\boldsymbol{\xi}_2+\cdots+k_{n-r}\boldsymbol{\xi}_{n-r}\quad(k_1,k_2,\cdots,k_{n-r}\text{ 为任意常数}).$$

上式称为非齐次线性方程组(3.4)的**通解**.

证 显然,$\boldsymbol{\eta}=\boldsymbol{\eta}_0+k_1\boldsymbol{\xi}_1+k_2\boldsymbol{\xi}_2+\cdots+k_{n-r}\boldsymbol{\xi}_{n-r}$ 是方程组(3.4)的解.反之,若 $\boldsymbol{\eta}$ 是方程组(3.4)的任意解,由性质 3 可知 $\boldsymbol{\eta}-\boldsymbol{\eta}_0$ 是其导出组(3.5)的解,因此存在一组数 k_1,$k_2,\cdots,k_{n-r}$,使得

$$\boldsymbol{\eta}-\boldsymbol{\eta}_0=k_1\boldsymbol{\xi}_1+k_2\boldsymbol{\xi}_2+\cdots+k_{n-r}\boldsymbol{\xi}_{n-r}.$$

故

$$\boldsymbol{\eta}=\boldsymbol{\eta}_0+k_1\boldsymbol{\xi}_1+k_2\boldsymbol{\xi}_2+\cdots+k_{n-r}\boldsymbol{\xi}_{n-r}\quad(k_1,k_2,\cdots,k_{n-r}\text{ 为任意常数}).$$

例 2 求非齐次线性方程组

$$\begin{cases} x_1-2x_2+5x_3+x_4=5,\\ 2x_1-x_2+3x_3=0,\\ x_1-5x_2+12x_3+3x_4=15 \end{cases}$$

的通解.

解 对方程组的增广矩阵 $\overline{\boldsymbol{A}}$ 施行初等行变换将其化为行最简形矩阵：

$$\overline{\boldsymbol{A}}=\begin{pmatrix}1&-2&5&1&5\\2&-1&3&0&0\\1&-5&12&3&15\end{pmatrix}\xrightarrow{\text{初等行变换}}\begin{pmatrix}1&0&\frac{1}{3}&-\frac{1}{3}&-\frac{5}{3}\\0&1&-\frac{7}{3}&-\frac{2}{3}&-\frac{10}{3}\\0&0&0&0&0\end{pmatrix},$$

故方程组有无穷多解，且一般解为

$$\begin{cases}x_1=-\frac{5}{3}-\frac{1}{3}x_3+\frac{1}{3}x_4,\\x_2=-\frac{10}{3}+\frac{7}{3}x_3+\frac{2}{3}x_4\end{cases}\quad(x_3,x_4\text{ 为自由未知量}).$$

取 $x_3=x_4=0$，得到方程组的一个特解

$$\boldsymbol{\eta}_0=\left(-\frac{5}{3},-\frac{10}{3},0,0\right)^{\mathrm{T}}.$$

同时，还得到导出组的一般解

$$\begin{cases}x_1=-\frac{1}{3}x_3+\frac{1}{3}x_4,\\x_2=\frac{7}{3}x_3+\frac{2}{3}x_4\end{cases}\quad(x_3,x_4\text{ 为自由未知量}).$$

分别取 $(x_3,x_4)^{\mathrm{T}}=(1,0)^{\mathrm{T}},(0,1)^{\mathrm{T}}$，得到导出组的基础解系

$$\boldsymbol{\xi}_1=\left(-\frac{1}{3},\frac{7}{3},1,0\right)^{\mathrm{T}},\quad \boldsymbol{\xi}_2=\left(\frac{1}{3},\frac{2}{3},0,1\right)^{\mathrm{T}}.$$

故方程组的通解为

$$\begin{aligned}\boldsymbol{\eta}&=\boldsymbol{\eta}_0+k_1\boldsymbol{\xi}_1+k_2\boldsymbol{\xi}_2\\&=\left(-\frac{5}{3},-\frac{10}{3},0,0\right)^{\mathrm{T}}+k_1\left(-\frac{1}{3},\frac{7}{3},1,0\right)^{\mathrm{T}}+k_2\left(\frac{1}{3},\frac{2}{3},0,1\right)^{\mathrm{T}},\end{aligned}$$

其中 k_1,k_2 为任意常数.

由例 2 可总结出求非齐次线性方程组的通解的步骤如下：

(1) 用消元法求非齐次线性方程组的一般解；

(2) 给自由未知量赋值(常全取 0)，得到非齐次线性方程组的一个特解 $\boldsymbol{\eta}_0$；

(3) 把非齐次线性方程组一般解中的常数项改为 0，得到导出组的一般解，进而得到导出组的基础解系

$$\boldsymbol{\xi}_1,\boldsymbol{\xi}_2,\cdots,\boldsymbol{\xi}_{n-r}.$$

(4) 写出非齐次线性方程组的通解

$$\boldsymbol{\eta}=\boldsymbol{\eta}_0+k_1\boldsymbol{\xi}_1+k_2\boldsymbol{\xi}_2+\cdots+k_{n-r}\boldsymbol{\xi}_{n-r}\quad(k_1,k_2,\cdots,k_{n-r}\text{ 为任意常数}).$$

本章小结

本章内容包括 n 维向量和线性方程组两部分.

一、线性相关性

由 n 个有次序的数 $a_1,a_2,\cdots,a_n$ 所组成的 n 元数组叫作一个 n 维向量，常表示成列向量.

本章给出了向量的加法、数乘、线性组合和等价的概念，特别给出了线性相关与线性无关的概念，并得到了以下性质：

向量组 $\boldsymbol{\alpha}_1,\boldsymbol{\alpha}_2,\cdots,\boldsymbol{\alpha}_m(m\geqslant 2)$ 线性相关当且仅当其中有一个向量可由其余向量线性表示；

如果向量组 $\boldsymbol{\alpha}_1,\boldsymbol{\alpha}_2,\cdots,\boldsymbol{\alpha}_m$ 线性无关，且向量组 $\boldsymbol{\alpha}_1,\boldsymbol{\alpha}_2,\cdots,\boldsymbol{\alpha}_m,\boldsymbol{\alpha}$ 线性相关，那么向量 $\boldsymbol{\alpha}$ 可由 $\boldsymbol{\alpha}_1,\boldsymbol{\alpha}_2,\cdots,\boldsymbol{\alpha}_m$ 线性表示；

如果向量组中有一个部分组线性相关，那么这个向量组必线性相关；

向量组 $\boldsymbol{\alpha}_1,\boldsymbol{\alpha}_2,\cdots,\boldsymbol{\alpha}_m$ 线性相关当且仅当以该向量组为行（或列）向量组的矩阵的秩小于 m；

n 维向量组 $\boldsymbol{\alpha}_1,\boldsymbol{\alpha}_2,\cdots,\boldsymbol{\alpha}_n$ 线性相关当且仅当以该向量组为行（或列）向量组的矩阵的行列式为 0；

如果向量组 $\boldsymbol{\alpha}_1,\boldsymbol{\alpha}_2,\cdots,\boldsymbol{\alpha}_r$ 可由向量组 $\boldsymbol{\beta}_1,\boldsymbol{\beta}_2,\cdots,\boldsymbol{\beta}_s$ 线性表示，且 $r>s$，那么向量组 $\boldsymbol{\alpha}_1,\boldsymbol{\alpha}_2,\cdots,\boldsymbol{\alpha}_r$ 线性相关；

向量组 $\boldsymbol{\alpha}_1,\boldsymbol{\alpha}_2,\cdots,\boldsymbol{\alpha}_r$ 线性相关的充要条件是 $k_1\boldsymbol{\alpha}_1+k_2\boldsymbol{\alpha}_2+\cdots+k_r\boldsymbol{\alpha}_r=\mathbf{0}$ 有非零解；

向量组 $\boldsymbol{\alpha}_1,\boldsymbol{\alpha}_2,\cdots,\boldsymbol{\alpha}_r$ 线性无关的充要条件是 $k_1\boldsymbol{\alpha}_1+k_2\boldsymbol{\alpha}_2+\cdots+k_r\boldsymbol{\alpha}_r=\mathbf{0}$ 只有零解.

二、极大无关组与向量组的秩

如果向量组 $\boldsymbol{\alpha}_1,\boldsymbol{\alpha}_2,\cdots,\boldsymbol{\alpha}_s$ 的部分组线性无关，$\boldsymbol{\alpha}_1,\boldsymbol{\alpha}_2,\cdots,\boldsymbol{\alpha}_s$ 中任意 $r+1$ 个向量线性相关，则这个部分组是向量组 $\boldsymbol{\alpha}_1,\boldsymbol{\alpha}_2,\cdots,\boldsymbol{\alpha}_s$ 的极大无关组.

$\boldsymbol{\alpha}_{i_1},\boldsymbol{\alpha}_{i_2},\cdots,\boldsymbol{\alpha}_{i_r}$ 是向量组 $\boldsymbol{\alpha}_1,\boldsymbol{\alpha}_2,\cdots,\boldsymbol{\alpha}_m$ 的极大无关组当且仅当 $\boldsymbol{\alpha}_{i_1},\boldsymbol{\alpha}_{i_2},\cdots,\boldsymbol{\alpha}_{i_r}$ 线性无关且该向量组中任一向量 $\boldsymbol{\alpha}_i$ 可由 $\boldsymbol{\alpha}_{i_1},\boldsymbol{\alpha}_{i_2},\cdots,\boldsymbol{\alpha}_{i_r}$ 线性表示.

线性无关向量组的极大无关组就是它自身，只含零向量的向量组没有极大无关组.

向量组的极大无关组和秩是向量理论中的难点，它们主要有以下性质：

向量组 $\boldsymbol{\alpha}_1,\boldsymbol{\alpha}_2,\cdots,\boldsymbol{\alpha}_m$ 的部分组是极大无关组当且仅当该部分组线性无关且每个向量 $\boldsymbol{\alpha}_i$ 可由该部分组线性表示；

向量组的不同极大无关组所含向量的个数相同，称为向量组的秩；

矩阵 $\boldsymbol{A}$ 的秩等于它的行向量组的秩，也等于它的列向量组的秩.

求向量组的极大无关组与秩的方法比较容易，即以向量组 $\boldsymbol{\alpha}_1,\boldsymbol{\alpha}_2,\cdots,\boldsymbol{\alpha}_m$ 为列向量组作矩阵 $\boldsymbol{A}$，对矩阵 $\boldsymbol{A}$ 施行初等行变换将其化为行阶梯形矩阵，由行阶梯形矩阵可求出该向量组的极大无关组和秩.

三、线性方程组

线性方程组是线性代数的中心问题，本章给出了它的三种表示形式：一般形式、矩阵形式 $\boldsymbol{Ax}=\boldsymbol{b}$ 和向量形式 $x_1\boldsymbol{\alpha}_1+x_2\boldsymbol{\alpha}_2+\cdots+x_n\boldsymbol{\alpha}_n=\boldsymbol{b}$.

齐次线性方程组的解有如下性质：

(1) 两个解的和(差) 仍是它的解；

(2) 数与解的数量乘积仍是它的解.

本章通过基础解系的概念给出了齐次线性方程组解的结构定理：如果 n 元 m 式齐次线性方程组 $\boldsymbol{Ax}=\boldsymbol{0}$ 的系数矩阵的秩 $r<n$，那么它的基础解系一定存在，且必含 $n-r$ 个向量.

齐次线性方程组解的结构：如果 $\boldsymbol{\xi}_1,\boldsymbol{\xi}_2,\cdots,\boldsymbol{\xi}_{n-r}$ 为齐次线性方程组的基础解系，那么其通解为

$$\boldsymbol{\xi}=k_1\boldsymbol{\xi}_1+k_2\boldsymbol{\xi}_2+\cdots+k_{n-r}\boldsymbol{\xi}_{n-r}\quad(k_1,k_2,\cdots,k_{n-r}\text{ 为任意常数}).$$

求齐次线性方程组的通解的步骤如下：

(1) 用消元法求 $\boldsymbol{Ax}=\boldsymbol{0}$ 的一般解，列出自由未知量；

(2) 给自由未知量赋值，得到基础解系；

(3) 写出通解.

非齐次线性方程组的解有如下性质：

(1) 两个解之差是其导出组的解；

(2) 一个解与其导出组的解之和仍是它的解.

非齐次线性方程组解的结构：设非齐次线性方程组 $\boldsymbol{Ax}=\boldsymbol{b}$ 有解 $\boldsymbol{\eta}_0$，那么它的任一解 $\boldsymbol{\eta}$ 可表示成 $\boldsymbol{\eta}=\boldsymbol{\eta}_0+\boldsymbol{\xi}$($\boldsymbol{\xi}$ 为导出组的解). 如果 $\boldsymbol{\xi}_1,\boldsymbol{\xi}_2,\cdots,\boldsymbol{\xi}_{n-r}$ 为导出组的基础解系，那么方程组 $\boldsymbol{Ax}=\boldsymbol{b}$ 的通解为

$$\boldsymbol{\eta}=\boldsymbol{\eta}_0+k_1\boldsymbol{\xi}_1+k_2\boldsymbol{\xi}_2+\cdots+k_{n-r}\boldsymbol{\xi}_{n-r}\quad(k_1,k_2,\cdots,k_{n-r}\text{ 为任意常数}).$$

求非齐次线性方程组的通解的步骤如下：

(1) 用消元法求 $\boldsymbol{Ax}=\boldsymbol{b}$ 的一般解，并给自由未知量全取 0，得到一个特解 $\boldsymbol{\eta}_0$；

(2) 把 $\boldsymbol{Ax}=\boldsymbol{b}$ 的一般解中常数项换为 0，得到导出组的一般解，进而得到导出组的基础解系；

(3) 写出通解.

习题三

1. 设向量 $\boldsymbol{\alpha}_1=(1,1,0,0)^{\mathrm{T}},\boldsymbol{\alpha}_2=(0,1,1,0)^{\mathrm{T}},\boldsymbol{\alpha}_3=(0,0,1,1)^{\mathrm{T}}$，求 $\boldsymbol{\alpha}_1-\boldsymbol{\alpha}_2$ 和 $\boldsymbol{\alpha}_1+2\boldsymbol{\alpha}_2+3\boldsymbol{\alpha}_3$.

2. 已知 $3(\boldsymbol{\alpha}_1-\boldsymbol{\alpha})+2(\boldsymbol{\alpha}_2+\boldsymbol{\alpha})=5(\boldsymbol{\alpha}_3+\boldsymbol{\alpha})$，求 $\boldsymbol{\alpha}$，其中向量

$$\boldsymbol{\alpha}_1=(2,5,1,3)^{\mathrm{T}},\quad \boldsymbol{\alpha}_2=(10,1,5,10)^{\mathrm{T}},\quad \boldsymbol{\alpha}_3=(4,1,-1,1)^{\mathrm{T}}.$$

3. 设向量 $\boldsymbol{\alpha}_1=(1,2,3)^{\mathrm{T}},\boldsymbol{\alpha}_2=(4,5,6)^{\mathrm{T}},\boldsymbol{\alpha}_3=(-1,0,2)^{\mathrm{T}},\boldsymbol{\beta}=(1,0,0)^{\mathrm{T}}$，将向量 $\boldsymbol{\beta}$ 用向量组 $\boldsymbol{\alpha}_1,\boldsymbol{\alpha}_2,\boldsymbol{\alpha}_3$ 线性表示.

4. 判断下列向量组是线性相关还是线性无关：

(1) $(-1,3,1)^{\mathrm{T}},(2,1,0)^{\mathrm{T}},(1,4,1)^{\mathrm{T}}$；

(2) $(2,3,0),(-1,4,0),(0,0,2)$.

5. 问：a 为何值时，向量组

$$\boldsymbol{\alpha}_1=(a,1,1)^{\mathrm{T}},\quad \boldsymbol{\alpha}_2=(1,a,-1)^{\mathrm{T}},\quad \boldsymbol{\alpha}_3=(1,-1,a)^{\mathrm{T}}$$

线性相关？

6. 设向量组 $\boldsymbol{\alpha}_1,\boldsymbol{\alpha}_2,\boldsymbol{\alpha}_3$ 线性无关，向量 $\boldsymbol{\beta}_1=\boldsymbol{\alpha}_1+\boldsymbol{\alpha}_2,\boldsymbol{\beta}_2=\boldsymbol{\alpha}_2+\boldsymbol{\alpha}_3,\boldsymbol{\beta}_3=\boldsymbol{\alpha}_3+\boldsymbol{\alpha}_1$，证明：向量组 $\boldsymbol{\beta}_1,\boldsymbol{\beta}_2,\boldsymbol{\beta}_3$ 线性无关.

7. 求下列向量组的秩和一个极大无关组：

(1) $\boldsymbol{\alpha}_1^{\mathrm{T}}=(1,2,1,3),\boldsymbol{\alpha}_2^{\mathrm{T}}=(4,-1,-5,-6),\boldsymbol{\alpha}_3^{\mathrm{T}}=(1,-3,-4,-7)$；

(2) $\boldsymbol{\beta}_1=\begin{pmatrix}1\\-1\\2\\4\end{pmatrix},\boldsymbol{\beta}_2=\begin{pmatrix}0\\3\\1\\2\end{pmatrix},\boldsymbol{\beta}_3=\begin{pmatrix}3\\0\\7\\14\end{pmatrix},\boldsymbol{\beta}_4=\begin{pmatrix}1\\-1\\2\\0\end{pmatrix},\boldsymbol{\beta}_5=\begin{pmatrix}2\\1\\5\\6\end{pmatrix}$.

8. 设向量组 $(a,3,1)^{\mathrm{T}},(2,b,3)^{\mathrm{T}},(1,2,1)^{\mathrm{T}},(2,3,1)^{\mathrm{T}}$ 的秩为 2，求 a,b 的值.

9. 设向量组 Ⅰ 可由向量组 Ⅱ 线性表示，证明：向量组 Ⅰ 的秩不超过向量组 Ⅱ 的秩.

10. 如果 n 维单位向量组 $\boldsymbol{\varepsilon}_1=(1,0,\cdots,0)^{\mathrm{T}},\boldsymbol{\varepsilon}_2=(0,1,\cdots,0)^{\mathrm{T}},\cdots,\boldsymbol{\varepsilon}_n=(0,\cdots,0,1)^{\mathrm{T}}$ 能由 n 维向量组 $\boldsymbol{\alpha}_1,\boldsymbol{\alpha}_2,\cdots,\boldsymbol{\alpha}_n$ 线性表示，证明：向量组 $\boldsymbol{\alpha}_1,\boldsymbol{\alpha}_2,\cdots,\boldsymbol{\alpha}_n$ 线性无关.

11. 求下列齐次线性方程组的基础解系，并写出通解：

(1) $\begin{cases}x_1-8x_2+10x_3+2x_4=0,\\2x_1+4x_2+5x_3-x_4=0,\\3x_1+8x_2+6x_3-2x_4=0;\end{cases}$

(2) $\begin{cases}2x_1-3x_2-2x_3+x_4=0,\\3x_1+5x_2+4x_3-2x_4=0,\\8x_1+7x_2+6x_3-3x_4=0;\end{cases}$

(3) $\begin{cases}-2x_1+x_2+x_3=0,\\x_1-2x_2+x_3=0,\\x_1+x_2-2x_3=0;\end{cases}$

(4) $x_1+2x_2+\cdots+nx_n=0\quad(n>1)$；

(5) $x_1=x_2=\cdots=x_n$.

12. 设齐次线性方程组

$$\begin{cases}(1+a)x_1+x_2+\cdots+x_n=0,\\2x_1+(2+a)x_2+\cdots+2x_n=0,\\\cdots\cdots\\nx_1+nx_2+\cdots+(n+a)x_n=0,\end{cases}$$

问：a 为何值时，该方程组有非零解？

13. 求一个齐次线性方程组，使得它的基础解系为

$$\boldsymbol{\xi}_1=(1,0,2,1)^{\mathrm{T}},\quad \boldsymbol{\xi}_2=(2,-1,0,4)^{\mathrm{T}}.$$

14. 设三阶方阵 $\boldsymbol{A}=\begin{pmatrix}1&2&-2\\2&-2&k\\3&1&-1\end{pmatrix}$，存在三阶非零矩阵 $\boldsymbol{B}$，使得 $\boldsymbol{AB}=\boldsymbol{O}$，求 k 的值.

15. 求下列非齐次线性方程组的通解：

(1) $\begin{cases} x_1 - 2x_2 + 3x_3 - 4x_4 = 1, \\ 3x_1 - x_2 + 5x_3 - 3x_4 = 2, \\ 2x_1 + x_2 + 2x_3 - 2x_4 = 1; \end{cases}$ (2) $\begin{cases} x_1 - 2x_2 + 5x_3 - 4x_4 = 16, \\ x_2 - x_3 + x_4 = -3, \\ x_1 + 3x_2 + x_4 = 1. \end{cases}$

16. 设四元非齐次线性方程组的系数矩阵的秩为 3，$\boldsymbol{\eta}_1, \boldsymbol{\eta}_2, \boldsymbol{\eta}_3$ 是它的三个不同解，且 $\boldsymbol{\eta}_1 = (2,3,4,5)^{\mathrm{T}}$，$\boldsymbol{\eta}_2 + \boldsymbol{\eta}_3 = (1,2,3,4)^{\mathrm{T}}$，求该方程组的通解.

17. 设 $\boldsymbol{\eta}_0$ 是非齐次线性方程组 $\boldsymbol{Ax} = \boldsymbol{b}$ 的一个特解，$\boldsymbol{\xi}_1, \boldsymbol{\xi}_2, \cdots, \boldsymbol{\xi}_s$ 是其导出组的基础解系，证明：$\boldsymbol{\eta}_0, \boldsymbol{\xi}_1, \boldsymbol{\xi}_2, \cdots, \boldsymbol{\xi}_s$ 线性无关.

18. 设非齐次线性方程组

$$\begin{cases} x_1 + \lambda x_2 + \mu x_3 + x_4 = 0, \\ 2x_1 + x_2 + x_3 + 2x_4 = 0, \\ 3x_1 + (2+\lambda)x_2 + (4+\mu)x_3 + 4x_4 = 1. \end{cases}$$

已知 $(1,-1,1,-1)^{\mathrm{T}}$ 是该方程组的一个解，求该方程组的通解，并用其导出组的基础解系表示通解.

19. 设 $\boldsymbol{A}$ 为 $n(n \geqslant 2)$ 阶方阵，$\boldsymbol{A}^*$ 为 $\boldsymbol{A}$ 的伴随矩阵，证明：

$$R(\boldsymbol{A}^*) = \begin{cases} n, & R(\boldsymbol{A}) = n, \\ 1, & R(\boldsymbol{A}) = n-1, \\ 0, & R(\boldsymbol{A}) \leqslant n-2. \end{cases}$$

20. 设矩阵

$$\boldsymbol{A} = \begin{pmatrix} 1 & 1 & 1-a \\ 1 & 0 & a \\ 1+a & 1 & 1+a \end{pmatrix}, \quad \boldsymbol{\beta} = \begin{pmatrix} 0 \\ 1 \\ 2a-2 \end{pmatrix},$$

且方程组 $\boldsymbol{Ax} = \boldsymbol{\beta}$ 无解，求：

(1) a 的值；

(2) 方程组 $\boldsymbol{A}^{\mathrm{T}}\boldsymbol{Ax} = \boldsymbol{A}^{\mathrm{T}}\boldsymbol{\beta}$ 的通解.

第四章

相似矩阵

本章首先把矩阵和向量做乘法运算，引入 n 阶方阵的特征值和特征向量，然后给出矩阵对角化的原理和基本过程，最后介绍向量的正交化和正交矩阵的概念与简单性质．这为第五章二次型化标准形提供了理论基础．

§4.1 方阵的特征值和特征向量

方阵的特征值和特征向量是矩阵对角化问题的基础,也是二次型化简的工具.

一、特征值和特征向量的概念与求法

定义 1 设 $\boldsymbol{A}$ 是 n 阶方阵,λ 是一个数.如果存在 n 维非零向量 $\boldsymbol{\xi}$,使得

$$\boldsymbol{A\xi}=\lambda\boldsymbol{\xi}, \tag{4.1}$$

则称 λ 为方阵 $\boldsymbol{A}$ 的**特征值**,非零向量 $\boldsymbol{\xi}$ 叫作方阵 $\boldsymbol{A}$ 的属于特征值 λ 的**特征向量**.

例如,设

$$\boldsymbol{A}=\begin{pmatrix}3&0\\0&3\end{pmatrix},\quad \lambda=3,\quad \boldsymbol{\xi}=\begin{pmatrix}1\\1\end{pmatrix},$$

显然有 $\boldsymbol{A\xi}=\lambda\boldsymbol{\xi}$,则 $\lambda=3$ 是方阵 $\boldsymbol{A}$ 的特征值,$\boldsymbol{\xi}$ 是 $\boldsymbol{A}$ 的属于 $\lambda=3$ 的特征向量.

显然,式(4.1)等价于

$$(\lambda\boldsymbol{E}-\boldsymbol{A})\boldsymbol{\xi}=\boldsymbol{0}. \tag{4.2}$$

也就是说,$\boldsymbol{\xi}$ 为方阵 $\boldsymbol{A}$ 的属于特征值 λ 的特征向量的充要条件是 $\boldsymbol{\xi}$ 是方程组

$$(\lambda\boldsymbol{E}-\boldsymbol{A})\boldsymbol{x}=\boldsymbol{0}$$

的非零解,即 $\boldsymbol{\xi}$ 为齐次线性方程组

$$\begin{cases}(\lambda-a_{11})x_1-a_{12}x_2-\cdots-a_{1n}x_n=0,\\-a_{21}x_1+(\lambda-a_{22})x_2-\cdots-a_{2n}x_n=0,\\\cdots\cdots\\-a_{n1}x_1-a_{n2}x_2-\cdots+(\lambda-a_{nn})x_n=0\end{cases} \tag{4.3}$$

的非零解.

我们知道,方程组(4.3)有非零解的充要条件是方程组(4.3)的系数矩阵的行列式 $\det(\lambda\boldsymbol{E}-\boldsymbol{A})=0$,即

$$\begin{vmatrix}\lambda-a_{11}&-a_{12}&\cdots&-a_{1n}\\-a_{21}&\lambda-a_{22}&\cdots&-a_{2n}\\\vdots&\vdots&&\vdots\\-a_{n1}&-a_{n2}&\cdots&\lambda-a_{nn}\end{vmatrix}=0. \tag{4.4}$$

式(4.4)的左端展开是一个关于 λ 的一元 n 次多项式,称这个多项式为方阵 $\boldsymbol{A}$ 的**特征多项式**,记作 $f(\lambda)$.式(4.4)也称为方阵 $\boldsymbol{A}$ 的**特征方程**.于是,方阵 $\boldsymbol{A}$ 的特征值就是 $\boldsymbol{A}$ 的特征方程的根.反之,方阵 $\boldsymbol{A}$ 的特征方程的根就是 $\boldsymbol{A}$ 的特征值.

根据上面的讨论,可以按如下步骤求 n 阶方阵 $\boldsymbol{A}$ 的特征值和特征向量:

(1) 写出方阵 $\boldsymbol{A}$ 的特征多项式 $\det(\lambda\boldsymbol{E}-\boldsymbol{A})$,并求出特征方程 $\det(\lambda\boldsymbol{E}-\boldsymbol{A})=0$ 的全部

根 $\lambda_1,\lambda_2,\cdots,\lambda_n$(可能相同),它们就是方阵 $\boldsymbol{A}$ 的特征值.

(2) 对每一个不同的 λ_i,求方程组 $(\lambda_i\boldsymbol{E}-\boldsymbol{A})\boldsymbol{x}=\boldsymbol{0}$ 的非零解 $\boldsymbol{\xi}$,则 $\boldsymbol{\xi}$ 就是 $\boldsymbol{A}$ 的属于特征值 λ_i 的特征向量.

综上所述,我们有以下结论:

(1) λ_0 为方阵 $\boldsymbol{A}$ 的特征值的充要条件是 λ_0 为特征方程 $\det(\lambda\boldsymbol{E}-\boldsymbol{A})=0$ 的根;

(2) $\boldsymbol{\xi}$ 为方阵 $\boldsymbol{A}$ 的属于特征值 λ_0 的特征向量的充要条件是 $\boldsymbol{\xi}$ 为方程组

$$(\lambda_0\boldsymbol{E}-\boldsymbol{A})\boldsymbol{x}=\boldsymbol{0}$$

的非零解.

事实上,式(4.2)也可以写成

$$(\boldsymbol{A}-\lambda\boldsymbol{E})\boldsymbol{\xi}=\boldsymbol{0}.$$

因此,上述讨论过程中的 $\lambda\boldsymbol{E}-\boldsymbol{A}$ 也可用 $\boldsymbol{A}-\lambda\boldsymbol{E}$ 替换,计算时可以根据需要进行选择.

例 1 求方阵

$$\boldsymbol{A}=\begin{pmatrix}1&1&0\\-4&5&0\\2&0&2\end{pmatrix}$$

的特征值和特征向量.

解 方阵 $\boldsymbol{A}$ 的特征多项式

$$|\boldsymbol{A}-\lambda\boldsymbol{E}|=\begin{vmatrix}1-\lambda&1&0\\-4&5-\lambda&0\\2&0&2-\lambda\end{vmatrix}=(2-\lambda)(\lambda-3)^2,$$

所以 $\boldsymbol{A}$ 的特征值为 $\lambda_1=2,\lambda_2=\lambda_3=3$.

当 $\lambda_1=2$ 时,方程组

$$(\boldsymbol{A}-2\boldsymbol{E})\boldsymbol{x}=\boldsymbol{0}$$

的解为 $(0,0,k)^{\mathrm{T}}$. 当 $k\neq 0$ 时,$(0,0,k)^{\mathrm{T}}$ 是 $\boldsymbol{A}$ 的属于 $\lambda_1=2$ 的特征向量.

当 $\lambda_2=\lambda_3=3$ 时,方程组

$$(\boldsymbol{A}-3\boldsymbol{E})\boldsymbol{x}=\boldsymbol{0}$$

的解为 $(k,2k,2k)^{\mathrm{T}}$. 当 $k\neq 0$ 时,$(k,2k,2k)^{\mathrm{T}}$ 是 $\boldsymbol{A}$ 的属于 $\lambda_2=\lambda_3=3$ 的特征向量.

例 1 告诉我们,属于同一个特征值的特征向量不唯一.

二、特征值和特征向量的性质

利用齐次线性方程组解的性质不难证明以下两个结论.

微课视频

性质 1 若 $\boldsymbol{\xi}$ 是方阵 $\boldsymbol{A}$ 的属于特征值 λ 的特征向量,则对于任意非零常数 k,$k\boldsymbol{\xi}$ 是 $\boldsymbol{A}$ 的属于 λ 的特征向量.

性质 2 若 $\boldsymbol{\xi}_1,\boldsymbol{\xi}_2$ 都是方阵 $\boldsymbol{A}$ 的属于特征值 λ 的特征向量,且 $\boldsymbol{\xi}_1+\boldsymbol{\xi}_2\neq\boldsymbol{0}$,则 $\boldsymbol{\xi}_1+\boldsymbol{\xi}_2$ 也是 $\boldsymbol{A}$ 的属于 λ 的特征向量.

性质 1 和性质 2 结合起来说明,属于同一个特征值的多个特征向量的非零线性组合仍是属于这个特征值的特征向量. 所以,只要求出 $(\boldsymbol{A}-\lambda\boldsymbol{E})\boldsymbol{x}=\boldsymbol{0}$ 的基础解系,再做非零线性组

合,便得到方阵 $\boldsymbol{A}$ 的属于特征值 λ 的全部特征向量.

例 2 求方阵

$$\boldsymbol{A}=\begin{pmatrix}-2 & 1 & 1\\ 0 & 2 & 0\\ -4 & 1 & 3\end{pmatrix}$$

微课视频

的全部特征值和特征向量.

解 方阵 $\boldsymbol{A}$ 的特征多项式为

$$|\boldsymbol{A}-\lambda\boldsymbol{E}|=\begin{vmatrix}-2-\lambda & 1 & 1\\ 0 & 2-\lambda & 0\\ -4 & 1 & 3-\lambda\end{vmatrix}=-(\lambda+1)(\lambda-2)^2,$$

所以 $\boldsymbol{A}$ 的特征值为 $\lambda_1=-1,\lambda_2=\lambda_3=2$.

当 $\lambda_1=-1$ 时,解方程组 $(\boldsymbol{A}+\boldsymbol{E})\boldsymbol{x}=\boldsymbol{0}$,得基础解系

$$\boldsymbol{\xi}_1=\begin{pmatrix}1\\0\\1\end{pmatrix},$$

所以属于 $\lambda_1=-1$ 的全部特征向量为

$$k_1\boldsymbol{\xi}_1\quad(k_1\neq 0).$$

当 $\lambda_2=\lambda_3=2$ 时,解方程组 $(\boldsymbol{A}-2\boldsymbol{E})\boldsymbol{x}=\boldsymbol{0}$,得基础解系

$$\boldsymbol{\xi}_2=\begin{pmatrix}0\\1\\-1\end{pmatrix},\quad \boldsymbol{\xi}_3=\begin{pmatrix}1\\0\\4\end{pmatrix},$$

所以属于 $\lambda_2=\lambda_3=2$ 的全部特征向量为

$$k_2\boldsymbol{\xi}_2+k_3\boldsymbol{\xi}_3\quad(k_2,k_3\text{ 不全为 }0).$$

n 阶方阵 $\boldsymbol{A}$ 的特征值就是 $\boldsymbol{A}$ 的特征方程的根,而一元 n 次方程在复数范围内有 n 个根(重根按重数计),所以 $\boldsymbol{A}$ 在复数范围内有 n 个特征值.

性质 3 设 $\lambda_1,\lambda_2,\cdots,\lambda_n$ 是 n 阶方阵 $\boldsymbol{A}=(a_{ij})$ 的全部复特征值,则

(1) $\lambda_1+\lambda_2+\cdots+\lambda_n=a_{11}+a_{22}+\cdots+a_{nn}$(其中 $a_{11}+a_{22}+\cdots+a_{nn}$ 称为方阵 $\boldsymbol{A}$ 的**迹**,记作 $\operatorname{tr}(\boldsymbol{A})$);

(2) $|\boldsymbol{A}|=\lambda_1\lambda_2\cdots\lambda_n$.

证 一方面,$\lambda_1,\lambda_2,\cdots,\lambda_n$ 是 n 阶方阵 $\boldsymbol{A}$ 的全部复特征值,则

$$f(\lambda)=(\lambda-\lambda_1)(\lambda-\lambda_2)\cdots(\lambda-\lambda_n).$$

另一方面,方阵 $\boldsymbol{A}$ 的特征多项式 $f(\lambda)=|\lambda\boldsymbol{E}-\boldsymbol{A}|$,于是

$$|\lambda\boldsymbol{E}-\boldsymbol{A}|=(\lambda-\lambda_1)(\lambda-\lambda_2)\cdots(\lambda-\lambda_n).$$

比较上式两端 λ^{n-1} 的系数和常数项,即可得到(1)和(2).

性质 4 设 λ 是方阵 $\boldsymbol{A}$ 的特征值,$\boldsymbol{\xi}$ 是 $\boldsymbol{A}$ 的属于 λ 的特征向量.

(1) 对于任意常数 a,$\lambda+a$ 是 $\boldsymbol{A}+a\boldsymbol{E}$ 的特征值,$\boldsymbol{\xi}$ 是 $\boldsymbol{A}+a\boldsymbol{E}$ 的属于 $\lambda+a$ 的特征向量;

(2) 对于任意常数 k,$k\lambda$ 是 $k\boldsymbol{A}$ 的特征值,$\boldsymbol{\xi}$ 是 $k\boldsymbol{A}$ 的属于 $k\lambda$ 的特征向量;

(3) 对于任意正整数 m，λ^m 是 $\boldsymbol{A}^m$ 的特征值，$\boldsymbol{\xi}$ 是 $\boldsymbol{A}^m$ 的属于 λ^m 的特征向量；

(4) 当 $\boldsymbol{A}$ 可逆时，$\boldsymbol{A}$ 的特征值 $\lambda \neq 0$，且 $\frac{1}{\lambda}$ 是 $\boldsymbol{A}^{-1}$ 的特征值，$\boldsymbol{\xi}$ 是 $\boldsymbol{A}^{-1}$ 的属于 $\frac{1}{\lambda}$ 的特征向量.

证 (1) 将等式 $\boldsymbol{A\xi}=\lambda\boldsymbol{\xi}$ 和等式 $a\boldsymbol{E\xi}=a\boldsymbol{\xi}$ 两端对应相加即可.

(2) 将等式 $\boldsymbol{A\xi}=\lambda\boldsymbol{\xi}$ 两端乘以常数 k，得 $(k\boldsymbol{A})\boldsymbol{\xi}=(k\lambda)\boldsymbol{\xi}$.

(3) 将等式 $\boldsymbol{A\xi}=\lambda\boldsymbol{\xi}$ 两端左乘矩阵 $\boldsymbol{A}$，得

$$\boldsymbol{A}^2\boldsymbol{\xi}=\boldsymbol{A}(\lambda\boldsymbol{\xi})=\lambda(\boldsymbol{A\xi})=\lambda^2\boldsymbol{\xi}.$$

再对正整数 m 用数学归纳法即证.

(4) 因为 $\boldsymbol{A}$ 可逆，用 $\boldsymbol{A}^{-1}$ 左乘等式 $\boldsymbol{A\xi}=\lambda\boldsymbol{\xi}$ 两端，得

$$\boldsymbol{\xi}=\boldsymbol{A}^{-1}\lambda\boldsymbol{\xi}=\lambda(\boldsymbol{A}^{-1}\boldsymbol{\xi}).$$

因为 $\boldsymbol{A}$ 可逆，所以 $|\boldsymbol{A}|\neq 0$，从而 $\boldsymbol{A}$ 的特征值 $\lambda\neq 0$. 由上式可知

$$\boldsymbol{A}^{-1}\boldsymbol{\xi}=\frac{1}{\lambda}\boldsymbol{\xi}.$$

由性质 4 可以得到，设 $g(x)=a_m x^m+a_{m-1}x^{m-1}+\cdots+a_1 x+a_0$ 为 x 的 m 次多项式，如果 λ 为 $\boldsymbol{A}$ 的特征值，$\boldsymbol{\xi}$ 为 $\boldsymbol{A}$ 的属于 λ 的特征向量，则 $g(\lambda)$ 为 $g(\boldsymbol{A})$ 的特征值，$\boldsymbol{\xi}$ 为 $g(\boldsymbol{A})$ 的属于 $g(\lambda)$ 的特征向量.

性质 5 方阵 $\boldsymbol{A}$ 与 $\boldsymbol{A}^{\mathrm{T}}$ 有相同的特征值.

证 不难得出，

$$|\boldsymbol{A}^{\mathrm{T}}-\lambda\boldsymbol{E}|=|(\boldsymbol{A}-\lambda\boldsymbol{E})^{\mathrm{T}}|=|\boldsymbol{A}-\lambda\boldsymbol{E}|.$$

这说明 $\boldsymbol{A}$ 与 $\boldsymbol{A}^{\mathrm{T}}$ 有相同的特征多项式，从而有相同的特征方程，则 $\boldsymbol{A}$ 与 $\boldsymbol{A}^{\mathrm{T}}$ 有相同的特征值.

最后给出如下定理.

定理 1 **设 λ_1,λ_2 是方阵 $\boldsymbol{A}$ 的两个不同的特征值，$\boldsymbol{\xi}_1,\boldsymbol{\xi}_2$ 分别是 $\boldsymbol{A}$ 的属于 λ_1,λ_2 的特征向量，则 $\boldsymbol{\xi}_1,\boldsymbol{\xi}_2$ 线性无关，即方阵 $\boldsymbol{A}$ 的属于不同特征值的特征向量线性无关.**

证 由于 λ_1,λ_2 是方阵 $\boldsymbol{A}$ 的两个不同的特征值，$\boldsymbol{\xi}_1,\boldsymbol{\xi}_2$ 分别是 $\boldsymbol{A}$ 的属于 λ_1,λ_2 的特征向量，因此

$$\boldsymbol{A\xi}_1=\lambda_1\boldsymbol{\xi}_1,\quad \boldsymbol{A\xi}_2=\lambda_2\boldsymbol{\xi}_2.$$

设

$$k_1\boldsymbol{\xi}_1+k_2\boldsymbol{\xi}_2=\boldsymbol{0}.$$

分别用 $\boldsymbol{A}$ 和 λ_1 左乘上式两端，得

$$k_1\lambda_1\boldsymbol{\xi}_1+k_2\lambda_2\boldsymbol{\xi}_2=\boldsymbol{0}$$

和

$$k_1\lambda_1\boldsymbol{\xi}_1+k_2\lambda_1\boldsymbol{\xi}_2=\boldsymbol{0}.$$

上两式相减，得

$$k_2(\lambda_2-\lambda_1)\boldsymbol{\xi}_2=\boldsymbol{0}.$$

因为 $(\lambda_2-\lambda_1)\boldsymbol{\xi}_2\neq\boldsymbol{0}$，所以 $k_2=0$，从而 $k_1=0$，即 $\boldsymbol{\xi}_1,\boldsymbol{\xi}_2$ 线性无关.

对定理 1 的结果，由数学归纳法可以得到以下推论.

推论 1 设 $\lambda_1,\lambda_2,\cdots,\lambda_s(s\geqslant 2)$ 是方阵 $\boldsymbol{A}$ 的互不相同的特征值，$\boldsymbol{\xi}_1,\boldsymbol{\xi}_2,\cdots,\boldsymbol{\xi}_s$ 分别是 $\boldsymbol{A}$ 的属于 $\lambda_1,\lambda_2,\cdots,\lambda_s$ 的特征向量，则 $\boldsymbol{\xi}_1,\boldsymbol{\xi}_2,\cdots,\boldsymbol{\xi}_s$ 线性无关.

更进一步，我们可以得到以下推论.

推论 2 设 λ_1,λ_2 是方阵 $\boldsymbol{A}$ 的两个不同的特征值，$\boldsymbol{p}_1,\boldsymbol{p}_2,\cdots,\boldsymbol{p}_s$ 为 $\boldsymbol{A}$ 的属于 λ_1 的线性无关的特征向量，$\boldsymbol{q}_1,\boldsymbol{q}_2,\cdots,\boldsymbol{q}_t$ 为 $\boldsymbol{A}$ 的属于 λ_2 的线性无关的特征向量，则 $\boldsymbol{p}_1,\boldsymbol{p}_2,\cdots,\boldsymbol{p}_s,\boldsymbol{q}_1,\boldsymbol{q}_2,\cdots,\boldsymbol{q}_t$ 线性无关.

§4.2 相似矩阵与矩阵的对角化

微课视频

对角矩阵的形式比较简单，这一节我们将利用方阵的特征值和特征向量，借助矩阵之间的相似关系，把满足一定条件的矩阵化为对角矩阵.

一、相似矩阵

定义 1 设 $\boldsymbol{A},\boldsymbol{B}$ 都是 n 阶方阵. 若存在可逆矩阵 $\boldsymbol{P}$，使得

$$\boldsymbol{B}=\boldsymbol{P}^{-1}\boldsymbol{A}\boldsymbol{P},$$

则称 $\boldsymbol{B}$ 是 $\boldsymbol{A}$ 的**相似矩阵**，或者说 $\boldsymbol{A}$ 与 $\boldsymbol{B}$ 相似，可逆矩阵 $\boldsymbol{P}$ 称为**相似变换矩阵**.

矩阵的相似是一种等价关系，它有下列性质.

(1) 反身性：$\boldsymbol{A}$ 与 $\boldsymbol{A}$ 相似.

(2) 对称性：若 $\boldsymbol{A}$ 与 $\boldsymbol{B}$ 相似，则 $\boldsymbol{B}$ 与 $\boldsymbol{A}$ 相似.

(3) 传递性：若 $\boldsymbol{A}$ 与 $\boldsymbol{B}$ 相似，$\boldsymbol{B}$ 与 $\boldsymbol{C}$ 相似，则 $\boldsymbol{A}$ 与 $\boldsymbol{C}$ 相似.

定理 1 **相似矩阵有相同的特征多项式，从而有相同的特征值.**

证 设方阵 $\boldsymbol{A}$ 与 $\boldsymbol{B}$ 相似，则存在可逆矩阵 $\boldsymbol{P}$，使得 $\boldsymbol{B}=\boldsymbol{P}^{-1}\boldsymbol{A}\boldsymbol{P}$. 于是

$$\begin{aligned}|\lambda\boldsymbol{E}-\boldsymbol{B}|&=|\lambda\boldsymbol{E}-\boldsymbol{P}^{-1}\boldsymbol{A}\boldsymbol{P}|=|\lambda\boldsymbol{P}^{-1}\boldsymbol{E}\boldsymbol{P}-\boldsymbol{P}^{-1}\boldsymbol{A}\boldsymbol{P}|=|\boldsymbol{P}^{-1}(\lambda\boldsymbol{E}-\boldsymbol{A})\boldsymbol{P}|\\&=|\boldsymbol{P}^{-1}|\,|\lambda\boldsymbol{E}-\boldsymbol{A}|\,|\boldsymbol{P}|=|\lambda\boldsymbol{E}-\boldsymbol{A}|.\end{aligned}$$

由定理 1 即可得到以下推论.

推论 1 若 n 阶方阵 $\boldsymbol{A}$ 与对角矩阵

$$\boldsymbol{\Lambda}=\begin{pmatrix}\lambda_1&&&\\&\lambda_2&&\\&&\ddots&\\&&&\lambda_n\end{pmatrix}$$

相似，则 $\lambda_1,\lambda_2,\cdots,\lambda_n$ 是 $\boldsymbol{A}$ 的 n 个特征值.

例 1 已知三阶方阵

$$\boldsymbol{A}=\begin{pmatrix}1&-1&2\\0&x&6\\0&0&2\end{pmatrix}\quad与\quad\boldsymbol{B}=\begin{pmatrix}2&0&0\\0&3&0\\0&0&y\end{pmatrix}$$

相似，求 x, y 的值.

解 因为方阵 $\boldsymbol{A}$ 与 $\boldsymbol{B}$ 相似，所以它们有相同的特征值，从而 $|\boldsymbol{A}|=|\boldsymbol{B}|$，且 $\operatorname{tr}(\boldsymbol{A})=\operatorname{tr}(\boldsymbol{B})$，即

$$\begin{cases}2x=6y,\\3+x=5+y,\end{cases}$$

解得 $x=3, y=1$.

二、矩阵的对角化

设 $\boldsymbol{A}$ 为 n 阶方阵，考虑能否找到相似变换矩阵 $\boldsymbol{P}$，使得 $\boldsymbol{P}^{-1}\boldsymbol{A}\boldsymbol{P}$ 成为对角矩阵，即 $\boldsymbol{A}$ 的对角化问题.

定义 2 若存在可逆矩阵 $\boldsymbol{P}$，使得 n 阶方阵 $\boldsymbol{A}$ 与对角矩阵 $\boldsymbol{\Lambda}$ 之间有关系

$$\boldsymbol{\Lambda}=\boldsymbol{P}^{-1}\boldsymbol{A}\boldsymbol{P},$$

则称 **$\boldsymbol{A}$ 可对角化**，$\boldsymbol{\Lambda}$ 为 $\boldsymbol{A}$ 的相似对角化矩阵.

定理 2 **n 阶方阵 $\boldsymbol{A}$ 可对角化的充要条件是 $\boldsymbol{A}$ 有 n 个线性无关的特征向量.**

证 设 n 阶方阵 $\boldsymbol{A}$ 可对角化，则存在 n 阶可逆矩阵 $\boldsymbol{P}$，使得

$$\boldsymbol{P}^{-1}\boldsymbol{A}\boldsymbol{P}=\boldsymbol{\Lambda}=\operatorname{diag}(\lambda_1,\lambda_2,\cdots,\lambda_n),$$

即 $\boldsymbol{A}\boldsymbol{P}=\boldsymbol{P}\boldsymbol{\Lambda}$. 将 $\boldsymbol{P}$ 写成向量形式，即

$$\boldsymbol{P}=(\boldsymbol{p}_1,\boldsymbol{p}_2,\cdots,\boldsymbol{p}_n).$$

因为

$$\boldsymbol{A}\boldsymbol{P}=\boldsymbol{A}(\boldsymbol{p}_1,\boldsymbol{p}_2,\cdots,\boldsymbol{p}_n)=(\boldsymbol{A}\boldsymbol{p}_1,\boldsymbol{A}\boldsymbol{p}_2,\cdots,\boldsymbol{A}\boldsymbol{p}_n),$$

以及

$$\boldsymbol{P}\boldsymbol{\Lambda}=(\boldsymbol{p}_1,\boldsymbol{p}_2,\cdots,\boldsymbol{p}_n)\boldsymbol{\Lambda}=(\lambda_1\boldsymbol{p}_1,\lambda_2\boldsymbol{p}_2,\cdots,\lambda_n\boldsymbol{p}_n),$$

所以

$$\boldsymbol{A}\boldsymbol{p}_i=\lambda_i\boldsymbol{p}_i\quad(i=1,2,\cdots,n).$$

又因为矩阵 $\boldsymbol{P}$ 可逆，所以 $\boldsymbol{p}_1,\boldsymbol{p}_2,\cdots,\boldsymbol{p}_n$ 都是非零向量且线性无关，于是 $\boldsymbol{p}_1,\boldsymbol{p}_2,\cdots,\boldsymbol{p}_n$ 是方阵 $\boldsymbol{A}$ 的 n 个线性无关的特征向量.

反之，若方阵 $\boldsymbol{A}$ 有 n 个线性无关的特征向量 $\boldsymbol{p}_1,\boldsymbol{p}_2,\cdots,\boldsymbol{p}_n$，不妨设它们分别属于特征值 $\lambda_1,\lambda_2,\cdots,\lambda_n$（可以相同），于是

$$(\boldsymbol{A}\boldsymbol{p}_1,\boldsymbol{A}\boldsymbol{p}_2,\cdots,\boldsymbol{A}\boldsymbol{p}_n)=(\lambda_1\boldsymbol{p}_1,\lambda_2\boldsymbol{p}_2,\cdots,\lambda_n\boldsymbol{p}_n),$$

即

$$\boldsymbol{A}(\boldsymbol{p}_1,\boldsymbol{p}_2,\cdots,\boldsymbol{p}_n)=(\boldsymbol{p}_1,\boldsymbol{p}_2,\cdots,\boldsymbol{p}_n)\begin{pmatrix}\lambda_1&&&\\&\lambda_2&&\\&&\ddots&\\&&&\lambda_n\end{pmatrix}.$$

如果令矩阵

$$\boldsymbol{P}=(\boldsymbol{p}_1,\boldsymbol{p}_2,\cdots,\boldsymbol{p}_n),\quad\boldsymbol{\Lambda}=\operatorname{diag}(\lambda_1,\lambda_2,\cdots,\lambda_n),$$

则 $\boldsymbol{P}$ 可逆且满足

$$AP=P\Lambda, \quad 即 \quad P^{-1}AP=\Lambda.$$

推论 2 若 n 阶方阵 A 有 n 个不同的特征值，则 A 相似于一个对角矩阵.

需要注意的是，该推论的逆命题不成立. 例如，在 §4.1 例 2 中，方阵 A 有 3 个线性无关的特征向量 ξ_1,ξ_2,ξ_3，从而 A 可对角化. 实际上，令矩阵

$$P=(\xi_1,\xi_2,\xi_3)=\begin{pmatrix}1&0&1\\0&1&0\\1&-1&4\end{pmatrix},$$

就有

$$P^{-1}AP=\Lambda=\begin{pmatrix}-1&0&0\\0&2&0\\0&0&2\end{pmatrix},$$

但是 A 只有 2 个不同的特征值.

例 2 已知方阵

$$A=\begin{pmatrix}-1&1&0\\-2&2&0\\4&-2&1\end{pmatrix},$$

求 A^n.

解 方阵 A 的特征多项式为

$$|\lambda E-A|=\begin{vmatrix}\lambda+1&-1&0\\2&\lambda-2&0\\-4&2&\lambda-1\end{vmatrix}=\lambda(\lambda-1)^2,$$

所以 A 的特征值为 $\lambda_1=\lambda_2=1,\lambda_3=0$.

当 $\lambda_1=\lambda_2=1$ 时，解方程组 $(E-A)x=0$，得基础解系

$$\xi_1=\begin{pmatrix}1\\2\\0\end{pmatrix},\quad \xi_2=\begin{pmatrix}0\\0\\1\end{pmatrix}.$$

当 $\lambda_3=0$ 时，解方程组 $-Ax=0$，得基础解系

$$\xi_3=\begin{pmatrix}1\\1\\-2\end{pmatrix}.$$

令矩阵

$$P=(\xi_1,\xi_2,\xi_3)=\begin{pmatrix}1&0&1\\2&0&1\\0&1&-2\end{pmatrix},$$

则

$$P^{-1}=\begin{pmatrix}-1&1&0\\4&-2&1\\2&-1&0\end{pmatrix},$$

且

$$P^{-1}AP=\Lambda=\begin{pmatrix}1&0&0\\0&1&0\\0&0&0\end{pmatrix}.$$

于是

$$A^n=P\Lambda^nP^{-1}=\begin{pmatrix}1&0&1\\2&0&1\\0&1&-2\end{pmatrix}\begin{pmatrix}1&0&0\\0&1&0\\0&0&0\end{pmatrix}\begin{pmatrix}-1&1&0\\4&-2&1\\2&-1&0\end{pmatrix}$$

$$=\begin{pmatrix}-1&1&0\\-2&2&0\\4&-2&1\end{pmatrix}.$$

§4.3 正交向量和正交矩阵

在二维平面和三维空间中，向量是有大小、有方向的，并且向量之间也定义了内积运算. 本节定义 n 维向量的内积，并在此基础上给向量赋予长度和夹角的概念.

一、向量的内积、长度和夹角

定义 1 设有两个 n 维向量

$$\boldsymbol{\alpha}=\begin{pmatrix}a_1\\a_2\\\vdots\\a_n\end{pmatrix},\quad \boldsymbol{\beta}=\begin{pmatrix}b_1\\b_2\\\vdots\\b_n\end{pmatrix},$$

称数

$$a_1b_1+a_2b_2+\cdots+a_nb_n$$

为向量 $\boldsymbol{\alpha}$ 与 $\boldsymbol{\beta}$ 的**内积**，记为 $[\boldsymbol{\alpha},\boldsymbol{\beta}]$.

向量 $\boldsymbol{\alpha}$ 与 $\boldsymbol{\beta}$ 的内积是一个实数，当 $\boldsymbol{\alpha},\boldsymbol{\beta}$ 都是列向量时，如果用矩阵的记号来表示，就有 $[\boldsymbol{\alpha},\boldsymbol{\beta}]=\boldsymbol{\alpha}^{\mathrm{T}}\boldsymbol{\beta}=\boldsymbol{\beta}^{\mathrm{T}}\boldsymbol{\alpha}$.

设 $\boldsymbol{\alpha},\boldsymbol{\beta},\boldsymbol{\gamma}$ 为 n 维向量，k 为实数，向量的内积满足下列运算律：

(1) $[\boldsymbol{\alpha},\boldsymbol{\beta}]=[\boldsymbol{\beta},\boldsymbol{\alpha}]$；

(2) $[k\boldsymbol{\alpha},\boldsymbol{\beta}]=k[\boldsymbol{\alpha},\boldsymbol{\beta}]$；

(3) $[\boldsymbol{\alpha}+\boldsymbol{\beta},\boldsymbol{\gamma}]=[\boldsymbol{\alpha},\boldsymbol{\gamma}]+[\boldsymbol{\beta},\boldsymbol{\gamma}]$；

(4) $[\boldsymbol{\alpha},\boldsymbol{\alpha}]\geqslant 0$，当且仅当 $\boldsymbol{\alpha}=\mathbf{0}$ 时等号成立.

利用这些运算律，可以证明**施瓦茨**(Schwarz) **不等式**

$$[\boldsymbol{\alpha},\boldsymbol{\beta}]^2 \leqslant [\boldsymbol{\alpha},\boldsymbol{\alpha}][\boldsymbol{\beta},\boldsymbol{\beta}].$$

推广二维向量长度的定义,我们有下述定义.

定义 2 设 n 维向量 $\boldsymbol{\alpha}=(a_1,a_2,\cdots,a_n)^{\mathrm{T}}$,称

$$\|\boldsymbol{\alpha}\|=\sqrt{[\boldsymbol{\alpha},\boldsymbol{\alpha}]}=\sqrt{a_1^2+a_2^2+\cdots+a_n^2}$$

为向量 $\boldsymbol{\alpha}$ 的**长度**(或**范数**).

显然,向量的长度具有如下性质(设 $\boldsymbol{\alpha},\boldsymbol{\beta}$ 为 n 维向量,k 为任意实数).

(1) 非负性:$\|\boldsymbol{\alpha}\|\geqslant 0$,当且仅当 $\boldsymbol{\alpha}=\mathbf{0}$ 时等号成立;

(2) 齐次性:$\|k\boldsymbol{\alpha}\|=|k|\,\|\boldsymbol{\alpha}\|$;

(3) 三角不等式:$\|\boldsymbol{\alpha}+\boldsymbol{\beta}\|\leqslant\|\boldsymbol{\alpha}\|+\|\boldsymbol{\beta}\|$.

证 性质 (1) 与(2) 是显然成立的,这里仅证明性质(3).

因为

$$\|\boldsymbol{\alpha}+\boldsymbol{\beta}\|^2=[\boldsymbol{\alpha}+\boldsymbol{\beta},\boldsymbol{\alpha}+\boldsymbol{\beta}]=[\boldsymbol{\alpha},\boldsymbol{\alpha}]+2[\boldsymbol{\alpha},\boldsymbol{\beta}]+[\boldsymbol{\beta},\boldsymbol{\beta}],$$

由施瓦茨不等式,有

$$[\boldsymbol{\alpha},\boldsymbol{\beta}]\leqslant\sqrt{[\boldsymbol{\alpha},\boldsymbol{\alpha}][\boldsymbol{\beta},\boldsymbol{\beta}]},$$

所以

$$\begin{aligned}\|\boldsymbol{\alpha}+\boldsymbol{\beta}\|^2&\leqslant[\boldsymbol{\alpha},\boldsymbol{\alpha}]+2\sqrt{[\boldsymbol{\alpha},\boldsymbol{\alpha}][\boldsymbol{\beta},\boldsymbol{\beta}]}+[\boldsymbol{\beta},\boldsymbol{\beta}]\\&=\|\boldsymbol{\alpha}\|^2+2\|\boldsymbol{\alpha}\|\,\|\boldsymbol{\beta}\|+\|\boldsymbol{\beta}\|^2\\&=(\|\boldsymbol{\alpha}\|+\|\boldsymbol{\beta}\|)^2.\end{aligned}$$

上式两端开平方,得

$$\|\boldsymbol{\alpha}+\boldsymbol{\beta}\|\leqslant\|\boldsymbol{\alpha}\|+\|\boldsymbol{\beta}\|.$$

当 $\|\boldsymbol{\alpha}\|=1$ 时,称 $\boldsymbol{\alpha}$ 为**单位向量**. 当 $\boldsymbol{\alpha}\neq\mathbf{0}$ 时,由性质(2) 不难得出,向量 $\dfrac{1}{\|\boldsymbol{\alpha}\|}\boldsymbol{\alpha}$ 为单位向量. 也就是说,给非零向量 $\boldsymbol{\alpha}$ 乘以常数 $\dfrac{1}{\|\boldsymbol{\alpha}\|}$,就可以得到单位向量,把这个过程称为**对向量 $\boldsymbol{\alpha}$ 单位化**. 这是得到单位向量的一种方法.

对于任意两个非零向量 $\boldsymbol{\alpha},\boldsymbol{\beta}$,由施瓦茨不等式可以得到

$$-1\leqslant\frac{[\boldsymbol{\alpha},\boldsymbol{\beta}]}{\|\boldsymbol{\alpha}\|\,\|\boldsymbol{\beta}\|}\leqslant 1.$$

于是,引入两个非零向量夹角的概念.

定义 3 当 n 维向量 $\boldsymbol{\alpha}\neq\mathbf{0},\boldsymbol{\beta}\neq\mathbf{0}$ 时,称

$$\theta=\arccos\frac{[\boldsymbol{\alpha},\boldsymbol{\beta}]}{\|\boldsymbol{\alpha}\|\,\|\boldsymbol{\beta}\|}\quad(0\leqslant\theta\leqslant\pi)$$

为向量 $\boldsymbol{\alpha}$ 与 $\boldsymbol{\beta}$ 的**夹角**.

当 $[\boldsymbol{\alpha},\boldsymbol{\beta}]=0$ 时,称向量 $\boldsymbol{\alpha}$ 与 $\boldsymbol{\beta}$ **正交**.

显然,零向量与任一向量都正交.

容易证明,两个非零向量 $\boldsymbol{\alpha}$ 与 $\boldsymbol{\beta}$ 正交的充要条件是 $\boldsymbol{\alpha}$ 与 $\boldsymbol{\beta}$ 的夹角为 $\dfrac{\pi}{2}$.

定义 4 设 n 维向量组 $\boldsymbol{\alpha}_1,\boldsymbol{\alpha}_2,\cdots,\boldsymbol{\alpha}_r$ 都是非零向量且两两正交，则称该向量组为**正交向量组**. 若正交向量组中每个向量都是单位向量，则称其为**标准正交向量组**或**规范正交向量组**.

微课视频

如果 n 维实向量空间 $\mathbf{R}^n$ 的一个基是两两正交的，则称这个基为 $\mathbf{R}^n$ 的**正交基**. 若正交基中的向量都是单位向量，则称这个基为 $\mathbf{R}^n$ 的**标准正交基**或**规范正交基**.

容易验证，n 维单位向量组

$$\boldsymbol{\varepsilon}_1=\begin{pmatrix}1\\0\\\vdots\\0\end{pmatrix},\quad \boldsymbol{\varepsilon}_2=\begin{pmatrix}0\\1\\\vdots\\0\end{pmatrix},\quad \cdots,\quad \boldsymbol{\varepsilon}_n=\begin{pmatrix}0\\0\\\vdots\\1\end{pmatrix}$$

是 $\mathbf{R}^n$ 的标准正交基.

例 1 已知 $\mathbf{R}^3$ 中两个向量

$$\boldsymbol{\alpha}_1=\begin{pmatrix}1\\0\\-1\end{pmatrix},\quad \boldsymbol{\alpha}_2=\begin{pmatrix}0\\-2\\0\end{pmatrix}$$

正交，求一个非零向量 $\boldsymbol{\alpha}_3$，使得向量 $\boldsymbol{\alpha}_1,\boldsymbol{\alpha}_2,\boldsymbol{\alpha}_3$ 两两正交.

解 设向量

$$\boldsymbol{\alpha}_3=\begin{pmatrix}x_1\\x_2\\x_3\end{pmatrix}.$$

因为向量 $\boldsymbol{\alpha}_1,\boldsymbol{\alpha}_2$ 正交，所以当 $\boldsymbol{\alpha}_1$ 和 $\boldsymbol{\alpha}_2$ 都与 $\boldsymbol{\alpha}_3$ 正交时，就能使得向量 $\boldsymbol{\alpha}_1,\boldsymbol{\alpha}_2,\boldsymbol{\alpha}_3$ 两两正交，即

$$\begin{pmatrix}\boldsymbol{\alpha}_1^{\mathrm{T}}\\\boldsymbol{\alpha}_2^{\mathrm{T}}\end{pmatrix}\boldsymbol{\alpha}_3=\begin{pmatrix}1&0&-1\\0&-2&0\end{pmatrix}\begin{pmatrix}x_1\\x_2\\x_3\end{pmatrix}=\mathbf{0}.$$

由

$$\begin{pmatrix}\boldsymbol{\alpha}_1^{\mathrm{T}}\\\boldsymbol{\alpha}_2^{\mathrm{T}}\end{pmatrix}=\begin{pmatrix}1&0&-1\\0&-2&0\end{pmatrix}\xrightarrow{\text{初等行变换}}\begin{pmatrix}1&0&-1\\0&1&0\end{pmatrix},$$

得

$$\begin{cases}x_1=x_3,\\x_2=0,\end{cases}$$

从而取 $\boldsymbol{\alpha}_3=\begin{pmatrix}1\\0\\1\end{pmatrix}$ 即为所求.

下面给出正交向量组的性质.

定理 1 **若向量组 $\boldsymbol{\alpha}_1,\boldsymbol{\alpha}_2,\cdots,\boldsymbol{\alpha}_s$ 是正交向量组，则 $\boldsymbol{\alpha}_1,\boldsymbol{\alpha}_2,\cdots,\boldsymbol{\alpha}_s$ 线性无关.**

证 设 $k_1,k_2,\cdots,k_s$ 为一组数，满足

$$k_1\boldsymbol{\alpha}_1+k_2\boldsymbol{\alpha}_2+\cdots+k_s\boldsymbol{\alpha}_s=\boldsymbol{0}.$$

用向量 $\boldsymbol{\alpha}_1$ 与上式左、右两端分别做内积，同时由 $\boldsymbol{\alpha}_1,\boldsymbol{\alpha}_2,\cdots,\boldsymbol{\alpha}_s$ 的正交性可得

$$k_1[\boldsymbol{\alpha}_1,\boldsymbol{\alpha}_1]=0.$$

但是，$[\boldsymbol{\alpha}_1,\boldsymbol{\alpha}_1]\neq 0$，因此 $k_1=0$.

同理可得 $k_2=0,\cdots,k_s=0$.

因此，向量组 $\boldsymbol{\alpha}_1,\boldsymbol{\alpha}_2,\cdots,\boldsymbol{\alpha}_s$ 线性无关.

由于标准正交基在使用中极为方便，因此我们希望能在向量空间中找到一个标准正交基.

给定向量空间中一个线性无关向量组 $\boldsymbol{\alpha}_1,\boldsymbol{\alpha}_2,\cdots,\boldsymbol{\alpha}_s$，令

$$\begin{aligned}
&\boldsymbol{\beta}_1=\boldsymbol{\alpha}_1,\\
&\boldsymbol{\beta}_2=\boldsymbol{\alpha}_2-\frac{[\boldsymbol{\alpha}_2,\boldsymbol{\beta}_1]}{[\boldsymbol{\beta}_1,\boldsymbol{\beta}_1]}\boldsymbol{\beta}_1,\\
&\boldsymbol{\beta}_3=\boldsymbol{\alpha}_3-\frac{[\boldsymbol{\alpha}_3,\boldsymbol{\beta}_2]}{[\boldsymbol{\beta}_2,\boldsymbol{\beta}_2]}\boldsymbol{\beta}_2-\frac{[\boldsymbol{\alpha}_3,\boldsymbol{\beta}_1]}{[\boldsymbol{\beta}_1,\boldsymbol{\beta}_1]}\boldsymbol{\beta}_1,\\
&\cdots\cdots\\
&\boldsymbol{\beta}_s=\boldsymbol{\alpha}_s-\frac{[\boldsymbol{\alpha}_s,\boldsymbol{\beta}_{s-1}]}{[\boldsymbol{\beta}_{s-1},\boldsymbol{\beta}_{s-1}]}\boldsymbol{\beta}_{s-1}-\cdots-\frac{[\boldsymbol{\alpha}_s,\boldsymbol{\beta}_1]}{[\boldsymbol{\beta}_1,\boldsymbol{\beta}_1]}\boldsymbol{\beta}_1.
\end{aligned}$$

容易验证，$\boldsymbol{\beta}_1,\boldsymbol{\beta}_2,\cdots,\boldsymbol{\beta}_s$ 就是正交向量组. 此时，如果向量组 $\boldsymbol{\alpha}_1,\boldsymbol{\alpha}_2,\cdots,\boldsymbol{\alpha}_s$ 为向量空间的一个基，那么按照上述方法得到的 $\boldsymbol{\beta}_1,\boldsymbol{\beta}_2,\cdots,\boldsymbol{\beta}_s$ 为一个正交基. 这种由线性无关的向量组 $\boldsymbol{\alpha}_1,\boldsymbol{\alpha}_2,\cdots,\boldsymbol{\alpha}_s$ 得到正交向量组 $\boldsymbol{\beta}_1,\boldsymbol{\beta}_2,\cdots,\boldsymbol{\beta}_s$ 的方法称为**施密特**(Schmidt)**正交化方法**. 若在施密特正交化后，再将 $\boldsymbol{\beta}_1,\boldsymbol{\beta}_2,\cdots,\boldsymbol{\beta}_s$ 单位化，就可得到标准正交向量组.

例 2 已知

$$\boldsymbol{\alpha}_1=\begin{pmatrix}0\\1\\1\end{pmatrix},\quad \boldsymbol{\alpha}_2=\begin{pmatrix}1\\0\\1\end{pmatrix},\quad \boldsymbol{\alpha}_3=\begin{pmatrix}1\\1\\0\end{pmatrix}$$

为 $\mathbf{R}^3$ 的一个基，用施密特正交化方法将其化为 $\mathbf{R}^3$ 的一个标准正交基.

解 先用施密特正交化方法对向量组 $\boldsymbol{\alpha}_1,\boldsymbol{\alpha}_2,\boldsymbol{\alpha}_3$ 正交化. 令

$$\boldsymbol{\beta}_1=\boldsymbol{\alpha}_1=\begin{pmatrix}0\\1\\1\end{pmatrix},$$

$$\boldsymbol{\beta}_2=\boldsymbol{\alpha}_2-\frac{[\boldsymbol{\alpha}_2,\boldsymbol{\beta}_1]}{[\boldsymbol{\beta}_1,\boldsymbol{\beta}_1]}\boldsymbol{\beta}_1=\begin{pmatrix}1\\0\\1\end{pmatrix}-\frac{1}{2}\begin{pmatrix}0\\1\\1\end{pmatrix}=\frac{1}{2}\begin{pmatrix}2\\-1\\1\end{pmatrix},$$

$$\boldsymbol{\beta}_3=\boldsymbol{\alpha}_3-\frac{[\boldsymbol{\alpha}_3,\boldsymbol{\beta}_2]}{[\boldsymbol{\beta}_2,\boldsymbol{\beta}_2]}\boldsymbol{\beta}_2-\frac{[\boldsymbol{\alpha}_3,\boldsymbol{\beta}_1]}{[\boldsymbol{\beta}_1,\boldsymbol{\beta}_1]}\boldsymbol{\beta}_1=\begin{pmatrix}1\\1\\0\end{pmatrix}-\frac{1}{6}\begin{pmatrix}2\\-1\\1\end{pmatrix}-\frac{1}{2}\begin{pmatrix}0\\1\\1\end{pmatrix}=\frac{2}{3}\begin{pmatrix}1\\1\\-1\end{pmatrix}.$$

再对 $\boldsymbol{\beta}_1,\boldsymbol{\beta}_2,\boldsymbol{\beta}_3$ 单位化. 令

$$\boldsymbol{\gamma}_1=\frac{1}{\|\boldsymbol{\beta}_1\|}\boldsymbol{\beta}_1=\frac{\sqrt{2}}{2}\begin{pmatrix}0\\1\\1\end{pmatrix},$$

$$\boldsymbol{\gamma}_2=\frac{1}{\|\boldsymbol{\beta}_2\|}\boldsymbol{\beta}_2=\frac{\sqrt{6}}{6}\begin{pmatrix}2\\-1\\1\end{pmatrix},$$

$$\boldsymbol{\gamma}_3=\frac{1}{\|\boldsymbol{\beta}_3\|}\boldsymbol{\beta}_3=\frac{\sqrt{3}}{3}\begin{pmatrix}1\\1\\-1\end{pmatrix},$$

则 $\boldsymbol{\gamma}_1,\boldsymbol{\gamma}_2,\boldsymbol{\gamma}_3$ 就是 $\mathbf{R}^3$ 的一个标准正交基.

二、正交矩阵

定义 5 如果 n 阶方阵 $\boldsymbol{A}$ 满足

$$\boldsymbol{A}^{\mathrm{T}}\boldsymbol{A}=\boldsymbol{E},$$

则称 $\boldsymbol{A}$ 为**正交矩阵**.

不难发现,正交矩阵有下列性质:

(1) 若 $\boldsymbol{A}$ 为正交矩阵,则 $\boldsymbol{A}^{-1}=\boldsymbol{A}^{\mathrm{T}}$,且 $\boldsymbol{A}^{\mathrm{T}}$ 也是正交矩阵;

(2) 若 $\boldsymbol{A}$ 为正交矩阵,则 $|\boldsymbol{A}|=1$ 或 -1;

(3) 若 $\boldsymbol{A},\boldsymbol{B}$ 都是 n 阶正交矩阵,则 $\boldsymbol{AB}$ 也是正交矩阵.

接下来讨论正交矩阵的特征.

若 $\boldsymbol{A}$ 是 n 阶正交矩阵,将 $\boldsymbol{A}$ 写成向量形式,即 $\boldsymbol{A}=(\boldsymbol{\alpha}_1,\boldsymbol{\alpha}_2,\cdots,\boldsymbol{\alpha}_n)$,由正交矩阵的定义,有

$$\begin{pmatrix}\boldsymbol{\alpha}_1^{\mathrm{T}}\\\boldsymbol{\alpha}_2^{\mathrm{T}}\\\vdots\\\boldsymbol{\alpha}_n^{\mathrm{T}}\end{pmatrix}(\boldsymbol{\alpha}_1,\boldsymbol{\alpha}_2,\cdots,\boldsymbol{\alpha}_n)=\boldsymbol{E},$$

即

$$\begin{pmatrix}\boldsymbol{\alpha}_1^{\mathrm{T}}\boldsymbol{\alpha}_1 & \boldsymbol{\alpha}_1^{\mathrm{T}}\boldsymbol{\alpha}_2 & \cdots & \boldsymbol{\alpha}_1^{\mathrm{T}}\boldsymbol{\alpha}_n\\\boldsymbol{\alpha}_2^{\mathrm{T}}\boldsymbol{\alpha}_1 & \boldsymbol{\alpha}_2^{\mathrm{T}}\boldsymbol{\alpha}_2 & \cdots & \boldsymbol{\alpha}_2^{\mathrm{T}}\boldsymbol{\alpha}_n\\\vdots & \vdots & & \vdots\\\boldsymbol{\alpha}_n^{\mathrm{T}}\boldsymbol{\alpha}_1 & \boldsymbol{\alpha}_n^{\mathrm{T}}\boldsymbol{\alpha}_2 & \cdots & \boldsymbol{\alpha}_n^{\mathrm{T}}\boldsymbol{\alpha}_n\end{pmatrix}=\boldsymbol{E},$$

从而

$$\boldsymbol{\alpha}_i^{\mathrm{T}}\boldsymbol{\alpha}_j=\begin{cases}1, & i=j,\\0, & i\neq j\end{cases}\quad(i,j=1,2,\cdots,n).$$

由此说明,$\boldsymbol{A}$ 为正交矩阵的充要条件是 $\boldsymbol{A}$ 的列向量为两两正交的单位向量.

同理,因为 $\boldsymbol{A}^{\mathrm{T}}\boldsymbol{A}=\boldsymbol{E}$ 与 $\boldsymbol{A}\boldsymbol{A}^{\mathrm{T}}=\boldsymbol{E}$ 等价,所以 $\boldsymbol{A}$ 为正交矩阵的充要条件是 $\boldsymbol{A}$ 的行向量为两两正交的单位向量.

这也说明,n 阶正交矩阵 $\boldsymbol{A}$ 的 n 个行(列)向量构成 $\mathbf{R}^n$ 的一个标准正交基.

定义 6 若 $\boldsymbol{P}$ 为正交矩阵,则称线性变换 $\boldsymbol{y}=\boldsymbol{P}\boldsymbol{x}$ 为**正交变换**.

若 $\boldsymbol{y}=\boldsymbol{P}\boldsymbol{x}$ 为正交变换,则

$$\|\boldsymbol{y}\|=\sqrt{\boldsymbol{y}^{\mathrm{T}}\boldsymbol{y}}=\sqrt{\boldsymbol{x}^{\mathrm{T}}\boldsymbol{P}^{\mathrm{T}}\boldsymbol{P}\boldsymbol{x}}=\|\boldsymbol{x}\|,$$

所以正交变换保持向量的长度不变.

本章小结

本章主要包括 3 个内容:一是方阵的特征值和特征向量,二是矩阵的对角化问题,三是正交向量和正交矩阵.

一、方阵的特征值和特征向量

设 $\boldsymbol{A}$ 为 n 阶方阵,λ 为一个数,$\boldsymbol{\xi}$ 为非零向量,如果满足 $\boldsymbol{A}\boldsymbol{\xi}=\lambda\boldsymbol{\xi}$,则称 λ 为 $\boldsymbol{A}$ 的特征值,$\boldsymbol{\xi}$ 为 $\boldsymbol{A}$ 的属于特征值 λ 的特征向量.

行列式 $f(\lambda)=|\lambda\boldsymbol{E}-\boldsymbol{A}|$ 叫作方阵 $\boldsymbol{A}$ 的特征多项式,方程 $|\lambda\boldsymbol{E}-\boldsymbol{A}|=0$ 叫作方阵 $\boldsymbol{A}$ 的特征方程.

特征值和特征向量有以下主要性质:

(1) 设 $\lambda_1,\lambda_2,\cdots,\lambda_n$ 为方阵 $\boldsymbol{A}$ 的 n 个特征值(重根按重数计),则 $\sum\limits_{i=1}^{n}\lambda_i=\sum\limits_{i=1}^{n}a_{ii}=\mathrm{tr}(\boldsymbol{A})$,且 $|\boldsymbol{A}|=\lambda_1\lambda_2\cdots\lambda_n$.

(2) 设 λ 为方阵 $\boldsymbol{A}$ 的特征值,$\boldsymbol{\xi}$ 为 $\boldsymbol{A}$ 的属于特征值 λ 的特征向量,k 为非零常数,则 $k\lambda$ 为 $k\boldsymbol{A}$ 的特征值,$\boldsymbol{\xi}$ 为 $k\boldsymbol{A}$ 的属于特征值 $k\lambda$ 的特征向量;若 $\boldsymbol{\xi},\boldsymbol{\eta}$ 都是 $\boldsymbol{A}$ 的属于特征值 λ 的特征向量,且 $\boldsymbol{\xi}+\boldsymbol{\eta}\neq\boldsymbol{0}$,则 $\boldsymbol{\xi}+\boldsymbol{\eta}$ 也为 $\boldsymbol{A}$ 的属于特征值 λ 的特征向量.

(3) 方阵 $\boldsymbol{A}$ 可逆的充要条件是 $\boldsymbol{A}$ 的特征值全不为 0,且 $\dfrac{1}{\lambda}$ 为 $\boldsymbol{A}^{-1}$ 的特征值.

(4) 如果 λ 为方阵 $\boldsymbol{A}$ 的特征值,$\boldsymbol{\xi}$ 为 $\boldsymbol{A}$ 的属于特征值 λ 的特征向量,那么当 $g(x)=a_mx^m+a_{m-1}x^{m-1}+\cdots+a_1x+a_0$ 为 x 的 m 次多项式时,$g(\lambda)$ 为 $g(\boldsymbol{A})$ 的特征值,$\boldsymbol{\xi}$ 为 $g(\boldsymbol{A})$ 的属于特征值 $g(\lambda)$ 的特征向量.

二、相似矩阵和矩阵的对角化

设 $\boldsymbol{A},\boldsymbol{B}$ 为 n 阶方阵. 若存在 n 阶可逆矩阵 $\boldsymbol{P}$,满足 $\boldsymbol{B}=\boldsymbol{P}^{-1}\boldsymbol{A}\boldsymbol{P}$,则称 $\boldsymbol{A}$ 与 $\boldsymbol{B}$ 相似.

矩阵的相似是一种等价关系,满足反身性、对称性与传递性. 若方阵 $\boldsymbol{A}$ 与 $\boldsymbol{B}$ 相似,则 $|\lambda\boldsymbol{E}-\boldsymbol{A}|=|\lambda\boldsymbol{E}-\boldsymbol{B}|$,$|\boldsymbol{A}|=|\boldsymbol{B}|$,$\mathrm{tr}(\boldsymbol{A})=\mathrm{tr}(\boldsymbol{B})$.

若存在可逆矩阵 $\boldsymbol{P}$,使得 n 阶方阵 $\boldsymbol{A}$ 与对角矩阵 $\boldsymbol{\Lambda}$ 之间有关系 $\boldsymbol{\Lambda}=\boldsymbol{P}^{-1}\boldsymbol{A}\boldsymbol{P}$,则称 $\boldsymbol{A}$ 可对角化,$\boldsymbol{\Lambda}$ 为 $\boldsymbol{A}$ 的相似对角化矩阵.

n 阶方阵 $\boldsymbol{A}$ 可对角化的充要条件是 $\boldsymbol{A}$ 有 n 个线性无关的特征向量.

将 n 阶方阵 $\boldsymbol{A}$ 对角化的步骤如下:

(1) 求特征方程 $|\lambda \boldsymbol{E}-\boldsymbol{A}|=0$ 的全部不同根 $\lambda_1,\lambda_2,\cdots,\lambda_s(s\leqslant n)$，它们都是方阵 $\boldsymbol{A}$ 的特征值.

(2) 对 $\boldsymbol{A}$ 的每一个不同的特征值 $\lambda_i(i=1,2,\cdots,s)$，求出属于 λ_i 的所有线性无关的特征向量 $\boldsymbol{\xi}_1^{(i)},\boldsymbol{\xi}_2^{(i)},\cdots,\boldsymbol{\xi}_{t_i}^{(i)}$. 如果 $t_1+t_2+\cdots+t_s=n$，那么 $\boldsymbol{A}$ 可对角化，否则不可对角化.

(3) 令矩阵 $\boldsymbol{P}=(\boldsymbol{\xi}_1^{(1)},\boldsymbol{\xi}_2^{(1)},\cdots,\boldsymbol{\xi}_{t_1}^{(1)},\boldsymbol{\xi}_1^{(2)},\boldsymbol{\xi}_2^{(2)},\cdots,\boldsymbol{\xi}_{t_2}^{(2)},\cdots,\boldsymbol{\xi}_1^{(s)},\boldsymbol{\xi}_2^{(s)},\cdots,\boldsymbol{\xi}_{t_s}^{(s)})$，则

$$\boldsymbol{P}^{-1}\boldsymbol{AP}=\boldsymbol{\Lambda}=\mathrm{diag}(\underbrace{\lambda_1,\lambda_1,\cdots,\lambda_1}_{t_1\text{个}},\underbrace{\lambda_2,\lambda_2,\cdots,\lambda_2}_{t_2\text{个}},\cdots,\underbrace{\lambda_s,\lambda_s,\cdots,\lambda_s}_{t_s\text{个}}).$$

三、正交向量和正交矩阵

设 n 维向量 $\boldsymbol{\alpha}=(a_1,a_2,\cdots,a_n)^{\mathrm{T}},\boldsymbol{\beta}=(b_1,b_2,\cdots,b_n)^{\mathrm{T}}$，则称数 $[\boldsymbol{\alpha},\boldsymbol{\beta}]=\boldsymbol{\alpha}^{\mathrm{T}}\boldsymbol{\beta}=\sum_{i=1}^{n}a_ib_i$ 为向量 $\boldsymbol{\alpha}$ 与 $\boldsymbol{\beta}$ 的内积.

关于向量的内积，有

(1) $[\boldsymbol{\alpha},\boldsymbol{\beta}]=[\boldsymbol{\beta},\boldsymbol{\alpha}]$；

(2) $[k\boldsymbol{\alpha},\boldsymbol{\beta}]=k[\boldsymbol{\alpha},\boldsymbol{\beta}]$；

(3) $[\boldsymbol{\alpha}+\boldsymbol{\beta},\boldsymbol{\gamma}]=[\boldsymbol{\alpha},\boldsymbol{\gamma}]+[\boldsymbol{\beta},\boldsymbol{\gamma}]$；

(4) $[\boldsymbol{\alpha},\boldsymbol{\alpha}]\geqslant 0$，当且仅当 $\boldsymbol{\alpha}=\boldsymbol{0}$ 时等号成立；

(5) $[\boldsymbol{\alpha},\boldsymbol{\beta}]^2\leqslant[\boldsymbol{\alpha},\boldsymbol{\alpha}][\boldsymbol{\beta},\boldsymbol{\beta}]$.

借助向量的内积，定义 n 维向量 $\boldsymbol{\alpha}$ 的长度 $\|\boldsymbol{\alpha}\|=\sqrt{[\boldsymbol{\alpha},\boldsymbol{\alpha}]}$. 两个非零向量 $\boldsymbol{\alpha}$ 与 $\boldsymbol{\beta}$ 的夹角为 $\arccos\dfrac{[\boldsymbol{\alpha},\boldsymbol{\beta}]}{\|\boldsymbol{\alpha}\|\,\|\boldsymbol{\beta}\|}$. 若 $[\boldsymbol{\alpha},\boldsymbol{\beta}]=0$，则称向量 $\boldsymbol{\alpha}$ 与 $\boldsymbol{\beta}$ 正交.

任意一个线性无关的向量组都可以经过施密特正交化方法化为正交向量组.

设 $\boldsymbol{A}$ 为 n 阶方阵，若 $\boldsymbol{A}^{\mathrm{T}}\boldsymbol{A}=\boldsymbol{E}$，则称 $\boldsymbol{A}$ 为正交矩阵.

正交矩阵的行(列) 向量组是 $\mathbf{R}^n$ 的一个标准正交基.

习题四

1. 求下列方阵的特征值和特征向量：

(1) $\begin{pmatrix}1&2&4\\0&3&5\\0&0&6\end{pmatrix}$；　　(2) $\begin{pmatrix}2&1&3\\4&2&6\\6&3&9\end{pmatrix}$；

(3) $\begin{pmatrix}1&2&2&2\\2&1&2&2\\2&2&1&2\\2&2&2&1\end{pmatrix}$.

2. 设三阶方阵 $\boldsymbol{A}$ 的特征值为 $1,2,-2$，$\boldsymbol{A}^*$ 为 $\boldsymbol{A}$ 的伴随矩阵，求矩阵 $5\boldsymbol{A}^*-2\boldsymbol{A}+6\boldsymbol{E}$ 的特征值.

3. 设λ_1,λ_2是方阵$\boldsymbol{A}$的两个不同的特征值,$\boldsymbol{\alpha}_1,\boldsymbol{\alpha}_2$是分别属于$\lambda_1,\lambda_2$的特征向量,证明:$\boldsymbol{\alpha}_1+\boldsymbol{\alpha}_2$不是$\boldsymbol{A}$的特征向量.

4. 设方阵

$$\boldsymbol{A}=\begin{pmatrix}1 & -2 & -4\\ -2 & x & -2\\ -4 & -2 & 1\end{pmatrix} \quad 与 \quad \boldsymbol{B}=\begin{pmatrix}5 & 0 & 0\\ 0 & y & 0\\ 0 & 0 & -4\end{pmatrix}$$

相似,求:

(1) x,y的值;

(2) 可逆矩阵$\boldsymbol{P}$,使得$\boldsymbol{P}^{-1}\boldsymbol{AP}=\boldsymbol{B}$.

5. 设三阶方阵$\boldsymbol{A}$的特征值为$\lambda_1=1,\lambda_2=2,\lambda_3=-1$,对应的特征向量依次为

$$\boldsymbol{\xi}_1=\begin{pmatrix}1\\1\\0\end{pmatrix},\quad \boldsymbol{\xi}_2=\begin{pmatrix}-1\\0\\1\end{pmatrix},\quad \boldsymbol{\xi}_3=\begin{pmatrix}1\\1\\2\end{pmatrix},$$

求方阵$\boldsymbol{A}$.

6. 设方阵

$$\boldsymbol{A}=\begin{pmatrix}2 & 1 & 1\\ 3 & 0 & -3\\ 0 & 0 & 3\end{pmatrix},$$

求:

(1) 方阵$\boldsymbol{A}$的特征值和特征向量;

(2) 可逆矩阵$\boldsymbol{P}$,使得$\boldsymbol{P}^{-1}\boldsymbol{AP}$成为对角矩阵;

(3) $\boldsymbol{A}^{10}$.

7. 设方阵

$$\boldsymbol{A}=\begin{pmatrix}0 & -1 & 0\\ 1 & 0 & 0\\ 0 & 0 & -1\end{pmatrix},$$

已知$\boldsymbol{B}=\boldsymbol{P}^{-1}\boldsymbol{AP}$,其中$\boldsymbol{P}$为三阶可逆矩阵,求$\boldsymbol{B}^{2004}-2\boldsymbol{A}^2$.

8. 设三阶方阵$\boldsymbol{A}$的特征值为$1,-2,3$,$\boldsymbol{B}=\boldsymbol{A}^2-3\boldsymbol{A}+\boldsymbol{E}$.

(1) 求$\boldsymbol{B}$的特征值.

(2) 判断$\boldsymbol{B}$是否可对角化,若可以,求出其相似对角化矩阵.

(3) 求$|\boldsymbol{B}|$,$|\boldsymbol{A}-2\boldsymbol{E}|$.

9. 设$\boldsymbol{A},\boldsymbol{B}$都是$n$阶方阵,且$\boldsymbol{A}$可逆,证明:$\boldsymbol{AB}$与$\boldsymbol{BA}$相似.

10. 已知$\boldsymbol{\xi}=\begin{pmatrix}1\\1\\-1\end{pmatrix}$是方阵$\boldsymbol{A}=\begin{pmatrix}2 & -1 & 2\\ 5 & a & 3\\ -1 & b & -2\end{pmatrix}$的一个特征向量.

(1) 求参数a,b及特征向量$\boldsymbol{\xi}$所对应的特征值.

(2) 判断$\boldsymbol{A}$是否可对角化,并说明理由.

11. 设$\boldsymbol{A},\boldsymbol{B}$都是$n$阶方阵且都为正交矩阵,证明:$\boldsymbol{AB}$为正交矩阵.

12. 判断下列矩阵是否可对角化：

(1) $\begin{pmatrix} 1 & 2 & 1 \\ 0 & 3 & 0 \\ 0 & 0 & 0 \end{pmatrix}$； (2) $\begin{pmatrix} 1 & 2 & 1 \\ 0 & 1 & 0 \\ 0 & 0 & 3 \end{pmatrix}$；

(3) $\begin{pmatrix} 1 & 1 & 1 \\ 2 & 2 & 2 \\ 3 & 3 & 3 \end{pmatrix}$.

13. 用施密特正交化方法将向量组

$$\boldsymbol{\alpha}_1 = \begin{pmatrix} 1 \\ 1 \\ 1 \end{pmatrix}, \quad \boldsymbol{\alpha}_2 = \begin{pmatrix} 1 \\ 2 \\ 1 \end{pmatrix}, \quad \boldsymbol{\alpha}_3 = \begin{pmatrix} 1 \\ 3 \\ 5 \end{pmatrix}$$

正交化.

14. 判断下列矩阵是不是正交矩阵,并说明理由：

(1) $\begin{pmatrix} 1 & -\frac{1}{2} & \frac{1}{3} \\ -\frac{1}{2} & 1 & \frac{1}{2} \\ \frac{1}{3} & \frac{1}{2} & -1 \end{pmatrix}$； (2) $\begin{pmatrix} \frac{1}{\sqrt{2}} & \frac{1}{\sqrt{2}} & 0 & 0 \\ \frac{1}{\sqrt{2}} & -\frac{1}{\sqrt{2}} & 0 & 0 \\ 0 & 0 & \frac{1}{\sqrt{2}} & \frac{1}{\sqrt{2}} \\ 0 & 0 & \frac{1}{\sqrt{2}} & -\frac{1}{\sqrt{2}} \end{pmatrix}$.

第五章

二 次 型

本章首先在实对称矩阵上考虑矩阵的对角化问题,能得到肯定的结果.然后借助这一结果,得到化二次型为标准形的正交变换法.最后将二次型与 0 比较大小,得到正定二次型和正定矩阵.

§5.1 实对称矩阵的对角化

在第四章中,如果一个 n 阶方阵有 n 个线性无关的特征向量,那么它一定可对角化. 实对称矩阵作为一种特殊的矩阵,也可对角化. 本节给出相关理论和结果.

一、实对称矩阵的相关定理

定理 1 **实对称矩阵的特征值为实数.**

证 设 λ 是实对称矩阵 $\boldsymbol{A}$ 的复特征值,$\boldsymbol{\xi}$ 是 $\boldsymbol{A}$ 的属于 λ 的特征向量,则 $\boldsymbol{\xi}$ 是复向量,且

$$\boldsymbol{A\xi}=\lambda\boldsymbol{\xi}.$$

由于 $\boldsymbol{A}$ 是实矩阵,因此

$$\boldsymbol{A}\overline{\boldsymbol{\xi}}=\overline{\boldsymbol{A}}\,\overline{\boldsymbol{\xi}}=\overline{\boldsymbol{A\xi}}=\overline{\lambda\boldsymbol{\xi}}=\overline{\lambda}\,\overline{\boldsymbol{\xi}}.$$

又因为

$$\overline{\boldsymbol{\xi}}^{\mathrm{T}}\boldsymbol{A\xi}=\overline{\boldsymbol{\xi}}^{\mathrm{T}}(\lambda\boldsymbol{\xi})=\lambda\overline{\boldsymbol{\xi}}^{\mathrm{T}}\boldsymbol{\xi},$$

且

$$\overline{\boldsymbol{\xi}}^{\mathrm{T}}\boldsymbol{A\xi}=\overline{\boldsymbol{\xi}}^{\mathrm{T}}\boldsymbol{A}^{\mathrm{T}}\boldsymbol{\xi}=(\boldsymbol{A}\overline{\boldsymbol{\xi}})^{\mathrm{T}}\boldsymbol{\xi}=(\overline{\lambda}\,\overline{\boldsymbol{\xi}})^{\mathrm{T}}\boldsymbol{\xi}=\overline{\lambda}\,\overline{\boldsymbol{\xi}}^{\mathrm{T}}\boldsymbol{\xi},$$

所以

$$\lambda\overline{\boldsymbol{\xi}}^{\mathrm{T}}\boldsymbol{\xi}=\overline{\lambda}\,\overline{\boldsymbol{\xi}}^{\mathrm{T}}\boldsymbol{\xi}.$$

但 $\boldsymbol{\xi}\neq\mathbf{0}$,故 $\overline{\boldsymbol{\xi}}^{\mathrm{T}}\boldsymbol{\xi}\neq 0$,从而 $\lambda=\overline{\lambda}$,即 λ 是实数.

定理 2 **设 λ_1,λ_2 是实对称矩阵 $\boldsymbol{A}$ 的两个不同的特征值,$\boldsymbol{\xi}_1,\boldsymbol{\xi}_2$ 分别是属于 λ_1,λ_2 的特征向量,则 $\boldsymbol{\xi}_1$ 与 $\boldsymbol{\xi}_2$ 正交.**

证 已知 $\boldsymbol{A\xi}_1=\lambda_1\boldsymbol{\xi}_1,\boldsymbol{A\xi}_2=\lambda_2\boldsymbol{\xi}_2$,且 $\lambda_1\neq\lambda_2$.

因为

$$(\boldsymbol{A\xi}_1)^{\mathrm{T}}\boldsymbol{\xi}_2=(\lambda_1\boldsymbol{\xi}_1)^{\mathrm{T}}\boldsymbol{\xi}_2=\lambda_1\boldsymbol{\xi}_1^{\mathrm{T}}\boldsymbol{\xi}_2,$$

且

$$(\boldsymbol{A\xi}_1)^{\mathrm{T}}\boldsymbol{\xi}_2=\boldsymbol{\xi}_1^{\mathrm{T}}\boldsymbol{A}^{\mathrm{T}}\boldsymbol{\xi}_2=\boldsymbol{\xi}_1^{\mathrm{T}}\boldsymbol{A\xi}_2=\boldsymbol{\xi}_1^{\mathrm{T}}\lambda_2\boldsymbol{\xi}_2=\lambda_2\boldsymbol{\xi}_1^{\mathrm{T}}\boldsymbol{\xi}_2,$$

所以

$$(\lambda_1-\lambda_2)\boldsymbol{\xi}_1^{\mathrm{T}}\boldsymbol{\xi}_2=0.$$

但 $\lambda_1\neq\lambda_2$,从而 $\boldsymbol{\xi}_1^{\mathrm{T}}\boldsymbol{\xi}_2=0$,即 $\boldsymbol{\xi}_1$ 与 $\boldsymbol{\xi}_2$ 正交.

推论 1 如果 n 阶实对称矩阵 $\boldsymbol{A}$ 有 n 个不同的特征值 $\lambda_1,\lambda_2,\cdots,\lambda_n$,对应的特征向量分别是 $\boldsymbol{\xi}_1,\boldsymbol{\xi}_2,\cdots,\boldsymbol{\xi}_n$,则 $\boldsymbol{\xi}_1,\boldsymbol{\xi}_2,\cdots,\boldsymbol{\xi}_n$ 两两正交.

推论 2 设 λ_1,λ_2 是实对称矩阵 $\boldsymbol{A}$ 的两个不同的特征值. 如果 $\boldsymbol{\xi}_1,\boldsymbol{\xi}_2,\cdots,\boldsymbol{\xi}_s$ 是 $\boldsymbol{A}$ 的属于 λ_1 的特征向量,$\boldsymbol{\eta}_1,\boldsymbol{\eta}_2,\cdots,\boldsymbol{\eta}_t$ 是 $\boldsymbol{A}$ 的属于 λ_2 的特征向量,那么 $\boldsymbol{\xi}_i,\boldsymbol{\eta}_j$ 正交,其中 $i=1,2,\cdots,s;j=1,2,\cdots,t$.

定理 3 **设 A 为 n 阶实对称矩阵，则一定存在 n 阶正交矩阵 P，使得 $P^{-1}AP = P^{\mathrm{T}}AP = \Lambda$，其中 Λ 是以 A 的 n 个特征值为主对角线上元素的对角矩阵.**

证 对矩阵 A 的阶数 n 用数学归纳法.

当 $n=1$ 时，$A=(a_{11})$ 为一阶方阵，已是对角矩阵，取 $P=E$ 即可.

假设对 $n-1$ 阶实对称矩阵，命题成立. 考虑 n 阶实对称矩阵 A，设 λ_1 是 A 的一个特征值，ξ_1 是 A 的属于 λ_1 的特征向量. 由定理 1 知，λ_1 是实数，ξ_1 是 n 维实向量. ξ_1 的单位化向量仍是 A 的属于 λ_1 的特征向量，不妨把这一向量仍然记为 ξ_1. 在 n 维向量空间 $\mathbf{R}^n$ 中，对含有 ξ_1 的一个基施行施密特正交化，再单位化后得到 $\mathbf{R}^n$ 的标准正交基 $\xi_1,\xi_2,\cdots,\xi_n$. 记

$$Q=(\xi_1,\xi_2,\cdots,\xi_n),$$

则 Q 为正交矩阵. 于是，$A\xi_1=\lambda_1\xi_1, A\xi_2, A\xi_3,\cdots,A\xi_n \in \mathbf{R}^n$，且它们都可以由 $\xi_1,\xi_2,\cdots,\xi_n$ 线性表示. 因此，存在 $b_{ij}\in\mathbf{R}(i=1,2,\cdots,n;j=2,\cdots,n)$，使得

$$\begin{aligned} AQ &= (A\xi_1,A\xi_2,\cdots,A\xi_n) \\ &= \left(\lambda_1\xi_1,\sum_{i=1}^{n}b_{i2}\xi_i,\cdots,\sum_{i=1}^{n}b_{in}\xi_i\right) \\ &= (\xi_1,\xi_2,\cdots,\xi_n)\begin{pmatrix} \lambda_1 & b_{12} & \cdots & b_{1n} \\ 0 & b_{22} & \cdots & b_{2n} \\ \vdots & \vdots & & \vdots \\ 0 & b_{n2} & \cdots & b_{nn} \end{pmatrix}. \end{aligned}$$

所以

$$Q^{-1}AQ=\begin{pmatrix} \lambda_1 & b_{12} & \cdots & b_{1n} \\ 0 & b_{22} & \cdots & b_{2n} \\ \vdots & \vdots & & \vdots \\ 0 & b_{n2} & \cdots & b_{nn} \end{pmatrix}.$$

此时，

$$(Q^{-1}AQ)^{\mathrm{T}}=(Q^{\mathrm{T}}AQ)^{\mathrm{T}}=Q^{\mathrm{T}}AQ=Q^{-1}AQ,$$

这说明 $Q^{-1}AQ$ 是对称矩阵，所以 $b_{12}=b_{13}=\cdots=b_{1n}=0$，且

$$A_1=\begin{pmatrix} b_{22} & \cdots & b_{2n} \\ \vdots & & \vdots \\ b_{n2} & \cdots & b_{nn} \end{pmatrix}$$

为 $n-1$ 阶实对称矩阵. 由归纳假设，存在 $n-1$ 阶正交矩阵 P_1，使得

$$P_1^{-1}A_1P_1=P_1^{\mathrm{T}}A_1P_1=\begin{pmatrix} \lambda_2 & & & \\ & \lambda_3 & & \\ & & \ddots & \\ & & & \lambda_n \end{pmatrix},$$

其中 $\lambda_2,\lambda_3,\cdots,\lambda_n$ 为 A_1 的特征值. 令矩阵

$$P=Q\begin{pmatrix} 1 & O \\ O & P_1 \end{pmatrix},$$

则

$$\boldsymbol{P}^{\mathrm{T}}\boldsymbol{P}=\begin{pmatrix}1 & \boldsymbol{O}\\ \boldsymbol{O} & \boldsymbol{P}_1^{\mathrm{T}}\end{pmatrix}\boldsymbol{Q}^{\mathrm{T}}\boldsymbol{Q}\begin{pmatrix}1 & \boldsymbol{O}\\ \boldsymbol{O} & \boldsymbol{P}_1\end{pmatrix}=\begin{pmatrix}1 & \boldsymbol{O}\\ \boldsymbol{O} & \boldsymbol{P}_1^{\mathrm{T}}\end{pmatrix}\boldsymbol{E}\begin{pmatrix}1 & \boldsymbol{O}\\ \boldsymbol{O} & \boldsymbol{P}_1\end{pmatrix}$$

$$=\begin{pmatrix}1 & \boldsymbol{O}\\ \boldsymbol{O} & \boldsymbol{P}_1^{\mathrm{T}}\boldsymbol{P}_1\end{pmatrix}=\boldsymbol{E},$$

即 $\boldsymbol{P}$ 是正交矩阵，且满足

$$\boldsymbol{P}^{-1}\boldsymbol{A}\boldsymbol{P}=\left[\boldsymbol{Q}\begin{pmatrix}1 & \boldsymbol{O}\\ \boldsymbol{O} & \boldsymbol{P}_1\end{pmatrix}\right]^{-1}\boldsymbol{A}\left[\boldsymbol{Q}\begin{pmatrix}1 & \boldsymbol{O}\\ \boldsymbol{O} & \boldsymbol{P}_1\end{pmatrix}\right]$$

$$=\begin{pmatrix}1 & \boldsymbol{O}\\ \boldsymbol{O} & \boldsymbol{P}_1\end{pmatrix}^{-1}\boldsymbol{Q}^{-1}\boldsymbol{A}\boldsymbol{Q}\begin{pmatrix}1 & \boldsymbol{O}\\ \boldsymbol{O} & \boldsymbol{P}_1\end{pmatrix}$$

$$=\begin{pmatrix}1 & \boldsymbol{O}\\ \boldsymbol{O} & \boldsymbol{P}_1\end{pmatrix}^{-1}\begin{pmatrix}\lambda_1 & \boldsymbol{O}\\ \boldsymbol{O} & \boldsymbol{A}_1\end{pmatrix}\begin{pmatrix}1 & \boldsymbol{O}\\ \boldsymbol{O} & \boldsymbol{P}_1\end{pmatrix}$$

$$=\begin{pmatrix}\lambda_1 & \boldsymbol{O}\\ \boldsymbol{O} & \boldsymbol{P}_1^{-1}\boldsymbol{A}_1\boldsymbol{P}_1\end{pmatrix}=\begin{pmatrix}\lambda_1 & & & \\ & \lambda_2 & & \\ & & \ddots & \\ & & & \lambda_n\end{pmatrix}.$$

二、实对称矩阵的对角化

根据上述几个定理和第四章的相关理论，对 n 阶实对称矩阵 $\boldsymbol{A}$ 可以通过以下几个步骤，求出正交矩阵 $\boldsymbol{P}$，使得 $\boldsymbol{P}^{-1}\boldsymbol{A}\boldsymbol{P}=\boldsymbol{P}^{\mathrm{T}}\boldsymbol{A}\boldsymbol{P}=\boldsymbol{\Lambda}$ 为对角矩阵：

(1) 求特征方程 $|\lambda\boldsymbol{E}-\boldsymbol{A}|=0$ 的所有根，即求出矩阵 $\boldsymbol{A}$ 的所有不同的特征值 $\lambda_1,\lambda_2,\cdots,\lambda_s(s\leqslant n)$.

(2) 对每一个 $\lambda_i(i=1,2,\cdots,s)$，求方程组 $(\lambda_i\boldsymbol{E}-\boldsymbol{A})\boldsymbol{x}=\boldsymbol{0}$ 的基础解系，即求出属于 λ_i 的线性无关的特征向量 $\boldsymbol{\xi}_{i1},\boldsymbol{\xi}_{i2},\cdots,\boldsymbol{\xi}_{it_i}$. 再用施密特正交化方法将 $\boldsymbol{\xi}_{i1},\boldsymbol{\xi}_{i2},\cdots,\boldsymbol{\xi}_{it_i}$ 正交化，这里 $t_1+t_2+\cdots+t_s=n$.

(3) 将 $\boldsymbol{\xi}_{11},\boldsymbol{\xi}_{12},\cdots,\boldsymbol{\xi}_{1t_1},\boldsymbol{\xi}_{21},\boldsymbol{\xi}_{22},\cdots,\boldsymbol{\xi}_{2t_2},\cdots,\boldsymbol{\xi}_{s1},\boldsymbol{\xi}_{s2},\cdots,\boldsymbol{\xi}_{st_s}$ 单位化，得到标准正交向量组，记为 $\boldsymbol{p}_1,\boldsymbol{p}_2,\cdots,\boldsymbol{p}_n$. 令矩阵 $\boldsymbol{P}=(\boldsymbol{p}_1,\boldsymbol{p}_2,\cdots,\boldsymbol{p}_n)$，则 $\boldsymbol{P}^{-1}\boldsymbol{A}\boldsymbol{P}=\boldsymbol{P}^{\mathrm{T}}\boldsymbol{A}\boldsymbol{P}=\boldsymbol{\Lambda}$，其中 $\boldsymbol{\Lambda}$ 为对角矩阵，且主对角线上第 i 个元素为 $\boldsymbol{P}$ 中第 i 列向量 $\boldsymbol{p}_i$ 所对应的特征值.

例 1 设矩阵

$$\boldsymbol{A}=\begin{pmatrix}0 & 1 & 1\\ 1 & 0 & -1\\ 1 & -1 & 0\end{pmatrix},$$

求一个正交矩阵 $\boldsymbol{P}$，使得 $\boldsymbol{P}^{-1}\boldsymbol{A}\boldsymbol{P}$ 为对角矩阵.

解 先求 $\boldsymbol{A}$ 的特征值.

$\boldsymbol{A}$ 的特征多项式为

$$|\lambda\boldsymbol{E}-\boldsymbol{A}|=\begin{vmatrix}\lambda & -1 & -1\\ -1 & \lambda & 1\\ -1 & 1 & \lambda\end{vmatrix}=(\lambda-1)^2(\lambda+2),$$

所以 $\boldsymbol{A}$ 的特征值为 $\lambda_1=\lambda_2=1,\lambda_3=-2$.

再求 λ_i 对应的特征向量,并对其正交化、单位化.

当 $\lambda_1=\lambda_2=1$ 时,解方程组 $(\boldsymbol{E}-\boldsymbol{A})\boldsymbol{x}=\boldsymbol{0}$,得基础解系

$$\boldsymbol{\xi}_1=\begin{pmatrix}1\\1\\0\end{pmatrix},\quad \boldsymbol{\xi}_2=\begin{pmatrix}1\\0\\1\end{pmatrix}.$$

对 $\boldsymbol{\xi}_1,\boldsymbol{\xi}_2$ 正交化,令

$$\boldsymbol{\eta}_1=\boldsymbol{\xi}_1=\begin{pmatrix}1\\1\\0\end{pmatrix},$$

$$\boldsymbol{\eta}_2=\boldsymbol{\xi}_2-\frac{[\boldsymbol{\xi}_2,\boldsymbol{\eta}_1]}{[\boldsymbol{\eta}_1,\boldsymbol{\eta}_1]}\boldsymbol{\eta}_1=\begin{pmatrix}1\\0\\1\end{pmatrix}-\frac{1}{2}\begin{pmatrix}1\\1\\0\end{pmatrix}=\frac{1}{2}\begin{pmatrix}1\\-1\\2\end{pmatrix}.$$

对 $\boldsymbol{\eta}_1,\boldsymbol{\eta}_2$ 单位化,得

$$\boldsymbol{p}_1=\begin{pmatrix}\frac{\sqrt{2}}{2}\\\frac{\sqrt{2}}{2}\\0\end{pmatrix},\quad \boldsymbol{p}_2=\begin{pmatrix}\frac{\sqrt{6}}{6}\\-\frac{\sqrt{6}}{6}\\\frac{\sqrt{6}}{3}\end{pmatrix}.$$

当 $\lambda_3=-2$ 时,解方程组 $(-2\boldsymbol{E}-\boldsymbol{A})\boldsymbol{x}=\boldsymbol{0}$,得基础解系

$$\boldsymbol{\xi}_3=\begin{pmatrix}-1\\1\\1\end{pmatrix}.$$

对 $\boldsymbol{\xi}_3$ 单位化,得

$$\boldsymbol{p}_3=\begin{pmatrix}-\frac{\sqrt{3}}{3}\\\frac{\sqrt{3}}{3}\\\frac{\sqrt{3}}{3}\end{pmatrix}.$$

于是,$\boldsymbol{p}_1,\boldsymbol{p}_2,\boldsymbol{p}_3$ 为标准正交向量组. 令矩阵

$$\boldsymbol{P}=(\boldsymbol{p}_1,\boldsymbol{p}_2,\boldsymbol{p}_3)=\begin{pmatrix}\frac{\sqrt{2}}{2}&\frac{\sqrt{6}}{6}&-\frac{\sqrt{3}}{3}\\\frac{\sqrt{2}}{2}&-\frac{\sqrt{6}}{6}&\frac{\sqrt{3}}{3}\\0&\frac{\sqrt{6}}{3}&\frac{\sqrt{3}}{3}\end{pmatrix},$$

则

$$P^{-1}AP=P^{\mathrm{T}}AP=\Lambda=\begin{pmatrix}1&0&0\\0&1&0\\0&0&-2\end{pmatrix}.$$

§5.2 二次型及其标准形

在解析几何中,为了便于研究二次曲线

$$ax^2+bxy+cy^2=1$$

的几何性质,会选择适当的旋转变换

$$\begin{cases}x=x_1\cos\theta-y_1\sin\theta,\\ y=x_1\sin\theta+y_1\cos\theta,\end{cases}$$

将二次曲线的方程化为标准形

$$a_1x_1^2+a_2y_1^2=1,$$

即化为只含有平方项和常数项的方程. 本节讨论含有 n 个变量的二次齐次多项式的化简问题.

一、二次型及其矩阵表示

定义 1 含有 n 个变量 $x_1,x_2,\cdots,x_n$ 的二次齐次多项式

$$\begin{aligned}\sum_{i=1}^{n}a_{ii}x_i^2+2\sum_{i,j=1,i<j}^{n}a_{ij}x_ix_j=&a_{11}x_1^2+2a_{12}x_1x_2+2a_{13}x_1x_3+\cdots+2a_{1n}x_1x_n\\&+a_{22}x_2^2+2a_{23}x_2x_3+\cdots+2a_{2n}x_2x_n\\&+\cdots\\&+a_{nn}x_n^2\end{aligned}$$

称为 n **元二次型**,简称**二次型**,记为 $f(x_1,x_2,\cdots,x_n)$ 或 f.

若 a_{ij} 都是实数,则称该二次型为**实二次型**;若 a_{ij} 为复数,则称该二次型为**复二次型**. 本节仅讨论实二次型.

如果令矩阵

$$\boldsymbol{A}=\begin{pmatrix}a_{11}&a_{12}&\cdots&a_{1n}\\a_{21}&a_{22}&\cdots&a_{2n}\\\vdots&\vdots&&\vdots\\a_{n1}&a_{n2}&\cdots&a_{nn}\end{pmatrix},\quad \boldsymbol{x}=\begin{pmatrix}x_1\\x_2\\\vdots\\x_n\end{pmatrix},$$

其中 $a_{ij}=a_{ji}(i,j=1,2,\cdots,n)$,即 $\boldsymbol{A}^{\mathrm{T}}=\boldsymbol{A}$,则由矩阵的乘法可得

$$f(x_1,x_2,\cdots,x_n)=\boldsymbol{x}^{\mathrm{T}}\boldsymbol{A}\boldsymbol{x}.$$

这种表示称为二次型的**矩阵表示**. 此时,二次型 $f(x_1,x_2,\cdots,x_n)$ 可以简单记为 $f(\boldsymbol{x})$.

例如,设 a,b,c,u,v,w 是未知常数,二次型

$$f(x,y,z)=ax^2+by^2+cz^2+2uxy+2vxz+2wyz$$

可以写成

$$f(x,y,z)=(x,y,z)\begin{pmatrix}a & u & v\\ u & b & w\\ v & w & c\end{pmatrix}\begin{pmatrix}x\\ y\\ z\end{pmatrix}.$$

不难发现,二次型 f 与对称矩阵$\boldsymbol{A}$之间存在着一一对应的关系,所以称对称矩阵$\boldsymbol{A}$为**二次型 f 的矩阵**,称 f 为**对称矩阵 $\boldsymbol{A}$ 的二次型**.

这样,给定一个 n 元二次型 $f(\boldsymbol{x})$,可以唯一确定 n 阶对称矩阵$\boldsymbol{A}$,使得

$$f(\boldsymbol{x})=\boldsymbol{x}^{\mathrm{T}}\boldsymbol{A}\boldsymbol{x}.$$

反之,给定n阶对称矩阵$\boldsymbol{A}$,如果取变量$\boldsymbol{x}=(x_1,x_2,\cdots,x_n)^{\mathrm{T}}$,就可以唯一确定一个$n$元二次型 $f(\boldsymbol{x})=x^{\mathrm{T}}\boldsymbol{A}\boldsymbol{x}$.

二、化二次型为标准形

下面介绍通过可逆线性变换把二次型化为只含有平方项、没有交叉项的形式. 首先给出线性变换的概念.

在 §2.2中,我们介绍了从变量$x_1,x_2,\cdots,x_n$ 到变量$y_1,y_2,\cdots,y_m$ 的线性变换. 本章讨论 $m=n$ 且线性变换的系数矩阵为实矩阵的特殊情形. 为了使用方便,我们进一步给出下列定义.

定义 2 设$x_1,x_2,\cdots,x_n$ 与$y_1,y_2,\cdots,y_n$ 是两组变量,$c_{ij}(i,j=1,2,\cdots,n)$是实数. 如果线性变换

$$\begin{cases}x_1=c_{11}y_1+c_{12}y_2+\cdots+c_{1n}y_n,\\ x_2=c_{21}y_1+c_{22}y_2+\cdots+c_{2n}y_n,\\ \quad\cdots\cdots\\ x_n=c_{n1}y_1+c_{n2}y_2+\cdots+c_{nn}y_n\end{cases}\tag{5.1}$$

的系数矩阵

$$\boldsymbol{C}=\begin{pmatrix}c_{11} & c_{12} & \cdots & c_{1n}\\ c_{21} & c_{22} & \cdots & c_{2n}\\ \vdots & \vdots & & \vdots\\ c_{n1} & c_{n2} & \cdots & c_{nn}\end{pmatrix}$$

的行列式不为 0,则称线性变换(5.1) 是**非退化**或**可逆**的. 如果$\boldsymbol{C}$是正交矩阵,则称线性变换(5.1) 为**正交线性变换**,简称**正交变换**.

设向量

$$\boldsymbol{x}=\begin{pmatrix}x_1\\ x_2\\ \vdots\\ x_n\end{pmatrix},\quad \boldsymbol{y}=\begin{pmatrix}y_1\\ y_2\\ \vdots\\ y_n\end{pmatrix},$$

则线性变换(5.1) 用矩阵表示为

$$x = Cy.$$

对于二次型，我们希望找到一个可逆线性变换 $x = Cy$，使得二次型 f 化为

$$d_1 y_1^2 + d_2 y_2^2 + \cdots + d_n y_n^2,$$

这种只含有平方项、没有交叉项的形式称为二次型 f 的**标准形**. 也就是说，我们希望找到一个可逆线性变换 $x = Cy$，使得二次型

$$f(x) = x^{\mathrm{T}} A x = (Cy)^{\mathrm{T}} A (Cy) = y^{\mathrm{T}} (C^{\mathrm{T}} A C) y = y^{\mathrm{T}} \Lambda y,$$

其中 Λ 为一个对角矩阵.

此时，由二次型与对称矩阵之间的一一对应关系及 $(C^{\mathrm{T}}AC)^{\mathrm{T}} = C^{\mathrm{T}}AC$ 且 $C^{\mathrm{T}}AC = \Lambda$，上面的问题就可叙述为是否存在可逆矩阵 C，使得 $C^{\mathrm{T}}AC = \Lambda$.

事实上，对于实二次型，我们还可以进一步要求标准形中的系数只有 $1, -1, 0$，称这种标准形为 f 的**规范形**.

定义 3 设 A 和 B 是 n 阶方阵. 若存在可逆矩阵 C，使得

$$B = C^{\mathrm{T}} A C,$$

则称矩阵 A 与 B 合同.

容易发现，若两个矩阵合同，则它们有相等的秩.

利用二次型与对称矩阵的对应关系，化二次型为标准形的问题就转化为对称矩阵合同于对角矩阵的问题.

下面介绍化二次型为标准形、规范形的三种方法.

1. 正交变换法

由 §5.1 定理 3 及二次型与对称矩阵的对应关系，我们可以直接得到下面的定理.

定理 1 **对于任意二次型** $f = \sum_{i=1}^{n} a_{ii} x_i^2 + 2 \sum_{i,j=1, i<j}^{n} a_{ij} x_i x_j$，**一定存在正交变换** $x = Py$，**把** f **化为标准形**

$$f = \lambda_1 y_1^2 + \lambda_2 y_2^2 + \cdots + \lambda_n y_n^2,$$

其中 $\lambda_1, \lambda_2, \cdots, \lambda_n$ **是二次型** f **的矩阵** A **的特征值.**

如果再取可逆线性变换

$$y_i = \begin{cases} \dfrac{1}{\sqrt{\lambda_i}} z_i, & \lambda_i > 0, \\ \dfrac{1}{\sqrt{-\lambda_i}} z_i, & \lambda_i < 0, \\ z_i, & \lambda_i = 0, \end{cases}$$

则二次型 f 就可以化为规范形

$$f = \frac{\lambda_1}{|\lambda_1|} z_1^2 + \frac{\lambda_2}{|\lambda_2|} z_2^2 + \cdots + \frac{\lambda_r}{|\lambda_r|} z_r^2,$$

其中 r 是二次型 f 的标准形中非零项的项数，当然也是 A 的秩.

例 1 求一个正交变换 $x = Py$，把二次型

$$f(x_1, x_2, x_3) = 2x_1x_2 + 2x_1x_3 - 2x_2x_3$$

化为标准形.

解 二次型 f 的矩阵为

$$\boldsymbol{A}=\begin{pmatrix}0 & 1 & 1\\1 & 0 & -1\\1 & -1 & 0\end{pmatrix}.$$

根据 §5.1 例 1 的求解过程,取正交矩阵

$$\boldsymbol{P}=\begin{pmatrix}\frac{\sqrt{2}}{2} & \frac{\sqrt{6}}{6} & -\frac{\sqrt{3}}{3}\\ \frac{\sqrt{2}}{2} & -\frac{\sqrt{6}}{6} & \frac{\sqrt{3}}{3}\\ 0 & \frac{\sqrt{6}}{3} & \frac{\sqrt{3}}{3}\end{pmatrix},$$

则 $\boldsymbol{P}^{-1}\boldsymbol{AP}=\boldsymbol{P}^{\mathrm{T}}\boldsymbol{AP}=\boldsymbol{\Lambda}=\mathrm{diag}(1,1,-2)$. 于是,取正交变换

$$\boldsymbol{x}=\begin{pmatrix}x_1\\x_2\\x_3\end{pmatrix}=\begin{pmatrix}\frac{\sqrt{2}}{2} & \frac{\sqrt{6}}{6} & -\frac{\sqrt{3}}{3}\\ \frac{\sqrt{2}}{2} & -\frac{\sqrt{6}}{6} & \frac{\sqrt{3}}{3}\\ 0 & \frac{\sqrt{6}}{3} & \frac{\sqrt{3}}{3}\end{pmatrix}\begin{pmatrix}y_1\\y_2\\y_3\end{pmatrix}=\boldsymbol{Py},$$

就可以得到原二次型的标准形

$$f=y_1^2+y_2^2-2y_3^2.$$

对于例 1,如果再取线性变换

$$\begin{cases}y_1=z_1,\\ y_2=z_2,\\ y_3=\dfrac{1}{\sqrt{2}}z_3,\end{cases}$$

就得到原二次型的规范形

$$f=z_1^2+z_2^2-z_3^2.$$

2. 配方法

在中学里,我们学习过配方法,它的本质就是利用配平方将二次多项式化为完全平方的形式. 这里,我们用配方法把二次型化为标准形.

例 2 求一个可逆线性变换 $\boldsymbol{x}=\boldsymbol{Cy}$,把二次型

$$f(x_1,x_2,x_3)=x_1^2+2x_2^2+5x_3^2+2x_1x_2+2x_1x_3+6x_2x_3$$

化为标准形.

解 二次型 f 中含有变量 x_1 的平方项和交叉项,所以先对 x_1 进行配方,并在这个过程中把其余变量视作常数,即

$$\begin{aligned}f&=x_1^2+2(x_2+x_3)x_1+2x_2^2+5x_3^2+6x_2x_3\\&=[x_1+(x_2+x_3)]^2-(x_2+x_3)^2+2x_2^2+5x_3^2+6x_2x_3\\&=(x_1+x_2+x_3)^2+x_2^2+4x_2x_3+4x_3^2\\&=(x_1+x_2+x_3)^2+(x_2+2x_3)^2.\end{aligned}$$

令

$$\begin{cases}y_1=x_1+x_2+x_3,\\y_2=x_2+2x_3,\\y_3=x_3,\end{cases}$$

即

$$\begin{cases}x_1=y_1-y_2+y_3,\\x_2=y_2-2y_3,\\x_3=y_3,\end{cases}$$

就把原二次型化为标准形

$$f=y_1^2+y_2^2,$$

所用的可逆线性变换为

$$\boldsymbol{x}=\boldsymbol{C}\boldsymbol{y}=\begin{pmatrix}1&-1&1\\0&1&-2\\0&0&1\end{pmatrix}\begin{pmatrix}y_1\\y_2\\y_3\end{pmatrix}.$$

例 3 将二次型

$$f(x_1,x_2,x_3)=2x_1x_2+2x_1x_3-2x_2x_3$$

化为规范形,并求所用的变换矩阵.

解 该二次型中没有平方项,不能直接配方,但它有交叉项 x_1x_2,因此先令

$$\begin{cases}x_1=y_1+y_2,\\x_2=y_1-y_2,\\x_3=y_3,\end{cases}$$

这样就把原二次型化为

$$f=2y_1^2-2y_2^2+4y_2y_3.$$

此时,上述二次型中含有变量 y_2 的平方项和交叉项,所以对上述 f 利用例 2 的方法对 y_2 进行配方,得

$$f=2y_1^2-2(y_2-y_3)^2+2y_3^2.$$

令

$$\begin{cases}z_1=y_1,\\z_2=y_2-y_3,\\z_3=y_3,\end{cases}$$

即

$$\begin{cases} y_1 = z_1, \\ y_2 = z_2 + z_3, \\ y_3 = z_3, \end{cases}$$

就可以把原二次型化为标准形

$$f = 2z_1^2 - 2z_2^2 + 2z_3^2.$$

再令

$$\begin{cases} u_1 = \sqrt{2} z_1, \\ u_2 = \sqrt{2} z_2, \\ u_3 = \sqrt{2} z_3, \end{cases}$$

即

$$\begin{cases} z_1 = \dfrac{1}{\sqrt{2}} u_1, \\ z_2 = \dfrac{1}{\sqrt{2}} u_2, \\ z_3 = \dfrac{1}{\sqrt{2}} u_3, \end{cases}$$

就将原二次型化为规范形

$$f = u_1^2 - u_2^2 + u_3^2,$$

所用的可逆线性变换 $\boldsymbol{x} = \boldsymbol{C}\boldsymbol{u}$ 中的矩阵

$$\boldsymbol{C} = \begin{pmatrix} 1 & 1 & 0 \\ 1 & -1 & 0 \\ 0 & 0 & 1 \end{pmatrix} \begin{pmatrix} 1 & 0 & 0 \\ 0 & 1 & 1 \\ 0 & 0 & 1 \end{pmatrix} \begin{pmatrix} \frac{\sqrt{2}}{2} & 0 & 0 \\ 0 & \frac{\sqrt{2}}{2} & 0 \\ 0 & 0 & \frac{\sqrt{2}}{2} \end{pmatrix} = \begin{pmatrix} \frac{\sqrt{2}}{2} & \frac{\sqrt{2}}{2} & \frac{\sqrt{2}}{2} \\ \frac{\sqrt{2}}{2} & -\frac{\sqrt{2}}{2} & -\frac{\sqrt{2}}{2} \\ 0 & 0 & \frac{\sqrt{2}}{2} \end{pmatrix}.$$

3. 初等变换法

我们已经知道，化二次型 $f = \boldsymbol{x}^{\mathrm{T}}\boldsymbol{A}\boldsymbol{x}$ 为标准形 $f = \boldsymbol{y}^{\mathrm{T}}\boldsymbol{\Lambda}\boldsymbol{y}$，实质上就是使二次型的矩阵 $\boldsymbol{A}$ 合同于对角矩阵 $\boldsymbol{\Lambda}$，即求一个可逆矩阵 $\boldsymbol{C}$，使得 $\boldsymbol{C}^{\mathrm{T}}\boldsymbol{A}\boldsymbol{C} = \boldsymbol{\Lambda}$. 因为可逆矩阵 $\boldsymbol{C}$ 可以写成一系列初等矩阵的乘积，即

$$\boldsymbol{C} = \boldsymbol{P}_1 \boldsymbol{P}_2 \cdots \boldsymbol{P}_s,$$

其中 $\boldsymbol{P}_1, \boldsymbol{P}_2, \cdots, \boldsymbol{P}_s$ 为初等矩阵，所以上述合同关系就可以写成

$$\boldsymbol{\Lambda} = \boldsymbol{P}_s^{\mathrm{T}} \cdots \boldsymbol{P}_2^{\mathrm{T}} \boldsymbol{P}_1^{\mathrm{T}} \boldsymbol{A} \boldsymbol{P}_1 \boldsymbol{P}_2 \cdots \boldsymbol{P}_s. \tag{5.2}$$

我们知道，当 $\boldsymbol{P}$ 是初等矩阵时，$\boldsymbol{P}^{\mathrm{T}}$ 是同类型的初等矩阵. 所以，$\boldsymbol{P}^{\mathrm{T}}\boldsymbol{A}\boldsymbol{P}$ 相当于先对 $\boldsymbol{A}$ 施行一次 $\boldsymbol{P}^{\mathrm{T}}$ 对应的初等行变换，再对所得的矩阵施行一次相同的初等列变换. 例如，若 $\boldsymbol{P} = \boldsymbol{E}(1,2)$，则 $\boldsymbol{A}\boldsymbol{P}$ 就是将 $\boldsymbol{A}$ 的第一列与第二列互换得到的结果，$\boldsymbol{P}^{\mathrm{T}}\boldsymbol{A}\boldsymbol{P}$ 就是将 $\boldsymbol{A}\boldsymbol{P}$ 的第一行与第二行互换得到的结果.

这样，由式(5.2) 可以发现，使用初等变换，就可将对称矩阵 $\boldsymbol{A}$ 化为对角矩阵，具体操作

如下：

(1) 把 n 阶对称矩阵 $\boldsymbol{A}$ 和 n 阶单位矩阵 $\boldsymbol{E}$ 构成分块矩阵 $\begin{pmatrix}\boldsymbol{A}\\\boldsymbol{E}\end{pmatrix}$.

(2) 对 $\begin{pmatrix}\boldsymbol{A}\\\boldsymbol{E}\end{pmatrix}$ 的子块 $\boldsymbol{A}$ 施行一次初等行变换，再对 $\begin{pmatrix}\boldsymbol{A}\\\boldsymbol{E}\end{pmatrix}$ 施行一次相同的初等列变换. 如此继续施行成对的初等行、列变换，直到 $\boldsymbol{A}$ 所在的子块化为对角矩阵 $\boldsymbol{\Lambda}$，即 $\begin{pmatrix}\boldsymbol{A}\\\boldsymbol{E}\end{pmatrix}\to\begin{pmatrix}\boldsymbol{\Lambda}\\\boldsymbol{C}\end{pmatrix}$.

(3) 如果取可逆线性变换 $\boldsymbol{x}=\boldsymbol{C}\boldsymbol{y}$，那么二次型 $f=\boldsymbol{x}^{\mathrm{T}}\boldsymbol{A}\boldsymbol{x}$ 化为标准形 $f=\boldsymbol{y}^{\mathrm{T}}\boldsymbol{\Lambda}\boldsymbol{y}$，此时 $\boldsymbol{C}^{\mathrm{T}}\boldsymbol{A}\boldsymbol{C}=\boldsymbol{\Lambda}$.

例 4 用初等变换法化二次型

$$f(x_1,x_2,x_3)=x_1^2+2x_2^2+x_3^2+2x_1x_2+2x_1x_3+4x_2x_3$$

为标准形.

解 构造矩阵 $\begin{pmatrix}\boldsymbol{A}\\\boldsymbol{E}\end{pmatrix}$ 并施行初等变换，有

$$\begin{pmatrix}\boldsymbol{A}\\\boldsymbol{E}\end{pmatrix}=\begin{pmatrix}1&1&1\\1&2&2\\1&2&1\\1&0&0\\0&1&0\\0&0&1\end{pmatrix}\xrightarrow[c_2-c_1]{r_2-r_1}\begin{pmatrix}1&0&1\\0&1&1\\1&1&1\\1&-1&0\\0&1&0\\0&0&1\end{pmatrix}$$

$$\xrightarrow[c_3-c_1]{r_3-r_1}\begin{pmatrix}1&0&0\\0&1&1\\0&1&0\\1&-1&-1\\0&1&0\\0&0&1\end{pmatrix}\xrightarrow[c_3-c_2]{r_3-r_2}\begin{pmatrix}1&0&0\\0&1&0\\0&0&-1\\1&-1&0\\0&1&-1\\0&0&1\end{pmatrix}.$$

令矩阵

$$\boldsymbol{C}=\begin{pmatrix}1&-1&0\\0&1&-1\\0&0&1\end{pmatrix},$$

取可逆线性变换 $\boldsymbol{x}=\boldsymbol{C}\boldsymbol{y}$，则原二次型就可化为标准形

$$f=y_1^2+y_2^2-y_3^2.$$

例 5 用初等变换法化二次型

$$f(x_1,x_2,x_3)=2x_1x_2+2x_1x_3-2x_2x_3$$

为标准形，进而化为规范形，并写出所用的线性变换.

解 构造矩阵 $\begin{pmatrix}\boldsymbol{A}\\\boldsymbol{E}\end{pmatrix}$ 并施行初等变换，有

$$\begin{pmatrix}\boldsymbol{A}\\ \boldsymbol{E}\end{pmatrix}=\begin{pmatrix}0&1&1\\1&0&-1\\1&-1&0\\1&0&0\\0&1&0\\0&0&1\end{pmatrix}\xrightarrow[c_1+c_2]{r_1+r_2}\begin{pmatrix}2&1&0\\1&0&-1\\0&-1&0\\1&0&0\\1&1&0\\0&0&1\end{pmatrix}\xrightarrow[c_2-\frac{1}{2}c_1]{r_2-\frac{1}{2}r_1}\begin{pmatrix}2&0&0\\0&-\frac{1}{2}&-1\\0&-1&0\\1&-\frac{1}{2}&0\\1&\frac{1}{2}&0\\0&0&1\end{pmatrix}$$

$$\xrightarrow[c_3-2c_2]{r_3-2r_2}\begin{pmatrix}2&0&0\\0&-\frac{1}{2}&0\\0&0&2\\1&-\frac{1}{2}&1\\1&\frac{1}{2}&-1\\0&0&1\end{pmatrix}\xrightarrow[\substack{c_1\times\frac{\sqrt{2}}{2}\\ c_2\times\sqrt{2}\\ c_3\times\frac{\sqrt{2}}{2}}]{\substack{r_1\times\frac{\sqrt{2}}{2}\\ r_2\times\sqrt{2}\\ r_3\times\frac{\sqrt{2}}{2}}}\begin{pmatrix}1&0&0\\0&-1&0\\0&0&1\\\frac{\sqrt{2}}{2}&-\frac{\sqrt{2}}{2}&\frac{\sqrt{2}}{2}\\\frac{\sqrt{2}}{2}&\frac{\sqrt{2}}{2}&-\frac{\sqrt{2}}{2}\\0&0&\frac{\sqrt{2}}{2}\end{pmatrix}.$$

令矩阵

$$\boldsymbol{C}_1=\begin{pmatrix}1&-\frac{1}{2}&1\\1&\frac{1}{2}&-1\\0&0&1\end{pmatrix},\quad \boldsymbol{C}_2=\begin{pmatrix}\frac{\sqrt{2}}{2}&-\frac{\sqrt{2}}{2}&\frac{\sqrt{2}}{2}\\\frac{\sqrt{2}}{2}&\frac{\sqrt{2}}{2}&-\frac{\sqrt{2}}{2}\\0&0&\frac{\sqrt{2}}{2}\end{pmatrix}.$$

如果取可逆线性变换 $\boldsymbol{x}=\boldsymbol{C}_1\boldsymbol{y}$，则原二次型可化为标准形

$$f=2y_1^2-\frac{1}{2}y_2^2+2y_3^2.$$

如果取可逆线性变换 $\boldsymbol{x}=\boldsymbol{C}_2\boldsymbol{z}$，则原二次型可化为规范形

$$f=z_1^2-z_2^2+z_3^2.$$

微课视频

§5.3　正定二次型

通过 §5.2 例 1、例 3 和例 5 可以看出，对同一个二次型做不同的线性变换，得到的标准形并不唯一．但二次型 $f=\boldsymbol{x}^{\mathrm{T}}\boldsymbol{A}\boldsymbol{x}\,(\boldsymbol{A}^{\mathrm{T}}=\boldsymbol{A})$ 经过可逆线性变换 $\boldsymbol{x}=\boldsymbol{C}\boldsymbol{y}$ 化为标准形 $f=\boldsymbol{y}^{\mathrm{T}}\boldsymbol{\Lambda}\boldsymbol{y}$

时，有$\boldsymbol{\Lambda}=\boldsymbol{C}^{\mathrm{T}}\boldsymbol{AC}$. 由于矩阵$\boldsymbol{C}$可逆，因此矩阵$\boldsymbol{\Lambda}$与$\boldsymbol{A}$有相同的秩. 也就是说，当二次型$f$给定时，矩阵$\boldsymbol{A}$是确定的，此时$\boldsymbol{\Lambda}$的秩就是$\boldsymbol{A}$的秩. 因此，二次型的标准形中所含非零项的项数是唯一确定的，与所做的线性变换无关.

微课视频

定义 1 设二次型 f 的矩阵为$\boldsymbol{A}$，则称矩阵 $\boldsymbol{A}$ 的秩为**二次型 f 的秩**.

定理 1 **(惯性定理) 设二次型 $f=\boldsymbol{x}^{\mathrm{T}}\boldsymbol{Ax}$ 的秩为 r. 如果有两个可逆线性变换**

$$\boldsymbol{x}=\boldsymbol{Py}$$

和

$$\boldsymbol{x}=\boldsymbol{Qz},$$

分别使得 f 化为标准形

$$f=\lambda_1 y_1^2+\lambda_2 y_2^2+\cdots+\lambda_r y_r^2 \quad (\lambda_i\neq 0, i=1,2,\cdots,r)$$

和

$$f=k_1 z_1^2+k_2 z_2^2+\cdots+k_r z_r^2 \quad (k_i\neq 0, i=1,2,\cdots,r),$$

则$\lambda_1,\lambda_2,\cdots,\lambda_r$与$k_1,k_2,\cdots,k_r$中正数的个数相同，负数的个数也相同. 此时，正数的个数称为二次型 f 的正惯性指数，负数的个数称为二次型 f 的负惯性指数.

这个定理不予证明.

由惯性定理，二次型 f 的规范形就可以写成

$$f=y_1^2+y_2^2+\cdots+y_p^2-y_{p+1}^2-y_{p+2}^2-\cdots-y_r^2,$$

其中 p 为 f 的正惯性指数，负惯性指数为 $r-p$.

定义 2 设二次型 $f=\boldsymbol{x}^{\mathrm{T}}\boldsymbol{Ax}$. 如果对于任意 $\boldsymbol{x}\neq\boldsymbol{0}$，都有 $f(\boldsymbol{x})>0$，则称 f 为**正定二次型**，并称对称矩阵$\boldsymbol{A}$为**正定矩阵**；如果对于任意 $\boldsymbol{x}\neq\boldsymbol{0}$，都有 $f(\boldsymbol{x})<0$，则称 f 为**负定二次型**，并称对称矩阵 $\boldsymbol{A}$ 为**负定矩阵**.

不难发现，可逆线性变换保持二次型的正定性不变.

定理 2 **n 元二次型$f=\boldsymbol{x}^{\mathrm{T}}\boldsymbol{Ax}$ 为正定二次型的充要条件是f 的标准形中n 个系数全为正数，即 f 的规范形中 n 个系数全为 1，亦即 f 的正惯性指数为 n.**

证 设二次型 f 经过可逆线性变换 $\boldsymbol{x}=\boldsymbol{Cy}$ 化为标准形

$$f=d_1 y_1^2+d_2 y_2^2+\cdots+d_n y_n^2. \tag{5.3}$$

充分性. 因为 $d_1,d_2,\cdots,d_n$ 都大于 0，且对于任意 $\boldsymbol{x}\neq\boldsymbol{0}$，有 $\boldsymbol{y}=\boldsymbol{C}^{-1}\boldsymbol{x}\neq\boldsymbol{0}$，则

$$f=d_1 y_1^2+d_2 y_2^2+\cdots+d_n y_n^2>0,$$

即 f 为正定的.

必要性. 取 $\boldsymbol{y}_0=(0,0,\cdots,y_i,\cdots,0)^{\mathrm{T}}\neq\boldsymbol{0}(i=1,2,\cdots,n)$. 记 $\boldsymbol{x}_0=\boldsymbol{Cy}_0$，则

$$\boldsymbol{x}_0\neq\boldsymbol{0} \quad \text{且} \quad f(\boldsymbol{x}_0)=d_i y_i^2,$$

由 f 的正定性知 $d_i>0(i=1,2,\cdots,n)$.

利用 §5.2 定理 1 和上述定理 2 可以得出下述推论.

推论 1 对称矩阵 $\boldsymbol{A}$ 为正定的充要条件是 $\boldsymbol{A}$ 的特征值全为正数.

定义 3　设 $\boldsymbol{A}=(a_{ij})$ 为 n 阶方阵，由 $\boldsymbol{A}$ 的前 k 行和前 k 列元素构成的 k 阶行列式

$$\begin{vmatrix} a_{11} & a_{12} & \cdots & a_{1k} \\ a_{21} & a_{22} & \cdots & a_{2k} \\ \vdots & \vdots & & \vdots \\ a_{k1} & a_{k2} & \cdots & a_{kk} \end{vmatrix}$$

称为矩阵 $\boldsymbol{A}$ 的 $k(k=1,2,\cdots,n)$ **阶顺序主子式.**

关于正定矩阵的判定，有下列赫尔维茨(Hurwitz)定理，这里不予证明.

定理 3　**对称矩阵 $\boldsymbol{A}$ 正定的充要条件是 $\boldsymbol{A}$ 的各阶顺序主子式都大于 0，即**

$$a_{11}>0,\quad \begin{vmatrix} a_{11} & a_{12} \\ a_{21} & a_{22} \end{vmatrix}>0,\quad \cdots,\quad \begin{vmatrix} a_{11} & a_{12} & \cdots & a_{1n} \\ a_{21} & a_{22} & \cdots & a_{2n} \\ \vdots & \vdots & & \vdots \\ a_{n1} & a_{n2} & \cdots & a_{nn} \end{vmatrix}>0.$$

对称矩阵 $\boldsymbol{A}$ 负定的充要条件是 $\boldsymbol{A}$ 的奇数阶顺序主子式都小于 0，偶数阶顺序主子式都大于 0.

例 1　判断下列二次型是否正定：

(1) $f(x_1,x_2,x_3)=2x_1x_2+2x_1x_3-2x_2x_3$；

(2) $f(x_1,x_2,x_3)=3x_1^2+4x_1x_2+4x_2^2-4x_2x_3+5x_3^2$.

解　(1) 二次型 f 的矩阵为

$$\boldsymbol{A}=\begin{pmatrix} 0 & 1 & 1 \\ 1 & 0 & -1 \\ 1 & -1 & 0 \end{pmatrix}.$$

由于 $a_{11}=0$，因此 $\boldsymbol{A}$ 不是正定的，即 f 不是正定的. 此时，f 也不是负定的.

(2) 二次型 f 的矩阵为

$$\boldsymbol{A}=\begin{pmatrix} 3 & 2 & 0 \\ 2 & 4 & -2 \\ 0 & -2 & 5 \end{pmatrix}.$$

因为

$$a_{11}=3>0,\quad \begin{vmatrix} a_{11} & a_{12} \\ a_{21} & a_{22} \end{vmatrix}=\begin{vmatrix} 3 & 2 \\ 2 & 4 \end{vmatrix}=8>0,$$

$$|\boldsymbol{A}|=\begin{vmatrix} 3 & 2 & 0 \\ 2 & 4 & -2 \\ 0 & -2 & 5 \end{vmatrix}=28>0,$$

所以 f 是正定的.

本章小结

本章建立了实二次型与实对称矩阵之间的一一对应关系，然后给出了化二次型为标准形、规范形的三种方法，最后给出了正定二次型和正定矩阵的概念与判定条件.

一、实对称矩阵的对角化

设 $\boldsymbol{A}$ 是 n 阶实对称矩阵，则一定可以找到一个 n 阶正交矩阵 $\boldsymbol{P}$，使得 $\boldsymbol{P}^{-1}\boldsymbol{A}\boldsymbol{P}=\boldsymbol{P}^{\mathrm{T}}\boldsymbol{A}\boldsymbol{P}=\boldsymbol{\Lambda}$. 此时，$\boldsymbol{P}$ 是由 $\boldsymbol{A}$ 的 n 个两两正交的特征向量组成的，$\boldsymbol{\Lambda}$ 是由这 n 个特征向量对应的 n 个特征值为主对角线上元素构成的对角矩阵.

二、二次型

n 元实二次型 $f=\sum\limits_{i=1}^{n}a_{ii}x_i^2+2\sum\limits_{i,j=1,i<j}^{n}a_{ij}x_ix_j=\boldsymbol{x}^{\mathrm{T}}\boldsymbol{A}\boldsymbol{x}\,(\boldsymbol{A}^{\mathrm{T}}=\boldsymbol{A})$ 一定可以化为标准形

$$f=\boldsymbol{y}^{\mathrm{T}}\boldsymbol{\Lambda}\boldsymbol{y}=\sum_{i=1}^{n}d_iy_i^2,$$

进而可以化为规范形

$$f=\sum_{i=1}^{n}\delta_iz_i^2\quad(\delta_i=0,1\text{ 或 }-1).$$

二次型的标准形不唯一，规范形唯一. 二次型的标准形中非零项的项数是固定的，等于二次型的秩，即二次型的矩阵的秩；正、负项的个数也是确定的，分别为正、负惯性指数.

n 元二次型 f 正定 $\Leftrightarrow$ $\forall\,\boldsymbol{x}\neq\boldsymbol{0},f(\boldsymbol{x})>0$

$\Leftrightarrow$ f 的标准形中所有项的系数都大于 0

$\Leftrightarrow$ f 的规范形中所有系数都等于 1

$\Leftrightarrow$ f 的正惯性指数等于 n

$\Leftrightarrow$ f 的矩阵 $\boldsymbol{A}$ 正定

$\Leftrightarrow$ $\boldsymbol{A}$ 的顺序主子式都大于 0

$\Leftrightarrow$ $\boldsymbol{A}$ 的特征值全大于 0.

化二次型为标准形的三种方法：正交变换法、配方法、初等变换法.

三、合同矩阵

设 $\boldsymbol{A},\boldsymbol{B}$ 为 n 阶方阵. 若存在 n 阶可逆矩阵 $\boldsymbol{C}$，使得 $\boldsymbol{B}=\boldsymbol{C}^{\mathrm{T}}\boldsymbol{A}\boldsymbol{C}$，则称矩阵 $\boldsymbol{A}$ 与 $\boldsymbol{B}$ 合同.

二次型 f 经过可逆线性变换化为标准形的问题与二次型的矩阵合同于对角矩阵的问题是一致的.

矩阵的合同是一种等价关系，即满足反身性、对称性与传递性.

习题五

1. 设矩阵

$$A=\begin{pmatrix}1&2&3\\2&1&3\\3&3&6\end{pmatrix},$$

求：

(1) A 的特征值和特征向量；

(2) 正交矩阵 P，使得 $P^{-1}AP$ 成为对角矩阵；

(3) $A^{10}+5A^{8}-6A+7E$.

2. 求一个正交矩阵，使得下列对称矩阵成为对角矩阵，并写出对角矩阵：

(1) $\begin{pmatrix}2&-2&0\\-2&1&-2\\0&-2&0\end{pmatrix}$；
(2) $\begin{pmatrix}2&2&-2\\2&5&-4\\-2&-4&5\end{pmatrix}$.

3. 写出下列二次型的矩阵：

(1) $f(x)=x^{T}\begin{pmatrix}-2&5\\1&3\end{pmatrix}x$；
(2) $f(x)=x^{T}\begin{pmatrix}1&2&7\\6&2&-5\\5&3&4\end{pmatrix}x$.

4. 分别用正交变换法、配方法和初等变换法化二次型

$$f(x_1,x_2,x_3)=2x_1^2+3x_2^2+3x_3^2+4x_2x_3$$

为标准形，并写出所做的可逆线性变换.

5. 将下列二次型化为标准形，并写出所做的可逆线性变换：

(1) $f(x_1,x_2,x_3)=x_1^2+2x_2^2+x_3^2+2x_1x_2+2x_1x_3+4x_2x_3$；

(2) $f(x_1,x_2,x_3)=(x_1+x_2)^2+(x_1+x_3)^2+(x_2-x_3)^2$；

(3) $f(x_1,x_2,x_3)=x_1^2+3x_2^2+5x_3^2+2x_1x_2-4x_1x_3$.

6. 设3，2，2是三阶对称矩阵 A 的特征值，$\xi_1=(1,2,-1)^{T}$ 是 A 的属于特征值3的特征向量. 求：

(1) A 的属于特征值 2 的特征向量；

(2) A.

7. 设二次型

$$f(x_1,x_2,x_3)=x_1^2+x_2^2+x_3^2+2ax_1x_2+2ax_1x_3+2ax_2x_3$$

经过可逆线性变换

$$\begin{pmatrix}x_1\\x_2\\x_3\end{pmatrix}=C\begin{pmatrix}y_1\\y_2\\y_3\end{pmatrix}$$

得到 $f=y_1^2+y_2^2+4y_3^2+2y_1y_2$，求 a 的值.

8. 判断下列二次型是否正定：

(1) $f(x_1,x_2,x_3)=-2x_1^2-6x_2^2-4x_3^2+2x_1x_2+2x_1x_3$；

(2) $f(x_1,x_2,x_3)=x_1^2+2x_2^2+3x_3^2-2x_1x_2-2x_2x_3$.

9. 设 $f(x_1,x_2,x_3)=x_1^2+x_2^2+5x_3^2+2ax_1x_2-2x_1x_3+4x_2x_3$ 为正定二次型，求 a 的取值范围.

10. 求一个正交变换，将下列二次型化为标准形：

(1) $f(x_1,x_2,x_3)=2x_1^2+x_2^2-4x_1x_2-4x_2x_3$；

(2) $f(x_1,x_2,x_3)=x_1^2-2x_2^2-2x_3^2-4x_1x_2+4x_1x_3+8x_2x_3$；

(3) $f(x_1,x_2,x_3,x_4)=x_1^2+x_2^2+x_3^2+x_4^2+2x_1x_2-2x_1x_4-2x_2x_3+2x_3x_4$.

第六章

线性空间与线性变换

线性空间是线性代数的基本概念之一，它是 n 维向量空间概念的抽象与推广. 线性变换能够反映线性空间中向量之间的线性联系. 本章将简单介绍相关的基本概念和结论.

§6.1 线性空间的概念与性质

本节通过引入线性空间的概念，使向量和空间的内涵更加抽象，外延更加广泛，从而让我们初步认识数学的公理化定义.

一、线性空间的概念

定义 1 设 V 是一个非空集合，$\mathbf{R}$ 为实数域. 在 V 上定义两种运算：一种叫作**加法运算**，即对于任意两个元素 $\boldsymbol{\alpha},\boldsymbol{\beta}\in V$，总有唯一的元素 $\boldsymbol{\gamma}\in V$ 与之对应，称 $\boldsymbol{\gamma}$ 为 $\boldsymbol{\alpha}$ 与 $\boldsymbol{\beta}$ 的**和**，记为 $\boldsymbol{\gamma}=\boldsymbol{\alpha}+\boldsymbol{\beta}$；另一种叫作**数乘运算**，即对于任意的 $\lambda\in\mathbf{R}$ 与任意的 $\boldsymbol{\alpha}\in V$，总有唯一的元素 $\boldsymbol{\delta}\in V$ 与之对应，称 $\boldsymbol{\delta}$ 为 λ 与 $\boldsymbol{\alpha}$ 的**数量乘积**，记为 $\boldsymbol{\delta}=\lambda\boldsymbol{\alpha}$. 同时，对于任意的 $\boldsymbol{\alpha},\boldsymbol{\beta},\boldsymbol{\gamma}\in V$，任意的 $\lambda,\mu\in\mathbf{R}$，以下八条运算律都成立：

(1) $\boldsymbol{\alpha}+\boldsymbol{\beta}=\boldsymbol{\beta}+\boldsymbol{\alpha}$，

(2) $(\boldsymbol{\alpha}+\boldsymbol{\beta})+\boldsymbol{\gamma}=\boldsymbol{\alpha}+(\boldsymbol{\beta}+\boldsymbol{\gamma})$，

(3) 在 V 中存在元素 $\mathbf{0}$，对于任意的 $\boldsymbol{\alpha}\in V$，有 $\mathbf{0}+\boldsymbol{\alpha}=\boldsymbol{\alpha}$（称 $\mathbf{0}$ 为 V 的**零元素**），

(4) 对于任意的 $\boldsymbol{\alpha}\in V$，都有 $\boldsymbol{\beta}\in V$，使得 $\boldsymbol{\alpha}+\boldsymbol{\beta}=\mathbf{0}$（称 $\boldsymbol{\beta}$ 为 $\boldsymbol{\alpha}$ 的**负元素**），

(5) $1\boldsymbol{\alpha}=\boldsymbol{\alpha}$，

(6) $\lambda(\mu\boldsymbol{\alpha})=(\lambda\mu)\boldsymbol{\alpha}$，

(7) $(\lambda+\mu)\boldsymbol{\alpha}=\lambda\boldsymbol{\alpha}+\mu\boldsymbol{\alpha}$，

(8) $\lambda(\boldsymbol{\alpha}+\boldsymbol{\beta})=\lambda\boldsymbol{\alpha}+\lambda\boldsymbol{\beta}$，

则称 V 为**实数域 R 上的线性空间（或向量空间）**，简称**线性空间（或向量空间）**，V 中的元素也叫作**向量**.

例 1 所有 $m\times n$ 实矩阵构成的集合，对矩阵的加法和数乘运算构成线性空间，记为 $\mathbf{R}^{m\times n}$.

例 2 n 维实向量的全体，对通常的加法和数乘运算构成线性空间，记为 $\mathbf{R}^n$.

例 3 次数不超过 n 的实系数多项式的全体，再添上零多项式组成的集合

$$\mathbf{R}[x]_n=\{f(x)=a_nx^n+\cdots+a_2x^2+a_1x+a_0\,|\,a_0,a_1,a_2,\cdots,a_n\in\mathbf{R}\},$$

对通常的多项式加法和数乘运算构成线性空间. 这是因为

(1) 对于任意多项式

$$f_1(x)=a_nx^n+\cdots+a_2x^2+a_1x+a_0\in\mathbf{R}[x]_n,$$
$$f_2(x)=b_nx^n+\cdots+b_2x^2+b_1x+b_0\in\mathbf{R}[x]_n,$$

总有唯一确定的

$$\begin{aligned}f(x)&=(a_n+b_n)x^n+\cdots+(a_2+b_2)x^2+(a_1+b_1)x+(a_0+b_0)\\&=f_1(x)+f_2(x)\in\mathbf{R}[x]_n.\end{aligned}$$

再任意给出 $\lambda \in \mathbf{R}$，有唯一确定的

$$g(x)=\lambda a_n x^n+\cdots+\lambda a_2 x^2+\lambda a_1 x+\lambda a_0=\lambda f_1(x) \in \mathbf{R}[x]_n.$$

(2) 多项式的加法和数乘运算显然满足八条运算律，所以 $\mathbf{R}[x]_n$ 为实数域 $\mathbf{R}$ 上的线性空间.

例 4 n 次实系数多项式的全体组成的集合，对多项式的加法和数乘运算不能构成线性空间. 这是因为两个 n 次多项式的和不一定是 n 次多项式.

例 5 n 维实向量的全体，如果运算取通常的加法，数乘运算定义为

$$\lambda \circ (x_1,x_2,\cdots,x_n)^{\mathrm{T}}=(0,0,\cdots,0)^{\mathrm{T}},$$

则不构成线性空间. 这是因为对任意 n 维向量，$1 \circ \boldsymbol{x}=\mathbf{0} \neq \boldsymbol{x}$，不满足运算律(5).

从例 3 和例 5 可以看出，同一个非空集合，定义不同的运算(加法和数乘运算)，可能构成线性空间，也可能不构成线性空间. 即使都构成线性空间，一般也是不同的线性空间.

二、线性空间的性质

容易证明线性空间有以下四个常用性质.

性质 1 线性空间 V 中零向量是唯一的.

性质 2 线性空间 V 中任意一个向量 $\boldsymbol{\alpha}$ 的负向量是唯一的，记为 $-\boldsymbol{\alpha}$.

性质 3 $0\boldsymbol{\alpha}=\mathbf{0}$，$(-1)\boldsymbol{\alpha}=-\boldsymbol{\alpha}$，$\lambda\mathbf{0}=\mathbf{0}$.

性质 4 如果 $\lambda\boldsymbol{\alpha}=\mathbf{0}$，则 $\lambda=0$ 或 $\boldsymbol{\alpha}=\mathbf{0}$.

定义 2 设 V 是线性空间，U 是 V 的一个非空子集合. 如果 U 对 V 中定义的加法和数乘运算也构成一个线性空间，则称 U 为 V 的**线性子空间**，简称**子空间**.

线性空间 V 中的零向量构成 V 的子空间，称为**零子空间**. 线性空间 V 本身也构成 V 的一个子空间. 零子空间和线性空间 V 本身都是 V 的**平凡子空间**，V 的其余子空间称为 V 的**非平凡子空间**.

例 6 在三维线性空间 $\mathbf{R}^3$ 中，$U=\{(a_1,a_2,0)^{\mathrm{T}} \mid a_1,a_2 \in \mathbf{R}\}$ 为 $\mathbf{R}^3$ 的一个子空间.

§6.2 线性空间的基、维数与坐标

第三章中关于 n 维向量的线性组合、线性相关和线性无关等概念与性质对线性空间中的向量仍然适用.

一、基、维数与坐标

定义 1 在线性空间 V 中，如果有 n 个向量 $\boldsymbol{\alpha}_1,\boldsymbol{\alpha}_2,\cdots,\boldsymbol{\alpha}_n$ 满足：

(1) $\boldsymbol{\alpha}_1,\boldsymbol{\alpha}_2,\cdots,\boldsymbol{\alpha}_n$ 线性无关，

(2) V 中任意向量 $\boldsymbol{\alpha}$ 都可以由 $\boldsymbol{\alpha}_1,\boldsymbol{\alpha}_2,\cdots,\boldsymbol{\alpha}_n$ 线性表示，

则称 $\boldsymbol{\alpha}_1,\boldsymbol{\alpha}_2,\cdots,\boldsymbol{\alpha}_n$ 为线性空间 V 的一个**基**，n 称为线性空间 V 的**维数**，记为 $\dim(V)=n$.

维数为 n 的线性空间称为 n **维线性空间**，记作 V_n. 只含有零向量的线性空间没有基，规定它的维数为 0.

例 1 §3.3 例 2 中的 n 维向量空间 $\mathbf{R}^n$ 是 n 维线性空间的特例. 向量组

$$\boldsymbol{\varepsilon}_1=(1,0,\cdots,0)^{\mathrm{T}},\quad \boldsymbol{\varepsilon}_2=(0,1,\cdots,0)^{\mathrm{T}},\quad \cdots,\quad \boldsymbol{\varepsilon}_n=(0,0,\cdots,1)^{\mathrm{T}}$$

是 $\mathbf{R}^n$ 的基，称为**自然基**. 此时，

$$\mathbf{R}^n=\{(a_1,a_2,\cdots,a_n)^{\mathrm{T}}=a_1\boldsymbol{\varepsilon}_1+a_2\boldsymbol{\varepsilon}_2+\cdots+a_n\boldsymbol{\varepsilon}_n \mid a_1,a_2,\cdots,a_n\in\mathbf{R}\}.$$

一般地，对于 n 维线性空间 V_n，若 $\boldsymbol{\alpha}_1,\boldsymbol{\alpha}_2,\cdots,\boldsymbol{\alpha}_n$ 为 V_n 的一个基，则

$$V_n=\{\boldsymbol{\alpha}=x_1\boldsymbol{\alpha}_1+x_2\boldsymbol{\alpha}_2+\cdots+x_n\boldsymbol{\alpha}_n \mid x_1,x_2,\cdots,x_n\in\mathbf{R}\},$$

即 V_n 是由基 $\boldsymbol{\alpha}_1,\boldsymbol{\alpha}_2,\cdots,\boldsymbol{\alpha}_n$ 做所有可能的线性组合得到的. 这就清楚地给出了线性空间的结构.

定义 2 设 $\boldsymbol{\alpha}_1,\boldsymbol{\alpha}_2,\cdots,\boldsymbol{\alpha}_n$ 为线性空间 V_n 的一个基. 对于任意一个向量 $\boldsymbol{\alpha}\in V_n$，有且仅有一组有序数 $x_1,x_2,\cdots,x_n$，使得

$$\boldsymbol{\alpha}=x_1\boldsymbol{\alpha}_1+x_2\boldsymbol{\alpha}_2+\cdots+x_n\boldsymbol{\alpha}_n,$$

称这一组有序数为向量 $\boldsymbol{\alpha}$ 在基 $\boldsymbol{\alpha}_1,\boldsymbol{\alpha}_2,\cdots,\boldsymbol{\alpha}_n$ 下的**坐标**，记为 $(x_1,x_2,\cdots,x_n)^{\mathrm{T}}$. 此时，我们有下面形式的记号：

$$\boldsymbol{\alpha}=(\boldsymbol{\alpha}_1,\boldsymbol{\alpha}_2,\cdots,\boldsymbol{\alpha}_n)\begin{pmatrix}x_1\\x_2\\\vdots\\x_n\end{pmatrix}.$$

例 2 在 §6.1 例 6 的线性子空间 U 中，如果取 $\boldsymbol{\varepsilon}_1=(1,0,0)^{\mathrm{T}}$，$\boldsymbol{\varepsilon}_2=(0,1,0)^{\mathrm{T}}$，则 $\boldsymbol{\varepsilon}_1,\boldsymbol{\varepsilon}_2$ 为 U 的一个基. 此时，$\dim(U)=2$，向量 $\boldsymbol{\alpha}=(a_1,a_2,0)^{\mathrm{T}}$ 在基 $\boldsymbol{\varepsilon}_1,\boldsymbol{\varepsilon}_2$ 下的坐标为 $(a_1,a_2)^{\mathrm{T}}$.

不难证明，在固定线性空间 V_n 的一个基之后，V_n 中的向量 $\boldsymbol{\alpha}$ 与 $\mathbf{R}^n$ 中的向量 $(x_1,x_2,\cdots,x_n)^{\mathrm{T}}$ 之间有一一对应的关系.

例 3 设 $\boldsymbol{\alpha}_1,\boldsymbol{\alpha}_2,\cdots,\boldsymbol{\alpha}_n$ 为线性空间 V_n 的一个基，$\boldsymbol{\alpha},\boldsymbol{\beta}\in V_n$，且

$$\boldsymbol{\alpha}=x_1\boldsymbol{\alpha}_1+x_2\boldsymbol{\alpha}_2+\cdots+x_n\boldsymbol{\alpha}_n,\quad \boldsymbol{\beta}=y_1\boldsymbol{\alpha}_1+y_2\boldsymbol{\alpha}_2+\cdots+y_n\boldsymbol{\alpha}_n,$$

则

$$\boldsymbol{\alpha}+\boldsymbol{\beta}=(x_1+y_1)\boldsymbol{\alpha}_1+(x_2+y_2)\boldsymbol{\alpha}_2+\cdots+(x_n+y_n)\boldsymbol{\alpha}_n,$$
$$\lambda\boldsymbol{\alpha}=(\lambda x_1)\boldsymbol{\alpha}_1+(\lambda x_2)\boldsymbol{\alpha}_2+\cdots+(\lambda x_n)\boldsymbol{\alpha}_n,$$

即向量 $\boldsymbol{\alpha}+\boldsymbol{\beta}$，$\lambda\boldsymbol{\alpha}$ 在基 $\boldsymbol{\alpha}_1,\boldsymbol{\alpha}_2,\cdots,\boldsymbol{\alpha}_n$ 下的坐标分别为

$$\begin{pmatrix} x_1+y_1 \\ x_2+y_2 \\ \vdots \\ x_n+y_n \end{pmatrix}, \quad \begin{pmatrix} \lambda x_1 \\ \lambda x_2 \\ \vdots \\ \lambda x_n \end{pmatrix}.$$

例 4 在线性空间 $\mathbf{R}[x]_2$ 中,取一个基 $x^2,x,1$,任取向量

$$f(x)=a_2x^2+a_1x+a_0\in\mathbf{R}[x]_2,$$

则 $f(x)$ 在基 $x^2,x,1$ 下的坐标为$(a_2,a_1,a_0)^{\mathrm{T}}$.

若取另一个基$(x+1)^2,x+1,1$,设向量 $f(x)$ 在这个基下的坐标为$(b_2,b_1,b_0)^{\mathrm{T}}$,则

$$f(x)=b_2(x+1)^2+b_1(x+1)+b_0=b_2x^2+(2b_2+b_1)x+(b_2+b_1+b_0).$$

再由 $f(x)=a_2x^2+a_1x+a_0$,有

$$\begin{cases} b_2=a_2, \\ 2b_2+b_1=a_1, \\ b_2+b_1+b_0=a_0, \end{cases}$$

则

$$\begin{cases} b_2=a_2, \\ b_1=a_1-2a_2, \\ b_0=a_0-a_1+a_2. \end{cases}$$

于是,有

$$f(x)=a_2(x+1)^2+(a_1-2a_2)(x+1)+(a_0-a_1+a_2),$$

所以 $f(x)$ 在基$(x+1)^2,x+1,1$ 下的坐标为$(a_2,a_1-2a_2,a_0-a_1+a_2)^{\mathrm{T}}$.

一般地,同一个向量在不同基下有不同的坐标.那么,不同的坐标之间有什么关系呢?下面讨论这个问题.

二、基变换与坐标变换

设 $\boldsymbol{\alpha}_1,\boldsymbol{\alpha}_2,\cdots,\boldsymbol{\alpha}_n$ 与 $\boldsymbol{\beta}_1,\boldsymbol{\beta}_2,\cdots,\boldsymbol{\beta}_n$ 是线性空间 V_n 的两个基,并且设

$$\begin{cases} \boldsymbol{\beta}_1=a_{11}\boldsymbol{\alpha}_1+a_{21}\boldsymbol{\alpha}_2+\cdots+a_{n1}\boldsymbol{\alpha}_n, \\ \boldsymbol{\beta}_2=a_{12}\boldsymbol{\alpha}_1+a_{22}\boldsymbol{\alpha}_2+\cdots+a_{n2}\boldsymbol{\alpha}_n, \\ \cdots\cdots \\ \boldsymbol{\beta}_n=a_{1n}\boldsymbol{\alpha}_1+a_{2n}\boldsymbol{\alpha}_2+\cdots+a_{nn}\boldsymbol{\alpha}_n. \end{cases} \tag{6.1}$$

利用形式的记号$(\boldsymbol{\alpha}_1,\boldsymbol{\alpha}_2,\cdots,\boldsymbol{\alpha}_n)$将式(6.1)写成矩阵形式,就有

$$(\boldsymbol{\beta}_1,\boldsymbol{\beta}_2,\cdots,\boldsymbol{\beta}_n)=(\boldsymbol{\alpha}_1,\boldsymbol{\alpha}_2,\cdots,\boldsymbol{\alpha}_n)\boldsymbol{A}, \tag{6.2}$$

其中矩阵

$$\boldsymbol{A}=\begin{pmatrix} a_{11} & a_{12} & \cdots & a_{1n} \\ a_{21} & a_{22} & \cdots & a_{2n} \\ \vdots & \vdots & & \vdots \\ a_{n1} & a_{n2} & \cdots & a_{nn} \end{pmatrix}.$$

式(6.1)或式(6.2)称为**基变换公式**,$\boldsymbol{A}$ 称为由基 $\boldsymbol{\alpha}_1,\boldsymbol{\alpha}_2,\cdots,\boldsymbol{\alpha}_n$ 到基 $\boldsymbol{\beta}_1,\boldsymbol{\beta}_2,\cdots,\boldsymbol{\beta}_n$ 的**过渡矩**

阵. 由 $\boldsymbol{\beta}_1,\boldsymbol{\beta}_2,\cdots,\boldsymbol{\beta}_n$ 线性无关可知过渡矩阵 $\boldsymbol{A}$ 是可逆的.

如果再设向量 $\boldsymbol{\alpha}$ 在线性空间 V_n 的两个基 $\boldsymbol{\alpha}_1,\boldsymbol{\alpha}_2,\cdots,\boldsymbol{\alpha}_n$ 和 $\boldsymbol{\beta}_1,\boldsymbol{\beta}_2,\cdots,\boldsymbol{\beta}_n$ 下的坐标分别为

$$(x_1,x_2,\cdots,x_n)^{\mathrm{T}} \quad 和 \quad (y_1,y_2,\cdots,y_n)^{\mathrm{T}},$$

则

$$\boldsymbol{\alpha}=x_1\boldsymbol{\alpha}_1+x_2\boldsymbol{\alpha}_2+\cdots+x_n\boldsymbol{\alpha}_n=(\boldsymbol{\alpha}_1,\boldsymbol{\alpha}_2,\cdots,\boldsymbol{\alpha}_n)\begin{pmatrix}x_1\\x_2\\\vdots\\x_n\end{pmatrix}.$$

同时,

$$\boldsymbol{\alpha}=y_1\boldsymbol{\beta}_1+y_2\boldsymbol{\beta}_2+\cdots+y_n\boldsymbol{\beta}_n=(\boldsymbol{\beta}_1,\boldsymbol{\beta}_2,\cdots,\boldsymbol{\beta}_n)\begin{pmatrix}y_1\\y_2\\\vdots\\y_n\end{pmatrix}$$

$$=(\boldsymbol{\alpha}_1,\boldsymbol{\alpha}_2,\cdots,\boldsymbol{\alpha}_n)\boldsymbol{A}\begin{pmatrix}y_1\\y_2\\\vdots\\y_n\end{pmatrix}.$$

因为 $\boldsymbol{\alpha}_1,\boldsymbol{\alpha}_2,\cdots,\boldsymbol{\alpha}_n$ 线性无关,所以有

$$\begin{pmatrix}x_1\\x_2\\\vdots\\x_n\end{pmatrix}=\boldsymbol{A}\begin{pmatrix}y_1\\y_2\\\vdots\\y_n\end{pmatrix} \tag{6.3}$$

或

$$\begin{pmatrix}y_1\\y_2\\\vdots\\y_n\end{pmatrix}=\boldsymbol{A}^{-1}\begin{pmatrix}x_1\\x_2\\\vdots\\x_n\end{pmatrix}. \tag{6.4}$$

式(6.3)和式(6.4)称为向量 $\boldsymbol{\alpha}$ 在不同基 $\boldsymbol{\alpha}_1,\boldsymbol{\alpha}_2,\cdots,\boldsymbol{\alpha}_n$ 与 $\boldsymbol{\beta}_1,\boldsymbol{\beta}_2,\cdots,\boldsymbol{\beta}_n$ 下的**坐标变换公式**.

例 5 已知 $\mathbf{R}^3$ 中两个基

$$\boldsymbol{\alpha}_1=\begin{pmatrix}1\\1\\1\end{pmatrix},\quad \boldsymbol{\alpha}_2=\begin{pmatrix}1\\0\\-1\end{pmatrix},\quad \boldsymbol{\alpha}_3=\begin{pmatrix}1\\0\\1\end{pmatrix},$$

$$\boldsymbol{\beta}_1=\begin{pmatrix}1\\2\\1\end{pmatrix},\quad \boldsymbol{\beta}_2=\begin{pmatrix}2\\3\\4\end{pmatrix},\quad \boldsymbol{\beta}_3=\begin{pmatrix}3\\4\\3\end{pmatrix},$$

求:

(1) 由基 $\boldsymbol{\alpha}_1,\boldsymbol{\alpha}_2,\boldsymbol{\alpha}_3$ 到基 $\boldsymbol{\beta}_1,\boldsymbol{\beta}_2,\boldsymbol{\beta}_3$ 的过渡矩阵;

(2) 向量 $\boldsymbol{\alpha}=\boldsymbol{\alpha}_1-\boldsymbol{\alpha}_2+\boldsymbol{\alpha}_3$ 在基 $\boldsymbol{\beta}_1,\boldsymbol{\beta}_2,\boldsymbol{\beta}_3$ 下的坐标.

解 (1) 取 $\mathbf{R}^3$ 的自然基

$$\boldsymbol{\varepsilon}_1=\begin{pmatrix}1\\0\\0\end{pmatrix},\quad \boldsymbol{\varepsilon}_2=\begin{pmatrix}0\\1\\0\end{pmatrix},\quad \boldsymbol{\varepsilon}_3=\begin{pmatrix}0\\0\\1\end{pmatrix}.$$

如果设矩阵

$$\boldsymbol{A}=\begin{pmatrix}1&1&1\\1&0&0\\1&-1&1\end{pmatrix},\quad \boldsymbol{B}=\begin{pmatrix}1&2&3\\2&3&4\\1&4&3\end{pmatrix},$$

则

$$(\boldsymbol{\alpha}_1,\boldsymbol{\alpha}_2,\boldsymbol{\alpha}_3)=(\boldsymbol{\varepsilon}_1,\boldsymbol{\varepsilon}_2,\boldsymbol{\varepsilon}_3)\boldsymbol{A},$$
$$(\boldsymbol{\beta}_1,\boldsymbol{\beta}_2,\boldsymbol{\beta}_3)=(\boldsymbol{\varepsilon}_1,\boldsymbol{\varepsilon}_2,\boldsymbol{\varepsilon}_3)\boldsymbol{B},$$

于是

$$(\boldsymbol{\beta}_1,\boldsymbol{\beta}_2,\boldsymbol{\beta}_3)=(\boldsymbol{\varepsilon}_1,\boldsymbol{\varepsilon}_2,\boldsymbol{\varepsilon}_3)\boldsymbol{B}=(\boldsymbol{\alpha}_1,\boldsymbol{\alpha}_2,\boldsymbol{\alpha}_3)\boldsymbol{A}^{-1}\boldsymbol{B}.$$

因此,由基 $\boldsymbol{\alpha}_1,\boldsymbol{\alpha}_2,\boldsymbol{\alpha}_3$ 到基 $\boldsymbol{\beta}_1,\boldsymbol{\beta}_2,\boldsymbol{\beta}_3$ 的过渡矩阵为

$$\boldsymbol{C}=\boldsymbol{A}^{-1}\boldsymbol{B}=\begin{pmatrix}1&1&1\\1&0&0\\1&-1&1\end{pmatrix}^{-1}\begin{pmatrix}1&2&3\\2&3&4\\1&4&3\end{pmatrix}=\begin{pmatrix}2&3&4\\0&-1&0\\-1&0&-1\end{pmatrix}.$$

(2) 设向量 $\boldsymbol{\alpha}$ 在基 $\boldsymbol{\beta}_1,\boldsymbol{\beta}_2,\boldsymbol{\beta}_3$ 下的坐标为

$$\boldsymbol{y}=\begin{pmatrix}y_1\\y_2\\y_3\end{pmatrix}.$$

由条件可知,向量 $\boldsymbol{\alpha}$ 在基 $\boldsymbol{\alpha}_1,\boldsymbol{\alpha}_2,\boldsymbol{\alpha}_3$ 下的坐标为 $\boldsymbol{x}=(1,-1,1)^{\mathrm{T}}$. 再由坐标变换公式(6.4)得,向量 $\boldsymbol{\alpha}$ 在基 $\boldsymbol{\beta}_1,\boldsymbol{\beta}_2,\boldsymbol{\beta}_3$ 下的坐标

$$\boldsymbol{y}=\begin{pmatrix}y_1\\y_2\\y_3\end{pmatrix}=\boldsymbol{C}^{-1}\boldsymbol{x}=\begin{pmatrix}2&3&4\\0&-1&0\\-1&0&-1\end{pmatrix}^{-1}\begin{pmatrix}1\\-1\\1\end{pmatrix}=\begin{pmatrix}-1\\1\\0\end{pmatrix}.$$

§6.3 线性变换的概念与性质

设 A,B 是两个非空集合. 如果对于集合 A 中的任意一个元素,按照某个确定的对应关系 f,在 B 中都有唯一确定的元素与之对应,那么就称对应关系 f 为从集合 A 到集合 B 的**映射**. 集合到自身的映射称为**变换**.

一、线性变换的概念

定义 1 设 V_n 是 n 维线性空间，T 是 V_n 上的变换. 如果 T 满足：

(1) 对于任意的 $\boldsymbol{\alpha}_1,\boldsymbol{\alpha}_2 \in V_n$，有 $T(\boldsymbol{\alpha}_1+\boldsymbol{\alpha}_2)=T(\boldsymbol{\alpha}_1)+T(\boldsymbol{\alpha}_2)$，

(2) 对于任意的 $\boldsymbol{\alpha} \in V_n$，$\lambda \in \mathbf{R}$，有 $T(\lambda\boldsymbol{\alpha})=\lambda T(\boldsymbol{\alpha})$，

则称 T 为线性空间 V_n 上的**线性变换**. 此时，称 $T(\boldsymbol{\alpha})$ 为 $\boldsymbol{\alpha}$ 在变换 T 下的**像**，$\boldsymbol{\alpha}$ 为 $T(\boldsymbol{\alpha})$ 的**原像**.

例 1 设 $\mathbf{0}$ 为线性空间 V_n 中的零向量，定义 $T(\boldsymbol{\alpha})=\mathbf{0}$，则 T 为 V_n 上的线性变换，称为**零变换**.

例 2 在线性空间 $\mathbf{R}^3$ 中，设向量 $\boldsymbol{\alpha}=(a_1,a_2,a_3)^{\mathrm{T}} \in \mathbf{R}^3$.

(1) 定义 $T_1(\boldsymbol{\alpha})=(a_1,0,0)^{\mathrm{T}}$，证明：$T_1$ 是 $\mathbf{R}^3$ 上的线性变换.

(2) 定义 $T_2(\boldsymbol{\alpha})=(1,0,0)^{\mathrm{T}}$，证明：$T_2$ 不是 $\mathbf{R}^3$ 上的线性变换.

证 显然，T_1 和 T_2 是 $\mathbf{R}^3$ 到自身的映射. 设向量 $\boldsymbol{\beta}=(b_1,b_2,b_3)^{\mathrm{T}} \in \mathbf{R}^3$，$k$ 为实数，那么

$$\boldsymbol{\alpha}+\boldsymbol{\beta}=(a_1+b_1,a_2+b_2,a_3+b_3)^{\mathrm{T}}, \quad k\boldsymbol{\alpha}=(ka_1,ka_2,ka_3)^{\mathrm{T}}.$$

(1) 因为

$$T_1(\boldsymbol{\alpha}+\boldsymbol{\beta})=(a_1+b_1,0,0)^{\mathrm{T}}, \quad T_1(k\boldsymbol{\alpha})=(ka_1,0,0)^{\mathrm{T}},$$

则

$$T_1(\boldsymbol{\alpha}+\boldsymbol{\beta})=T_1(\boldsymbol{\alpha})+T_1(\boldsymbol{\beta}), \quad T_1(k\boldsymbol{\alpha})=kT_1(\boldsymbol{\alpha}),$$

所以 T_1 是 $\mathbf{R}^3$ 上的线性变换.

(2) 因为 $T_2(\boldsymbol{\alpha})=T_2(\boldsymbol{\beta})=(1,0,0)^{\mathrm{T}}$，但

$$T_2(\boldsymbol{\alpha}+\boldsymbol{\beta})=(1,0,0)^{\mathrm{T}} \neq T_2(\boldsymbol{\alpha})+T_2(\boldsymbol{\beta}),$$

所以 T_2 不是 $\mathbf{R}^3$ 上的线性变换.

二、线性变换的性质

设 T 是线性空间 V_n 上的线性变换，则 T 有以下性质.

性质 1 $T(\mathbf{0})=\mathbf{0}$，即零向量的像是零向量.

证 $T(\mathbf{0})=T(0\boldsymbol{\alpha})=0T(\boldsymbol{\alpha})=\mathbf{0}$.

性质 2 $T(-\boldsymbol{\alpha})=-T(\boldsymbol{\alpha})$.

证 $T(-\boldsymbol{\alpha})=T[(-1)\boldsymbol{\alpha}]=(-1)T(\boldsymbol{\alpha})=-T(\boldsymbol{\alpha})$.

性质 3 $T(x_1\boldsymbol{\alpha}_1+x_2\boldsymbol{\alpha}_2+\cdots+x_m\boldsymbol{\alpha}_m)=x_1T(\boldsymbol{\alpha}_1)+x_2T(\boldsymbol{\alpha}_2)+\cdots+x_mT(\boldsymbol{\alpha}_m)$.

对 m 利用数学归纳法进行证明即可，详细过程这里不进行叙述.

性质 4 线性变换 T 的像集 $T(V_n)$ 是一个线性空间，称为 T 的**像空间**.

性质 5 使得 $T(\boldsymbol{\alpha})=\mathbf{0}$ 的 $\boldsymbol{\alpha}$ 的全体

$$T^{-1}(\mathbf{0})=\{\boldsymbol{\alpha}\mid T(\boldsymbol{\alpha})=\mathbf{0},\boldsymbol{\alpha}\in V_n\}$$

是一个线性空间，称为线性变换 T 的**核**.

性质 4 与性质 5 的证明请读者自行完成.

性质 6　如果向量组 $\boldsymbol{\alpha}_1,\boldsymbol{\alpha}_2,\cdots,\boldsymbol{\alpha}_m$ 线性相关，那么它们在线性变换 T 下的像 $T(\boldsymbol{\alpha}_1),T(\boldsymbol{\alpha}_2),\cdots,T(\boldsymbol{\alpha}_m)$ 也线性相关.

证　设存在一组不全为 0 的数 $\lambda_1,\lambda_2,\cdots,\lambda_m$，使得

$$\lambda_1\boldsymbol{\alpha}_1+\lambda_2\boldsymbol{\alpha}_2+\cdots+\lambda_m\boldsymbol{\alpha}_m=\mathbf{0}.$$

对上式两端做线性变换 T，由性质 3 得

$$\lambda_1T(\boldsymbol{\alpha}_1)+\lambda_2T(\boldsymbol{\alpha}_2)+\cdots+\lambda_mT(\boldsymbol{\alpha}_m)=\mathbf{0},$$

所以 $T(\boldsymbol{\alpha}_1),T(\boldsymbol{\alpha}_2),\cdots,T(\boldsymbol{\alpha}_m)$ 也线性相关.

需要注意的是，即使向量组 $\boldsymbol{\alpha}_1,\boldsymbol{\alpha}_2,\cdots,\boldsymbol{\alpha}_m$ 线性无关，$T(\boldsymbol{\alpha}_1),T(\boldsymbol{\alpha}_2),\cdots,T(\boldsymbol{\alpha}_m)$ 仍然可能线性相关，如 T 取为零变换.

§6.4　线性变换的矩阵表示

设 T 是线性空间 V_n 上的线性变换，$\boldsymbol{\alpha}_1,\boldsymbol{\alpha}_2,\cdots,\boldsymbol{\alpha}_n$ 为 V_n 的一个基. 由于 $T(\boldsymbol{\alpha}_1),T(\boldsymbol{\alpha}_2),\cdots,T(\boldsymbol{\alpha}_n)\in V_n$，因此它们总可以由 $\boldsymbol{\alpha}_1,\boldsymbol{\alpha}_2,\cdots,\boldsymbol{\alpha}_n$ 线性表示. 设

$$\begin{cases}T(\boldsymbol{\alpha}_1)=a_{11}\boldsymbol{\alpha}_1+a_{21}\boldsymbol{\alpha}_2+\cdots+a_{n1}\boldsymbol{\alpha}_n,\\ T(\boldsymbol{\alpha}_2)=a_{12}\boldsymbol{\alpha}_1+a_{22}\boldsymbol{\alpha}_2+\cdots+a_{n2}\boldsymbol{\alpha}_n,\\ \qquad\cdots\cdots\\ T(\boldsymbol{\alpha}_n)=a_{1n}\boldsymbol{\alpha}_1+a_{2n}\boldsymbol{\alpha}_2+\cdots+a_{nn}\boldsymbol{\alpha}_n.\end{cases}$$

如果记 $T(\boldsymbol{\alpha}_1,\boldsymbol{\alpha}_2,\cdots,\boldsymbol{\alpha}_n)=(T(\boldsymbol{\alpha}_1),T(\boldsymbol{\alpha}_2),\cdots,T(\boldsymbol{\alpha}_n))$，则上式就可以表示为

$$T(\boldsymbol{\alpha}_1,\boldsymbol{\alpha}_2,\cdots,\boldsymbol{\alpha}_n)=(\boldsymbol{\alpha}_1,\boldsymbol{\alpha}_2,\cdots,\boldsymbol{\alpha}_n)\boldsymbol{A},$$

其中矩阵

$$\boldsymbol{A}=\begin{pmatrix}a_{11}&a_{12}&\cdots&a_{1n}\\ a_{21}&a_{22}&\cdots&a_{2n}\\ \vdots&\vdots&&\vdots\\ a_{n1}&a_{n2}&\cdots&a_{nn}\end{pmatrix},$$

此时称 $\boldsymbol{A}$ **为线性变换** T **在基** $\boldsymbol{\alpha}_1,\boldsymbol{\alpha}_2,\cdots,\boldsymbol{\alpha}_n$ **下的矩阵**.

显然，矩阵 $\boldsymbol{A}$ 由基 $\boldsymbol{\alpha}_1,\boldsymbol{\alpha}_2,\cdots,\boldsymbol{\alpha}_n$ 的像 $T(\boldsymbol{\alpha}_1),T(\boldsymbol{\alpha}_2),\cdots,T(\boldsymbol{\alpha}_n)$ 唯一确定. 事实上，设 V_n 是 n 维线性空间，$\boldsymbol{\alpha}_1,\boldsymbol{\alpha}_2,\cdots,\boldsymbol{\alpha}_n$ 是 V_n 上给定的一个基，可以证明线性变换 T 与矩阵 $\boldsymbol{A}$ 能相互唯一确定，即线性变换与矩阵之间有一一对应的关系. 这时，

$$T\left[(\boldsymbol{\alpha}_1,\boldsymbol{\alpha}_2,\cdots,\boldsymbol{\alpha}_n)\begin{pmatrix}x_1\\x_2\\\vdots\\x_n\end{pmatrix}\right]=T(\boldsymbol{\alpha}_1,\boldsymbol{\alpha}_2,\cdots,\boldsymbol{\alpha}_n)\begin{pmatrix}x_1\\x_2\\\vdots\\x_n\end{pmatrix}=(\boldsymbol{\alpha}_1,\boldsymbol{\alpha}_2,\cdots,\boldsymbol{\alpha}_n)\boldsymbol{A}\begin{pmatrix}x_1\\x_2\\\vdots\\x_n\end{pmatrix}.$$

也就是说,如果向量$\boldsymbol{\alpha}$在基$\boldsymbol{\alpha}_1,\boldsymbol{\alpha}_2,\cdots,\boldsymbol{\alpha}_n$下的坐标为$(x_1,x_2,\cdots,x_n)^{\mathrm{T}}$,那么$T(\boldsymbol{\alpha})$在基$\boldsymbol{\alpha}_1,\boldsymbol{\alpha}_2,\cdots,\boldsymbol{\alpha}_n$下的坐标为

$$\boldsymbol{A}\begin{pmatrix}x_1\\x_2\\\vdots\\x_n\end{pmatrix}. \tag{6.5}$$

例 1 设T是$\mathbf{R}^3$上的线性变换,对于任意的$\boldsymbol{\alpha}=(x_1,x_2,x_3)^{\mathrm{T}}\in\mathbf{R}^3$,定义

$$T(\boldsymbol{\alpha})=(x_1+2x_3,-x_2,2x_1+x_3)^{\mathrm{T}}.$$

(1) 求T在自然基$\boldsymbol{\varepsilon}_1,\boldsymbol{\varepsilon}_2,\boldsymbol{\varepsilon}_3$下的矩阵.

(2) 已知向量$\boldsymbol{\alpha}=\begin{pmatrix}1\\2\\3\end{pmatrix}$,求像$T(\boldsymbol{\alpha})$在自然基$\boldsymbol{\varepsilon}_1,\boldsymbol{\varepsilon}_2,\boldsymbol{\varepsilon}_3$下的坐标.

(3) 设向量$\boldsymbol{\alpha}_1=\begin{pmatrix}1\\1\\0\end{pmatrix},\boldsymbol{\alpha}_2=\begin{pmatrix}1\\0\\1\end{pmatrix},\boldsymbol{\alpha}_3=\begin{pmatrix}0\\1\\1\end{pmatrix}$,则$\boldsymbol{\alpha}_1,\boldsymbol{\alpha}_2,\boldsymbol{\alpha}_3$是$\mathbf{R}^3$的一个基,求$T$在基$\boldsymbol{\alpha}_1,\boldsymbol{\alpha}_2,\boldsymbol{\alpha}_3$下的矩阵.

解 (1) $\mathbf{R}^3$的自然基

$$\boldsymbol{\varepsilon}_1=\begin{pmatrix}1\\0\\0\end{pmatrix},\quad \boldsymbol{\varepsilon}_2=\begin{pmatrix}0\\1\\0\end{pmatrix},\quad \boldsymbol{\varepsilon}_3=\begin{pmatrix}0\\0\\1\end{pmatrix}.$$

由线性变换的定义可知

$$T(\boldsymbol{\varepsilon}_1)=\begin{pmatrix}1\\0\\2\end{pmatrix}=\boldsymbol{\varepsilon}_1+2\boldsymbol{\varepsilon}_3,\quad T(\boldsymbol{\varepsilon}_2)=\begin{pmatrix}0\\-1\\0\end{pmatrix}=-\boldsymbol{\varepsilon}_2,\quad T(\boldsymbol{\varepsilon}_3)=\begin{pmatrix}2\\0\\1\end{pmatrix}=2\boldsymbol{\varepsilon}_1+\boldsymbol{\varepsilon}_3,$$

即

$$T(\boldsymbol{\varepsilon}_1,\boldsymbol{\varepsilon}_2,\boldsymbol{\varepsilon}_3)=(T(\boldsymbol{\varepsilon}_1),T(\boldsymbol{\varepsilon}_2),T(\boldsymbol{\varepsilon}_3))=(\boldsymbol{\varepsilon}_1,\boldsymbol{\varepsilon}_2,\boldsymbol{\varepsilon}_3)\begin{pmatrix}1&0&2\\0&-1&0\\2&0&1\end{pmatrix}.$$

因此,T在基$\boldsymbol{\varepsilon}_1,\boldsymbol{\varepsilon}_2,\boldsymbol{\varepsilon}_3$下的矩阵为

$$\boldsymbol{A}=\begin{pmatrix}1&0&2\\0&-1&0\\2&0&1\end{pmatrix}.$$

(2) 因为

$$\boldsymbol{\alpha}=\begin{pmatrix}1\\2\\3\end{pmatrix}=\boldsymbol{\varepsilon}_1+2\boldsymbol{\varepsilon}_2+3\boldsymbol{\varepsilon}_3=(\boldsymbol{\varepsilon}_1,\boldsymbol{\varepsilon}_2,\boldsymbol{\varepsilon}_3)\begin{pmatrix}1\\2\\3\end{pmatrix},$$

所以利用式(6.5)可知，$T(\boldsymbol{\alpha})$ 在基 $\boldsymbol{\varepsilon}_1,\boldsymbol{\varepsilon}_2,\boldsymbol{\varepsilon}_3$ 下的坐标为

$$\boldsymbol{A}\begin{pmatrix}1\\2\\3\end{pmatrix}=\begin{pmatrix}1&0&2\\0&-1&0\\2&0&1\end{pmatrix}\begin{pmatrix}1\\2\\3\end{pmatrix}=\begin{pmatrix}7\\-2\\5\end{pmatrix}.$$

(3) 由 T 的定义可以计算得出

$$T(\boldsymbol{\alpha}_1)=\begin{pmatrix}1\\-1\\2\end{pmatrix}=-\boldsymbol{\alpha}_1+2\boldsymbol{\alpha}_2,\quad T(\boldsymbol{\alpha}_2)=\begin{pmatrix}3\\0\\3\end{pmatrix}=3\boldsymbol{\alpha}_2,\quad T(\boldsymbol{\alpha}_3)=\begin{pmatrix}2\\-1\\1\end{pmatrix}=2\boldsymbol{\alpha}_2-\boldsymbol{\alpha}_3,$$

所以 T 在基 $\boldsymbol{\alpha}_1,\boldsymbol{\alpha}_2,\boldsymbol{\alpha}_3$ 下的矩阵为

$$\boldsymbol{B}=\begin{pmatrix}-1&0&0\\2&3&2\\0&0&-1\end{pmatrix}.$$

例 2　在建立了直角坐标系的三维空间 $\mathbf{R}^3$ 中，T 表示将向量投影到 xOy 平面上的线性变换，即

$$T(x\boldsymbol{i}+y\boldsymbol{j}+z\boldsymbol{k})=x\boldsymbol{i}+y\boldsymbol{j}.$$

(1) 如果取基为 $\boldsymbol{i},\boldsymbol{j},\boldsymbol{k}$，求 T 在基 $\boldsymbol{i},\boldsymbol{j},\boldsymbol{k}$ 下的矩阵.

(2) 如果将 $\mathbf{R}^3$ 的基取为 $\boldsymbol{\alpha}=\boldsymbol{i},\boldsymbol{\beta}=\boldsymbol{j},\boldsymbol{\gamma}=\boldsymbol{i}+\boldsymbol{j}+\boldsymbol{k}$，求 T 在基 $\boldsymbol{\alpha},\boldsymbol{\beta},\boldsymbol{\gamma}$ 下的矩阵.

解　(1) 因为

$$\begin{cases}T(\boldsymbol{i})=\boldsymbol{i},\\T(\boldsymbol{j})=\boldsymbol{j},\\T(\boldsymbol{k})=\boldsymbol{0},\end{cases}$$

所以

$$T(\boldsymbol{i},\boldsymbol{j},\boldsymbol{k})=(\boldsymbol{i},\boldsymbol{j},\boldsymbol{k})\begin{pmatrix}1&0&0\\0&1&0\\0&0&0\end{pmatrix},\tag{6.6}$$

即 T 在基 $\boldsymbol{i},\boldsymbol{j},\boldsymbol{k}$ 下的矩阵为

$$\boldsymbol{A}=\begin{pmatrix}1&0&0\\0&1&0\\0&0&0\end{pmatrix}.$$

(2) 因为

$$\begin{cases}T(\boldsymbol{\alpha})=T(\boldsymbol{i})=\boldsymbol{i}=\boldsymbol{\alpha},\\T(\boldsymbol{\beta})=T(\boldsymbol{j})=\boldsymbol{j}=\boldsymbol{\beta},\\T(\boldsymbol{\gamma})=T(\boldsymbol{i}+\boldsymbol{j}+\boldsymbol{k})=\boldsymbol{i}+\boldsymbol{j}=\boldsymbol{\alpha}+\boldsymbol{\beta},\end{cases}$$

所以

$$T(\boldsymbol{\alpha},\boldsymbol{\beta},\boldsymbol{\gamma})=(\boldsymbol{\alpha},\boldsymbol{\beta},\boldsymbol{\gamma})\begin{pmatrix}1&0&1\\0&1&1\\0&0&0\end{pmatrix},$$

即 T 在基 $\boldsymbol{\alpha},\boldsymbol{\beta},\boldsymbol{\gamma}$ 下的矩阵为

$$\boldsymbol{B}=\begin{pmatrix}1&0&1\\0&1&1\\0&0&0\end{pmatrix}.$$

例 1 和例 2 表明,同一个线性变换在不同基下的矩阵不同.一般地,我们有下述定理.

定理 1　**设 $\boldsymbol{\alpha}_1,\boldsymbol{\alpha}_2,\cdots,\boldsymbol{\alpha}_n$ 与 $\boldsymbol{\beta}_1,\boldsymbol{\beta}_2,\cdots,\boldsymbol{\beta}_n$ 是线性空间 V_n 的两个基,由基 $\boldsymbol{\alpha}_1,\boldsymbol{\alpha}_2,\cdots,\boldsymbol{\alpha}_n$ 到基 $\boldsymbol{\beta}_1,\boldsymbol{\beta}_2,\cdots,\boldsymbol{\beta}_n$ 的过渡矩阵为 $\boldsymbol{P}$,V_n 上的线性变换 T 在这两个基下的矩阵分别为 $\boldsymbol{A}$ 和 $\boldsymbol{B}$,则 $\boldsymbol{B}=\boldsymbol{P}^{-1}\boldsymbol{A}\boldsymbol{P}$.**

证　因为

$$(\boldsymbol{\beta}_1,\boldsymbol{\beta}_2,\cdots,\boldsymbol{\beta}_n)=(\boldsymbol{\alpha}_1,\boldsymbol{\alpha}_2,\cdots,\boldsymbol{\alpha}_n)\boldsymbol{P},$$
$$T(\boldsymbol{\alpha}_1,\boldsymbol{\alpha}_2,\cdots,\boldsymbol{\alpha}_n)=(\boldsymbol{\alpha}_1,\boldsymbol{\alpha}_2,\cdots,\boldsymbol{\alpha}_n)\boldsymbol{A},$$
$$T(\boldsymbol{\beta}_1,\boldsymbol{\beta}_2,\cdots,\boldsymbol{\beta}_n)=(\boldsymbol{\beta}_1,\boldsymbol{\beta}_2,\cdots,\boldsymbol{\beta}_n)\boldsymbol{B},$$

所以有

$$T(\boldsymbol{\beta}_1,\boldsymbol{\beta}_2,\cdots,\boldsymbol{\beta}_n)=(\boldsymbol{\beta}_1,\boldsymbol{\beta}_2,\cdots,\boldsymbol{\beta}_n)\boldsymbol{B}=(\boldsymbol{\alpha}_1,\boldsymbol{\alpha}_2,\cdots,\boldsymbol{\alpha}_n)\boldsymbol{P}\boldsymbol{B}$$

与

$$\begin{aligned}T(\boldsymbol{\beta}_1,\boldsymbol{\beta}_2,\cdots,\boldsymbol{\beta}_n)&=T[(\boldsymbol{\alpha}_1,\boldsymbol{\alpha}_2,\cdots,\boldsymbol{\alpha}_n)\boldsymbol{P}]=T(\boldsymbol{\alpha}_1,\boldsymbol{\alpha}_2,\cdots,\boldsymbol{\alpha}_n)\boldsymbol{P}\\&=(\boldsymbol{\alpha}_1,\boldsymbol{\alpha}_2,\cdots,\boldsymbol{\alpha}_n)\boldsymbol{A}\boldsymbol{P},\end{aligned}$$

从而

$$(\boldsymbol{\alpha}_1,\boldsymbol{\alpha}_2,\cdots,\boldsymbol{\alpha}_n)\boldsymbol{P}\boldsymbol{B}=(\boldsymbol{\alpha}_1,\boldsymbol{\alpha}_2,\cdots,\boldsymbol{\alpha}_n)\boldsymbol{A}\boldsymbol{P}.$$

再由 $\boldsymbol{\alpha}_1,\boldsymbol{\alpha}_2,\cdots,\boldsymbol{\alpha}_n$ 线性无关得

$$\boldsymbol{P}\boldsymbol{B}=\boldsymbol{A}\boldsymbol{P},$$

又 $\boldsymbol{P}$ 可逆,从而 $\boldsymbol{B}=\boldsymbol{P}^{-1}\boldsymbol{A}\boldsymbol{P}$.

定理 1 说明同一个线性变换在不同基下的矩阵相似,且过渡矩阵为相似变换矩阵.

由定理 1 可以重新计算例 1(3) 和例 2.

在例 1(3) 中,T 在基 $\boldsymbol{\varepsilon}_1,\boldsymbol{\varepsilon}_2,\boldsymbol{\varepsilon}_3$ 下的矩阵为

$$\boldsymbol{A}=\begin{pmatrix}1&0&2\\0&-1&0\\2&0&1\end{pmatrix},$$

由基 $\boldsymbol{\varepsilon}_1,\boldsymbol{\varepsilon}_2,\boldsymbol{\varepsilon}_3$ 到基 $\boldsymbol{\alpha}_1,\boldsymbol{\alpha}_2,\boldsymbol{\alpha}_3$ 的过渡矩阵为

$$\boldsymbol{P}=\begin{pmatrix}1&1&0\\1&0&1\\0&1&1\end{pmatrix},$$

则 T 在基 $\boldsymbol{\alpha}_1,\boldsymbol{\alpha}_2,\boldsymbol{\alpha}_3$ 下的矩阵为

$$B=P^{-1}AP=\begin{pmatrix}-1&0&0\\2&3&2\\0&0&-1\end{pmatrix}.$$

在例 2 中，T 在基 $\boldsymbol{i},\boldsymbol{j},\boldsymbol{k}$ 下的矩阵为

$$A=\begin{pmatrix}1&0&0\\0&1&0\\0&0&0\end{pmatrix},$$

由基 $\boldsymbol{i},\boldsymbol{j},\boldsymbol{k}$ 到基 $\boldsymbol{\alpha},\boldsymbol{\beta},\boldsymbol{\gamma}$ 的过渡矩阵为

$$P=\begin{pmatrix}1&0&1\\0&1&1\\0&0&1\end{pmatrix},$$

则 T 在基 $\boldsymbol{\alpha},\boldsymbol{\beta},\boldsymbol{\gamma}$ 下的矩阵为

$$B=P^{-1}AP=\begin{pmatrix}1&0&1\\0&1&1\\0&0&0\end{pmatrix}.$$

例 3 设 V_2 上的线性变换 T 在基 $\boldsymbol{\alpha}_1,\boldsymbol{\alpha}_2$ 下的矩阵为

$$A=\begin{pmatrix}a_{11}&a_{12}\\a_{21}&a_{22}\end{pmatrix},$$

求 T 在基 $\boldsymbol{\alpha}_2,\boldsymbol{\alpha}_1$ 下的矩阵.

解 因为

$$(\boldsymbol{\alpha}_2,\boldsymbol{\alpha}_1)=(\boldsymbol{\alpha}_1,\boldsymbol{\alpha}_2)\begin{pmatrix}0&1\\1&0\end{pmatrix},$$

则由基 $\boldsymbol{\alpha}_1,\boldsymbol{\alpha}_2$ 到基 $\boldsymbol{\alpha}_2,\boldsymbol{\alpha}_1$ 的过渡矩阵为

$$P=\begin{pmatrix}0&1\\1&0\end{pmatrix}.$$

由定理 1 知，T 在基 $\boldsymbol{\alpha}_2,\boldsymbol{\alpha}_1$ 下的矩阵为

$$B=P^{-1}AP=\begin{pmatrix}0&1\\1&0\end{pmatrix}\begin{pmatrix}a_{11}&a_{12}\\a_{21}&a_{22}\end{pmatrix}\begin{pmatrix}0&1\\1&0\end{pmatrix}=\begin{pmatrix}a_{22}&a_{21}\\a_{12}&a_{11}\end{pmatrix}.$$

本章小结

本章简单给出了线性空间和线性变换的一些基本概念与性质.

一、线性空间

线性空间本质上就是带有两种运算 —— 加法和数乘运算的非空集合 V，这两种运算满

足封闭性和八条运算律，满足加法封闭性是指对于任意两个向量$\boldsymbol{\alpha},\boldsymbol{\beta}\in V$，总有$\boldsymbol{\alpha}+\boldsymbol{\beta}\in V$；满足数乘封闭性是指对于任意$\boldsymbol{\alpha}\in V,\lambda\in\mathbf{R}$，总有$\lambda\boldsymbol{\alpha}\in V$.

关于线性空间的基、维数与坐标，有下列基本事实：

线性空间的一个基实际上就是线性空间的一个极大无关组；对于同一个线性空间，因为极大无关组是不唯一的，所以基不唯一，但基与基之间可以通过基变换公式建立联系.

线性空间的维数就是极大无关组中所含向量的个数，即线性空间V中所有向量的秩. 向量组的秩是固定的，所以线性空间的维数是固定的.

向量的坐标就是该向量由基线性表示的系数. 由向量在固定极大无关组下表示系数的唯一性知，坐标在固定的一个基下是唯一的. 同一个向量在不同基下的坐标一般是不同的，但可以通过坐标变换公式建立等式关系.

二、线性变换

线性变换T是保持向量加法和数乘运算的变换. 也就是说，和的像等于像的和，数乘的像等于像的数乘. 线性变换本身比较抽象，但如果确定了线性空间一个基的像，那么这个线性变换就完全确定了.

同一个线性变换在不同基下的矩阵是不同的，但这两个矩阵可以通过两个基之间的过渡矩阵建立相似关系.

实际上，线性变换与矩阵是一一对应的，只要研究清楚线性变换的矩阵，那么线性变换就弄清楚了. 也就是说，我们可以通过具体的矩阵形式研究抽象的映射.

习题六

1. 设T是线性空间V_n上的线性变换，证明：T的像集与核是V_n的线性子空间.

2. 证明：

(1) 二元实数集$\mathbf{R}^2=\{(a,b)\mid a,b\in\mathbf{R}\}$，对如下定义的加法和数乘运算：

$$(a_1,b_1)\oplus(a_2,b_2)=(a_1+a_2,b_1+b_2),$$
$$k\cdot(a,b)=(ka,b),\quad k\in\mathbf{R}$$

不构成线性空间；

(2) 二阶实矩阵的全体，对矩阵的加法和数乘运算构成线性空间；

(3) 二阶实反对称矩阵的全体，对矩阵的加法和数乘运算构成线性空间.

3. 证明：

$$\boldsymbol{\alpha}_1=\begin{pmatrix}0&1\\1&1\end{pmatrix},\quad \boldsymbol{\alpha}_2=\begin{pmatrix}1&0\\1&1\end{pmatrix},\quad \boldsymbol{\alpha}_3=\begin{pmatrix}1&1\\0&1\end{pmatrix},\quad \boldsymbol{\alpha}_4=\begin{pmatrix}1&1\\1&0\end{pmatrix}$$

是线性空间$\mathbf{R}^{2\times2}$的一个基，并求向量$\boldsymbol{\alpha}=\begin{pmatrix}2&3\\4&5\end{pmatrix}$在该基下的坐标.

4. 在线性空间$\mathbf{R}^3$中取两个基

$$\begin{cases}\boldsymbol{\varepsilon}_1=(1,0,0)^{\mathrm{T}},\\ \boldsymbol{\varepsilon}_2=(0,1,0)^{\mathrm{T}},\\ \boldsymbol{\varepsilon}_3=(0,0,1)^{\mathrm{T}},\end{cases}\quad \begin{cases}\boldsymbol{\alpha}_1=(1,-1,1)^{\mathrm{T}},\\ \boldsymbol{\alpha}_2=(3,1,0)^{\mathrm{T}},\\ \boldsymbol{\alpha}_3=(3,2,1)^{\mathrm{T}},\end{cases}$$

求：

(1) 由基 $\boldsymbol{\varepsilon}_1,\boldsymbol{\varepsilon}_2,\boldsymbol{\varepsilon}_3$ 到基 $\boldsymbol{\alpha}_1,\boldsymbol{\alpha}_2,\boldsymbol{\alpha}_3$ 的过渡矩阵及由基 $\boldsymbol{\alpha}_1,\boldsymbol{\alpha}_2,\boldsymbol{\alpha}_3$ 到基 $\boldsymbol{\varepsilon}_1,\boldsymbol{\varepsilon}_2,\boldsymbol{\varepsilon}_3$ 的过渡矩阵；

(2) 向量 $(x_1,x_2,x_3)^{\mathrm{T}}$ 在基 $\boldsymbol{\alpha}_1,\boldsymbol{\alpha}_2,\boldsymbol{\alpha}_3$ 下的坐标；

(3) 在两个基下有相同坐标的向量.

5. 在线性空间 $\mathbf{R}^3$ 中取两个基

(Ⅰ) $\boldsymbol{\alpha}_1=\begin{pmatrix}1\\0\\3\end{pmatrix},\boldsymbol{\alpha}_2=\begin{pmatrix}2\\2\\2\end{pmatrix},\boldsymbol{\alpha}_3=\begin{pmatrix}-1\\1\\4\end{pmatrix}$,

(Ⅱ) $\boldsymbol{\beta}_1=\begin{pmatrix}1\\0\\1\end{pmatrix},\boldsymbol{\beta}_2=\begin{pmatrix}1\\1\\0\end{pmatrix},\boldsymbol{\beta}_3=\begin{pmatrix}0\\1\\1\end{pmatrix}$.

(1) 求由基(Ⅰ)到基(Ⅱ)的过渡矩阵.

(2) 设向量 $\boldsymbol{\alpha}$ 在基(Ⅰ)下的坐标为 $(1,1,3)^{\mathrm{T}}$，求 $\boldsymbol{\alpha}$ 在基(Ⅱ)下的坐标.

6. 在线性空间 $\mathbf{R}^{2\times2}$ 中取定一个矩阵 $\boldsymbol{A}$，对于任意的 $\boldsymbol{B}\in\mathbf{R}^{2\times2}$，定义变换 $T_{\boldsymbol{A}}$ 为

$$T_{\boldsymbol{A}}(\boldsymbol{B})=\boldsymbol{AB}-\boldsymbol{BA},$$

证明：$T_{\boldsymbol{A}}$ 为 $\mathbf{R}^{2\times2}$ 上的线性变换.

7. 在线性空间 $\mathbf{R}^3$ 中，定义变换

$$T\begin{pmatrix}x_1\\x_2\\x_3\end{pmatrix}=\begin{pmatrix}2x_1+x_2\\2x_2+x_3\\x_3\end{pmatrix}.$$

(1) 证明：T 是线性变换.

(2) 求 T 在基 $\boldsymbol{\alpha}_1=\begin{pmatrix}1\\0\\0\end{pmatrix},\boldsymbol{\alpha}_2=\begin{pmatrix}1\\1\\0\end{pmatrix},\boldsymbol{\alpha}_3=\begin{pmatrix}1\\1\\1\end{pmatrix}$ 下的矩阵.

(3) 若向量 $\boldsymbol{\alpha}$ 在基 $\boldsymbol{\alpha}_1,\boldsymbol{\alpha}_2,\boldsymbol{\alpha}_3$ 下的坐标为 $\begin{pmatrix}1\\2\\3\end{pmatrix}$，求 $\boldsymbol{\alpha}$ 的像 $T(\boldsymbol{\alpha})$ 在这个基下的坐标.

习题参考答案与提示

习　题　一

1. (1) $ad-bc$.　(2) $3abc-a^3-b^3-c^3$.

(3) 0.　(4) 4.

(5) $-4xy(x+y)$.

2. (1) 7,奇排列.　(2) 13,奇排列.

(3) $n-1$,n 是奇数时为偶排列;n 是偶数时为奇排列.

(4) $\dfrac{(n-1)(n-2)}{2}$,$n=4k+1$ 或 $4k+2$ 时为偶排列;$n=4k$ 或 $4k+3$ 时为奇排列.

3. $a_{13}a_{21}a_{32}a_{44}$,$-a_{13}a_{24}a_{32}a_{41}$.

4. (1) $4abcdef$.　(2) $(a^3+b^3)(3xyz-x^3-y^3-z^3)$.

(3) $1-a^4$.　(4) $\lambda^4+\lambda^3+2\lambda^2+3\lambda+4$.

(5) $a^2(a^2-4)$.　(6) $-(ad-bc)^2$.

(7) $x^n+x^{n-1}y+x^{n-2}y^2+\cdots+xy^{n-1}+y^n$.(提示:用递推法.)

(8) $\dfrac{n(n+1)}{2}$.

5. 略.

6. $x=a$,$x=b$ 或 $x=c$.

7. (1) x^n-x^{n-2}.　(2) $\prod\limits_{1\leqslant j<i\leqslant n+1}(i-j)$.

8. (1) $2b(d-c)(c^2-a^2)$.　(2) 0.

9. (1) $x=-\dfrac{1}{2}$,$y=-\dfrac{1}{2}$,$z=\dfrac{3}{2}$.　(2) $x_1=1$,$x_2=0$,$x_3=0$,$x_4=0$.

10. 当 $\lambda\neq 0$ 且 $\lambda\neq -3$ 时,方程组有唯一解

$$x_1=\frac{2-\lambda^2}{\lambda(\lambda+3)},\quad x_2=\frac{2\lambda-1}{\lambda(\lambda+3)},\quad x_3=\frac{\lambda^3+2\lambda^2-\lambda-1}{\lambda(\lambda+3)}.$$

11. 当 $a=0$ 或 $a=2$ 时,方程组有非零解.

习　题　二

1. $\begin{pmatrix}13 & 7 & 24\\ 1 & 9 & 11\\ -12 & -4 & -17\end{pmatrix}$,$\begin{pmatrix}5 & 1 & -4\\ 3 & 3 & -2\\ 8 & 3 & -5\end{pmatrix}$.

2. (1) $\begin{pmatrix} 4 & -1 & 7 & 8 \\ 1 & -1 & 3 & 4 \\ -5 & -4 & 0 & 4 \end{pmatrix}$.　　(2) -5.

(3) $\begin{pmatrix} 2 & 4 & -2 \\ -1 & -2 & 1 \\ 3 & 6 & -3 \end{pmatrix}$.

(4) $a_{11}x_1^2 + a_{22}x_2^2 + a_{33}x_3^2 + 2a_{12}x_1x_2 + 2a_{13}x_1x_3 + 2a_{23}x_2x_3$.

(5) $\begin{pmatrix} 0 \\ -6 \\ 1 \end{pmatrix}$.

3. (1) 1.　　(2) $\begin{pmatrix} -2 & 0 & -6 \\ 2 & 0 & 6 \\ 1 & 0 & 3 \end{pmatrix}$.

(3) $\boldsymbol{A}^2 = \begin{pmatrix} 1 & 0 \\ 2\lambda & 1 \end{pmatrix}, \boldsymbol{A}^3 = \begin{pmatrix} 1 & 0 \\ 3\lambda & 1 \end{pmatrix}, \cdots, \boldsymbol{A}^k = \begin{pmatrix} 1 & 0 \\ k\lambda & 1 \end{pmatrix}$.

4. 当 $\boldsymbol{AB} = \boldsymbol{BA}$ 时,等式 $(\boldsymbol{A} + \boldsymbol{B})(\boldsymbol{A} - \boldsymbol{B}) = \boldsymbol{A}^2 - \boldsymbol{B}^2$ 成立. 原因略.

5. 略.

6. (1) $\dfrac{1}{10}\begin{pmatrix} 4 & 2 \\ 3 & -1 \end{pmatrix}$.　　(2) $\begin{pmatrix} \cos\theta & \sin\theta \\ -\sin\theta & \cos\theta \end{pmatrix}$.

(3) $\dfrac{1}{6}\begin{pmatrix} 5 & 2 & -1 \\ -10 & 2 & 2 \\ 1 & -2 & 1 \end{pmatrix}$.　　(4) $\begin{pmatrix} 1 & 2 & -7 \\ 0 & -1 & 2 \\ 0 & 0 & 1 \end{pmatrix}$.

(5) $\dfrac{1}{2}\begin{pmatrix} 1 & 1 & -1 \\ -1 & 1 & 1 \\ 1 & -1 & 1 \end{pmatrix}$.　　(6) $\dfrac{1}{6}\begin{pmatrix} 7 & 4 & -9 \\ -6 & -6 & 12 \\ -3 & 0 & 3 \end{pmatrix}$.

7. (1) $\boldsymbol{A} + \boldsymbol{B} = \begin{pmatrix} a_1 + b_1 & & & \\ & a_2 + b_2 & & \\ & & \ddots & \\ & & & a_n + b_n \end{pmatrix}, \boldsymbol{AB} = \begin{pmatrix} a_1b_1 & & & \\ & a_2b_2 & & \\ & & \ddots & \\ & & & a_nb_n \end{pmatrix}$,

$k\boldsymbol{A} = \begin{pmatrix} ka_1 & & & \\ & ka_2 & & \\ & & \ddots & \\ & & & ka_n \end{pmatrix}, \boldsymbol{A}^k = \begin{pmatrix} a_1^k & & & \\ & a_2^k & & \\ & & \ddots & \\ & & & a_n^k \end{pmatrix}$.

(2) $\boldsymbol{A}^{-1} = \begin{pmatrix} a_1^{-1} & & & \\ & a_2^{-1} & & \\ & & \ddots & \\ & & & a_n^{-1} \end{pmatrix}$.

8. (1) $\begin{pmatrix} 2 & -23 \\ 0 & 8 \end{pmatrix}$.　　(2) $\begin{pmatrix} -3 & 3 & 1 \\ -2 & \frac{13}{3} & -\frac{2}{3} \end{pmatrix}$.

(3) $\begin{pmatrix} 1 & 1 \\ \frac{1}{4} & 0 \end{pmatrix}$.

9. (1) 略.　　(2) $\begin{pmatrix} 1 & 1 & 1 \\ 0 & 1 & 1 \\ 0 & 0 & 1 \end{pmatrix}$.

10. 略. 提示:可以证明$(\boldsymbol{A}^*)^{-1}=\frac{1}{|\boldsymbol{A}|}\boldsymbol{A}=(\boldsymbol{A}^{-1})^*$.

11. (1) 略. 提示:$\boldsymbol{A}(\boldsymbol{A}+2\boldsymbol{E})=3\boldsymbol{E}$.　　(2) $\boldsymbol{A}^{-1}=\frac{1}{3}(\boldsymbol{A}+2\boldsymbol{E})$, $(\boldsymbol{A}+2\boldsymbol{E})^{-1}=\frac{1}{3}\boldsymbol{A}$.

12. 108.

13. 略.

14. 略.

15. $\begin{pmatrix} a & 0 & ac & 0 \\ 0 & a & 0 & ac \\ 1 & 0 & c+bd & 0 \\ 0 & 1 & 0 & c+bd \end{pmatrix}$.

16. -10.

17. (1) $\frac{1}{2}\begin{pmatrix} 0 & -4 & 2 \\ 0 & 3 & -1 \\ 1 & 0 & 0 \end{pmatrix}$.　　(2) $\begin{pmatrix} 1 & -2 & 0 & 0 \\ -2 & 5 & 0 & 0 \\ 0 & 0 & 2 & -3 \\ 0 & 0 & -5 & 8 \end{pmatrix}$.

18. $\boldsymbol{A}=\begin{pmatrix} 1 & 2 & 2 \\ 5 & 7 & 4 \\ 7 & 8 & 2 \end{pmatrix}$.

19. $\begin{vmatrix} 1 & -1 & 2 \\ 2 & 3 & -5 \\ 3 & 0 & 0 \end{vmatrix}$, $\begin{vmatrix} 1 & -1 & 0 \\ 2 & 3 & 2 \\ 3 & 0 & 1 \end{vmatrix}$, $\begin{vmatrix} 1 & 2 & 0 \\ 2 & -5 & 2 \\ 3 & 0 & 1 \end{vmatrix}$, $\begin{vmatrix} -1 & 2 & 0 \\ 3 & -5 & 2 \\ 0 & 0 & 1 \end{vmatrix}$.

20. (1) 2.　　(2) 3.

21. (1) $\begin{cases} x_1=\frac{3}{5}-\frac{7}{5}x_3, \\ x_2=-\frac{1}{5}+\frac{4}{5}x_3, \\ x_4=0 \end{cases}$ (x_3 为自由未知量).

(2) $\begin{cases} x=\dfrac{1}{2}+y+w, \\ z=\dfrac{1}{2}+2w \end{cases}$ (y,w 为自由未知量).

(3) $\begin{cases} x_1=-2x_2-11x_5, \\ x_3=4x_5, \\ x_4=0 \end{cases}$ (x_2,x_5 为自由未知量).

(4) 无解.

(5) $x_1=-8,x_2=3,x_3=6,x_4=0$.

(6) $\begin{cases} x_1=-x_3, \\ x_2=0 \end{cases}$ (x_3 为自由未知量).

22. 当 $\lambda=1$ 时,方程组有无穷多解,一般解为 $x_1=1-x_2-x_3$,其中 x_2,x_3 为自由未知量;
当 $\lambda=-2$ 时,方程组无解;
当 $\lambda\neq 1$ 且 $\lambda\neq -2$ 时,方程组有唯一解.

23. 当 $\lambda=-2$ 或 $\lambda=1$ 时,方程组有解.
当 $\lambda=-2$ 时,一般解为 $\begin{cases} x_1=2+x_3, \\ x_2=2+x_3 \end{cases}$ (x_3 为自由未知量);
当 $\lambda=1$ 时,一般解为 $\begin{cases} x_1=1+x_3, \\ x_2=x_3 \end{cases}$ (x_3 为自由未知量).

24. 当 $a=-1,b=0$ 时,存在矩阵 $\boldsymbol{C}=\begin{pmatrix} 1+u+v & -u \\ u & v \end{pmatrix}$ (u,v 为任意常数),使得 $\boldsymbol{AC}-\boldsymbol{CA}=\boldsymbol{B}$.

习　题　三

1. $\boldsymbol{\alpha}_1-\boldsymbol{\alpha}_2=(1,0,-1,0)^{\mathrm{T}}$, $\boldsymbol{\alpha}_1+2\boldsymbol{\alpha}_2+3\boldsymbol{\alpha}_3=(1,3,5,3)^{\mathrm{T}}$.

2. $\boldsymbol{\alpha}=(1,2,3,4)^{\mathrm{T}}$.

3. $\boldsymbol{\beta}=-\dfrac{10}{3}\boldsymbol{\alpha}_1+\dfrac{4}{3}\boldsymbol{\alpha}_2+\boldsymbol{\alpha}_3$.

4. (1) 线性相关.　　(2) 线性无关.

5. 当 $a=-1$ 或 $a=2$ 时,向量组线性相关.

6. 略.

7. (1) 秩为 2,$\boldsymbol{\alpha}_1^{\mathrm{T}},\boldsymbol{\alpha}_2^{\mathrm{T}}$ 是一个极大无关组.
(2) 秩为 3,$\boldsymbol{\beta}_1,\boldsymbol{\beta}_2,\boldsymbol{\beta}_4$ 是一个极大无关组.

8. $a=2,b=5$.

9. 略.

10. 略.

11. (1) $\boldsymbol{\eta}_1=\left(-4,\dfrac{3}{4},1,0\right)^{\mathrm{T}}$, $\boldsymbol{\eta}_2=\left(0,\dfrac{1}{4},0,1\right)^{\mathrm{T}}$ 为基础解系,通解为 $k_1\boldsymbol{\eta}_1+k_2\boldsymbol{\eta}_2$,其中 k_1,

k_2 为任意常数.

(2) $\boldsymbol{\eta}_1=(-2,-14,19,0)^{\mathrm{T}}$，$\boldsymbol{\eta}_2=(1,7,0,19)^{\mathrm{T}}$ 为基础解系，通解为 $k_1\boldsymbol{\eta}_1+k_2\boldsymbol{\eta}_2$，其中 k_1,k_2 为任意常数.

(3) $\boldsymbol{\eta}_0=(1,1,1)^{\mathrm{T}}$ 为基础解系，通解为 $k_0\boldsymbol{\eta}_0$，其中 k_0 为任意常数.

(4) $\boldsymbol{\eta}_1=(-2,1,0,\cdots,0)^{\mathrm{T}}$，$\boldsymbol{\eta}_2=(-3,0,1,\cdots,0)^{\mathrm{T}}$，$\cdots$，$\boldsymbol{\eta}_{n-1}=(-n,0,0,\cdots,1)^{\mathrm{T}}$ 为基础解系，通解为 $k_1\boldsymbol{\eta}_1+k_2\boldsymbol{\eta}_2+\cdots+k_{n-1}\boldsymbol{\eta}_{n-1}$，其中 $k_1,k_2,\cdots,k_{n-1}$ 为任意常数.

(5) $\boldsymbol{\eta}=(1,1,\cdots,1)^{\mathrm{T}}$ 为基础解系，通解为 $k\boldsymbol{\eta}$，其中 k 为任意常数.

12. $a=0$ 或 $a=-\dfrac{n(n+1)}{2}$.

13. $\begin{cases}-2x_1-4x_2+x_3\qquad=0,\\-\ x_1+2x_2\qquad+x_4=0.\end{cases}$（提示：答案不唯一.）

14. $k=2$.

15. (1) $\left(\dfrac{3}{5},-\dfrac{1}{5},0,0\right)^{\mathrm{T}}+k_1(-7,4,5,0)^{\mathrm{T}}$，其中 k_1 为任意常数.

(2) $(10,-3,0,0)^{\mathrm{T}}+k_1(-3,1,1,0)^{\mathrm{T}}+k_2(2,-1,0,1)^{\mathrm{T}}$，其中 k_1,k_2 为任意常数.

16. $\boldsymbol{\eta}_1+k(2\boldsymbol{\eta}_1-\boldsymbol{\eta}_2-\boldsymbol{\eta}_3)=(2,3,4,5)^{\mathrm{T}}+k(3,4,5,6)^{\mathrm{T}}$，其中 k 为任意常数.

17. 略.

18. 当 $\lambda=\dfrac{1}{2}$ 时，通解为 $\left(-\dfrac{1}{2},1,0,0\right)^{\mathrm{T}}+k_1(1,-3,1,0)^{\mathrm{T}}+k_2\left(-\dfrac{1}{2},-1,0,1\right)^{\mathrm{T}}$，其中 k_1，k_2 为任意常数；

当 $\lambda\neq\dfrac{1}{2}$ 时，通解为 $\left(0,-\dfrac{1}{2},\dfrac{1}{2},0\right)^{\mathrm{T}}+k_1\left(-1,\dfrac{1}{2},-\dfrac{1}{2},1\right)^{\mathrm{T}}$，其中 k_1 为任意常数.

19. 略.

20. (1) $a=0$.

(2) $(1,-2,0)^{\mathrm{T}}+k(0,-1,1)^{\mathrm{T}}$，其中 k 为任意常数.

习　题　四

1. (1) 特征值 $\lambda_1=1,\lambda_2=3,\lambda_3=6$.

属于 $\lambda_1=1$ 的特征向量为 $k_1(1,0,0)^{\mathrm{T}}$，其中 k_1 是不为 0 的常数；

属于 $\lambda_2=3$ 的特征向量为 $k_2(1,1,0)^{\mathrm{T}}$，其中 k_2 是不为 0 的常数；

属于 $\lambda_3=6$ 的特征向量为 $k_3(22,25,15)^{\mathrm{T}}$，其中 k_3 是不为 0 的常数.

(2) 特征值 $\lambda_1=\lambda_2=0$（二重），$\lambda_3=13$.

属于 $\lambda_1=\lambda_2=0$ 的特征向量为 $k_1(1,-2,0)^{\mathrm{T}}+k_2(0,-3,1)^{\mathrm{T}}$，其中 k_1,k_2 是不全为 0 的常数；

属于 $\lambda_3=13$ 的特征向量为 $k_3(1,2,3)^{\mathrm{T}}$，其中 k_3 是不为 0 的常数.

(3) 特征值 $\lambda_1=\lambda_2=\lambda_3=-1$（三重），$\lambda_4=7$.

属于 $\lambda_1=\lambda_2=\lambda_3=-1$ 的特征向量为 $k_1(-1,1,0,0)^{\mathrm{T}}+k_2(-1,0,1,0)^{\mathrm{T}}+k_3(-1,0,0,1)^{\mathrm{T}}$，

其中 k_1,k_2,k_3 是不全为 0 的常数；

属于 $\lambda_4=7$ 的特征向量为 $k_4(1,1,1,1)^T$，其中 k_4 是不为 0 的常数.

2. $-16,-8,20$.

3. 略.

4. (1) $x=4,y=5$. (2) $\boldsymbol{P}=\begin{pmatrix}1&0&2\\-2&-2&1\\0&1&2\end{pmatrix}$.

5. $\boldsymbol{A}=\begin{pmatrix}1&0&-1\\-1&2&-1\\-3&3&-1\end{pmatrix}$.

6. (1) 特征值 $\lambda_1=\lambda_2=3$(二重)，$\lambda_3=-1$.

属于 $\lambda_1=\lambda_2=3$ 的特征向量为 $k_1(1,1,0)^T+k_2(1,0,1)^T$，其中 k_1,k_2 是不全为 0 的常数；

属于 $\lambda_3=-1$ 的特征向量为 $k_3(1,-3,0)^T$，其中 k_3 是不为 0 的常数.

(2) $\boldsymbol{P}=\begin{pmatrix}1&1&1\\1&0&-3\\0&1&0\end{pmatrix}$，$\boldsymbol{P}^{-1}\boldsymbol{AP}=\begin{pmatrix}3&0&0\\0&3&0\\0&0&-1\end{pmatrix}$.

(3) $\boldsymbol{A}^{10}=\dfrac{1}{4}\begin{pmatrix}3^{11}+1&3^{10}-1&3^{10}-1\\3^{11}-3&3^{10}+3&3-3^{11}\\0&0&4\times3^{10}\end{pmatrix}$.

7. $\begin{pmatrix}3&0&0\\0&3&0\\0&0&-1\end{pmatrix}$.

8. (1) $1,11,-1$.

(2) $\boldsymbol{B}$ 可对角化，其相似对角化矩阵为 $\begin{pmatrix}1&0&0\\0&11&0\\0&0&-1\end{pmatrix}$.

(3) $|\boldsymbol{B}|=-11$，$|\boldsymbol{A}-2\boldsymbol{E}|=4$.

9. 略.

10. (1) $a=-3,b=0$，$\boldsymbol{\xi}$ 对应的特征值为 -1.

(2) 方阵 $\boldsymbol{A}$ 只有一个线性无关的特征向量，所以 $\boldsymbol{A}$ 不可对角化.

11. 略.

12. (1) 可对角化. (2) 不可对角化.

(3) 可对角化.

13. $(1,1,1)^T,\left(-\dfrac{1}{3},\dfrac{2}{3},-\dfrac{1}{3}\right)^T,(-2,0,2)^T$.

14. (1) 不是. 理由略. (2) 是. 理由略.

习 题 五

1. (1) 特征值 $\lambda_1=-1,\lambda_2=0,\lambda_3=9$.

属于 $\lambda_1=-1$ 的特征向量为 $k_1(-1,1,0)^T$，其中 k_1 是不为 0 的常数；
属于 $\lambda_2=0$ 的特征向量为 $k_2(-1,-1,1)^T$，其中 k_2 是不为 0 的常数；
属于 $\lambda_3=9$ 的特征向量为 $k_3(1,1,2)^T$，其中 k_3 是不为 0 的常数.

(2) $\boldsymbol{P}=\begin{pmatrix}-\frac{\sqrt{2}}{2} & -\frac{\sqrt{3}}{3} & \frac{\sqrt{6}}{6}\\ \frac{\sqrt{2}}{2} & -\frac{\sqrt{3}}{3} & \frac{\sqrt{6}}{6}\\ 0 & \frac{\sqrt{3}}{3} & \frac{\sqrt{6}}{3}\end{pmatrix}$，$\boldsymbol{P}^{-1}\boldsymbol{AP}=\begin{pmatrix}-1 & & \\ & 0 & \\ & & 9\end{pmatrix}$.

(3) $\begin{pmatrix}13 & 2\sqrt{6} & -\sqrt{12}\\ 2\sqrt{6} & 3\cdot 9^9+15\cdot 9^7-7 & 3\sqrt{2}\cdot 9^9+15\sqrt{2}\cdot 9^7-20\sqrt{2}\\ -\sqrt{12} & 3\sqrt{2}\cdot 9^9+15\sqrt{2}\cdot 9^7-20\sqrt{2} & 6\cdot 9^9+30\cdot 9^7+27\end{pmatrix}$.

2. (1) $\begin{pmatrix}\frac{2}{3} & \frac{2}{3} & \frac{1}{3}\\ \frac{1}{3} & -\frac{2}{3} & \frac{2}{3}\\ -\frac{2}{3} & \frac{1}{3} & \frac{2}{3}\end{pmatrix}$，$\begin{pmatrix}1 & & \\ & 4 & \\ & & -2\end{pmatrix}$. (2) $\begin{pmatrix}\frac{2\sqrt{5}}{5} & \frac{2\sqrt{5}}{15} & \frac{1}{3}\\ -\frac{\sqrt{5}}{5} & \frac{4\sqrt{5}}{15} & \frac{2}{3}\\ 0 & \frac{\sqrt{5}}{3} & -\frac{2}{3}\end{pmatrix}$，$\begin{pmatrix}1 & & \\ & 1 & \\ & & 10\end{pmatrix}$.

3. (1) $\begin{pmatrix}-2 & 3\\ 3 & 3\end{pmatrix}$. (2) $\begin{pmatrix}1 & 4 & 6\\ 4 & 2 & -1\\ 6 & -1 & 4\end{pmatrix}$.

4. 提示：f 的矩阵为 $\boldsymbol{A}=\begin{pmatrix}2 & 0 & 0\\ 0 & 3 & 2\\ 0 & 2 & 3\end{pmatrix}$.

正交变换法：
$\boldsymbol{A}$ 的属于特征值 $\lambda=2$ 的线性无关的特征向量为 $(1,0,0)^T$；
$\boldsymbol{A}$ 的属于特征值 $\lambda=1$ 的线性无关的特征向量为 $(0,-1,1)^T$；
$\boldsymbol{A}$ 的属于特征值 $\lambda=5$ 的线性无关的特征向量为 $(0,1,1)^T$.
将上述三个向量单位化得

$$(1,0,0)^T,\ \left(0,-\frac{\sqrt{2}}{2},\frac{\sqrt{2}}{2}\right)^T,\ \left(0,\frac{\sqrt{2}}{2},\frac{\sqrt{2}}{2}\right)^T.$$

做可逆线性变换

$$\boldsymbol{x}=\begin{pmatrix}x_1\\ x_2\\ x_3\end{pmatrix}=\begin{pmatrix}1 & 0 & 0\\ 0 & -\frac{\sqrt{2}}{2} & \frac{\sqrt{2}}{2}\\ 0 & \frac{\sqrt{2}}{2} & \frac{\sqrt{2}}{2}\end{pmatrix}\begin{pmatrix}y_1\\ y_2\\ y_3\end{pmatrix}=\boldsymbol{Py},$$

原二次型可化为标准形

$$f=2y_1^2+y_2^2+5y_3^2.$$

配方法：

$$\begin{aligned}f&=2x_1^2+3x_2^2+3x_3^2+4x_2x_3\\&=2x_1^2+3\left(x_2^2+\frac{4}{3}x_2x_3+\frac{4}{9}x_3^2\right)-\frac{4}{3}x_3^2+3x_3^2\\&=2x_1^2+3\left(x_2+\frac{2}{3}x_3\right)^2+\frac{5}{3}x_3^2,\end{aligned}$$

令

$$\begin{cases}y_1=x_1,\\y_2=x_2+\dfrac{2}{3}x_3,\\y_3=x_3,\end{cases}\quad 即\quad \begin{cases}x_1=y_1,\\x_2=y_2-\dfrac{2}{3}y_3,\\x_3=y_3,\end{cases}$$

通过这个可逆线性变换,原二次型可化为标准形

$$f=2y_1^2+3y_2^2+\frac{5}{3}y_3^2.$$

初等变换法：

$$\begin{pmatrix}\boldsymbol{A}\\\boldsymbol{E}\end{pmatrix}=\begin{pmatrix}2&0&0\\0&3&2\\0&2&3\\1&0&0\\0&1&0\\0&0&1\end{pmatrix}\xrightarrow[c_3-\frac{2}{3}c_2]{r_3-\frac{2}{3}r_2}\begin{pmatrix}2&0&0\\0&3&0\\0&0&\dfrac{5}{3}\\1&0&0\\0&1&-\dfrac{2}{3}\\0&0&1\end{pmatrix},$$

做可逆线性变换

$$\boldsymbol{x}=\begin{pmatrix}x_1\\x_2\\x_3\end{pmatrix}=\begin{pmatrix}1&0&0\\0&1&-\dfrac{2}{3}\\0&0&1\end{pmatrix}\begin{pmatrix}y_1\\y_2\\y_3\end{pmatrix}=\boldsymbol{C}\boldsymbol{y},$$

原二次型可化为标准形

$$f=2y_1^2+3y_2^2+\frac{5}{3}y_3^2.$$

5.(1) 可逆线性变换 $\begin{cases}x_1=y_1-y_2,\\x_2=y_2-y_3,\\x_3=y_3,\end{cases}$标准形为 $f=y_1^2+y_2^2-y_3^2$.

(2) 可逆线性变换 $\begin{cases} x_1=y_2-y_3, \\ x_2=y_1-\dfrac{1}{2}y_2+y_3, \\ x_3=y_3, \end{cases}$ 标准形为 $f=2y_1^2+\dfrac{3}{2}y_2^2$.

(3) 可逆线性变换 $\begin{cases} x_1=y_1-y_2+3y_3, \\ x_2=y_2-y_3, \\ x_3=y_3, \end{cases}$ 标准形为 $f=y_1^2+2y_2^2-y_3^2$.

6. (1) $k_1(-2,1,0)^{\mathrm{T}}+k_2(1,0,1)^{\mathrm{T}}$,其中 k_1,k_2 是不全为0的常数.

(2) $\boldsymbol{A}=\dfrac{1}{6}\begin{pmatrix} 13 & 2 & -1 \\ 2 & 16 & -2 \\ -1 & -2 & 13 \end{pmatrix}$.

7. $a=-\dfrac{1}{2}$.(提示:$\boldsymbol{A}$ 的秩为2).

8. (1) 不正定. (2) 正定.

9. $-\dfrac{4}{5}<a<0$.

10. (1) 正交变换 $\begin{pmatrix} x_1 \\ x_2 \\ x_3 \end{pmatrix}=\dfrac{1}{3}\begin{pmatrix} -2 & 2 & 1 \\ -1 & -2 & 2 \\ 2 & 1 & 2 \end{pmatrix}\begin{pmatrix} y_1 \\ y_2 \\ y_3 \end{pmatrix}$,标准形为 $f=y_1^2+4y_2^2-2y_3^2$.

(2) 正交变换 $\begin{pmatrix} x_1 \\ x_2 \\ x_3 \end{pmatrix}=\begin{pmatrix} -\dfrac{1}{3} & -\dfrac{2\sqrt{5}}{5} & \dfrac{2\sqrt{5}}{15} \\ -\dfrac{2}{3} & \dfrac{\sqrt{5}}{5} & \dfrac{4\sqrt{5}}{15} \\ \dfrac{2}{3} & 0 & \dfrac{\sqrt{5}}{3} \end{pmatrix}\begin{pmatrix} y_1 \\ y_2 \\ y_3 \end{pmatrix}$,标准形为 $f=-7y_1^2+2y_2^2+2y_3^2$.

(3) 正交变换 $\begin{pmatrix} x_1 \\ x_2 \\ x_3 \\ x_4 \end{pmatrix}=\begin{pmatrix} \dfrac{1}{2} & -\dfrac{1}{2} & \dfrac{\sqrt{2}}{2} & 0 \\ -\dfrac{1}{2} & -\dfrac{1}{2} & 0 & \dfrac{\sqrt{2}}{2} \\ -\dfrac{1}{2} & \dfrac{1}{2} & \dfrac{\sqrt{2}}{2} & 0 \\ \dfrac{1}{2} & \dfrac{1}{2} & 0 & \dfrac{\sqrt{2}}{2} \end{pmatrix}\begin{pmatrix} y_1 \\ y_2 \\ y_3 \\ y_4 \end{pmatrix}$,标准形为 $f=-y_1^2+3y_2^2+y_3^2+y_4^2$.

习　题　六

1. 略.

2. 略.

3. 证明略. $\left(\frac{8}{3},\frac{5}{3},\frac{2}{3},-\frac{1}{3}\right)^{\mathrm{T}}$.

4. (1) $\begin{pmatrix}1 & 3 & 3\\ -1 & 1 & 2\\ 1 & 0 & 1\end{pmatrix}$, $\begin{pmatrix}\frac{1}{7} & -\frac{3}{7} & \frac{3}{7}\\ \frac{3}{7} & -\frac{2}{7} & -\frac{5}{7}\\ -\frac{1}{7} & \frac{3}{7} & \frac{4}{7}\end{pmatrix}$.

(2) $\left(\frac{x_1-3x_2+3x_3}{7},\frac{3x_1-2x_2-5x_3}{7},\frac{-x_1+3x_2+4x_3}{7}\right)^{\mathrm{T}}$.

(3) $(0,0,0)^{\mathrm{T}}$.

5. (1) $\begin{pmatrix}\frac{5}{9} & -\frac{2}{9} & -\frac{1}{3}\\ \frac{1}{9} & \frac{5}{9} & \frac{1}{3}\\ -\frac{2}{9} & -\frac{1}{9} & \frac{1}{3}\end{pmatrix}$.　　(2) $\begin{pmatrix}6\\ -6\\ 11\end{pmatrix}$.

6. 略.

7. (1) 略.　　(2) $\begin{pmatrix}2 & 1 & 0\\ 0 & 2 & 2\\ 0 & 0 & 1\end{pmatrix}$.

(3) $(4,10,3)^{\mathrm{T}}$.

参考文献

[1] 同济大学数学科学学院. 工程数学. 线性代数[M]. 7 版. 北京：高等教育出版社，2023.

[2] 北京大学数学系前代数小组. 高等代数[M]. 王萼芳，石生明，修订. 5 版. 北京：高等教育出版社，2019.

[3] 王天泽，刘华珂. 线性代数[M]. 2 版. 北京：科学出版社，2023.

[4] 陈建华. 线性代数[M]. 4 版. 北京：机械工业出版社，2017.

[5] 郝志峰. 线性代数[M]. 2 版. 北京：北京大学出版社，2023.

[6] 赵天绪，杨闻起，李彩萍，等. 线性代数[M]. 西安：陕西科学技术出版社，2014.

[7] 蔡光兴，李家雄. 线性代数[M]. 6 版. 北京：科学出版社，2023.

图书在版编目(CIP)数据

线性代数/刘淳安，赵天绪，窦晓霞主编. --北京：北京大学出版社，2025. 1. -- ISBN 978-7-301-35953-2

Ⅰ. O151. 2

中国国家版本馆 CIP 数据核字第 20250UB454 号

书　　名　线性代数
　　　　　　XIANXING DAISHU
著作责任者　刘淳安　赵天绪　窦晓霞　主编
责 任 编 辑　潘丽娜
标 准 书 号　ISBN 978-7-301-35953-2
出 版 发 行　北京大学出版社
地　　址　北京市海淀区成府路 205 号　100871
网　　址　http://www. pup. cn
电 子 邮 箱　zpup@pup. cn
新 浪 微 博　@北京大学出版社
电　　话　邮购部 010-62752015　发行部 010-62750672　编辑部 010-62752021
印 刷 者　长沙雅佳印刷有限公司
经 销 者　新华书店
　　　　　　787 毫米×1092 毫米　16 开本　10. 25 印张　248 千字
　　　　　　2025 年 1 月第 1 版　2025 年 1 月第 1 次印刷
定　　价　45. 00 元